화엄경소론찬요
華嚴經疏論纂要

화엄경소론찬요 ⑩
華嚴經疏論纂要

● 일러두기 ●

1. 이 책의 원서는 명말청초 때의 승려인 도패 스님※이 약술 편저한《화엄경소론찬요》이다.《대방광불화엄경》80권본을 기초로 하여, 경문에 청량 스님의 소초(疏鈔)와 이통현 장자의 논(論)을 붙여 상세하게 풀이하였다.

2. 경(經), 소(疏), 논(論)은 원문에 토를 붙여서 그 뜻을 이해하기 편하도록 했으며, 원문 바로 아래 번역문을 넣었다.

3. 원문을 살려 그대로 옮겨 놓음을 원칙으로 하다 보니 본문의 제목 번호에 있어서 다소 혼동이 올 수 있다. 그럴 경우 목차를 참고하기 바란다.

4. 산스크리트어 표기는 〈표준국어대사전〉과 〈불광 사전〉등에 등재된 음역어를 사용하였으며, 불교 용어에 대한 설명은 주로 〈불광 사전〉을 참고하였다.

5. 내용을 좀 더 쉽게 풀기 위하여 중간에 체계가 약간 바뀌었음을 밝힌다.

※ 위림도패(爲霖道霈, 1615~1702) 스님은 명말청초 때의 조동종 승려이다. 14세 때 백운사(白雲寺)에서 출가하여 경교(經敎)를 공부했다. 영각원현을 모시며 법을 이었고, 천동산(天童山) 밀운원오(密雲圓悟)에게 배워 크게 깨달았다. 그 후 백장산(百丈山)에 암자를 짓고 5년 동안 정업(淨業)을 닦았다. 나중에 고산(鼓山)으로 옮겨 20여 년 동안 살았는데 귀의하는 사람이 매우 많았다. 저술로는 《인왕반야경합소(仁王般若經合疏)》 3권을 비롯하여 《화엄경소론찬요(華嚴經疏論纂要)》 120권, 《법화경문구찬요(法華經文句纂要)》 7권, 《불조삼경지남(佛祖三經指南)》 3권, 《위림도패선사병불어록(爲霖道霈禪師秉拂語錄)》 2권, 《여박암고(旅泊菴稿)》 4권, 《선해십진(禪海十珍)》 1권, 《사십이장경지남(四十二章經指南)》, 《불유교경지남(佛遺敎經指南)》, 《고산록(鼓山錄)》 6권, 《반야심경청익설(般若心經請益說)》, 《팔십팔불참(八十八佛懺)》, 《준제참(準提懺)》, 《발원문주(發願文註)》 등이 있다.

● 간행사 ●

《화엄경소론찬요》 번역서를 간행하면서

《화엄경》은 비로자나 세존께서 보리도량에서 처음 정각을 성취하신 후, 일곱 도량 아홉 차례의 법문에서 일진(一眞)의 법계(法界)와 제불의 과원(果願)을 보여주시어 미묘한 현지(玄旨)와 그지없는 종취(宗趣)를 밝혀주신 최상의 경전이다. 이처럼 《화엄경》은 법계와 우주가 둘이 아닌 하나로 그 광대함을 말하면 포괄하지 않음이 없고, 그 심오함을 말하면 갖춰 있지 않음이 없어 공간으로는 법계에 다하고 시간으로는 삼세에 통하고 있다.

이러한 이유에서 《화엄경》은 근본 법륜으로 중국은 물론 동양 각국에서 높이 받들며 수많은 주석서가 간행되어 왔다. 그러나 세상에 널리 알려진 것은 청량 국사의 《대방광불화엄경소초(大方廣佛華嚴經疏鈔)》와 통현 장자의 《대방광불화엄경론(大方廣佛華嚴經論)》이다. 소초(疏鈔)는 철저한 장구(章句)의 분석으로 본말을 지극히 밝혀주었고, 논(論)은 부처님의 논지를 널리 논변하여 자심(自心)으로 회귀하고 있는 것이 특징이다. 이처럼 청량소초와 통현론은 양대 명저(名著)로 모두 수증(修證)하는 데에 지극한 궤범(軌範)이었다.

탄허 대종사께서는 이러한 점을 토대로 통현론을 주(主)로 하고 청량소초를 보(補)로 하여 번역하심으로써 《화엄경》이 동양에 전해진 이후 동양 최초의 《화엄경》 번역이라는 쾌거를 이룩하셨다. 일찍이 한국불교에 침체된 화엄사상은 대종사의 번역에 힘입어 다시 온 누리에 화엄의 꽃비가 내려 화엄의 향기로 불국정토를 성취하여 더할 수 없는, 지극한 법륜을 설하셨다.

 그러나 대종사께서 열반하신 이후, 불법은 날로 쇠퇴하고 중생의 근기는 날로 용렬하여 방대한 소초와 논을 열람하기에는 역부족이었다. 이에 대종사의 《화엄경》을 다시 한 번 밝히기 위해서는 또 다른 모색을 필요로 할 시점에 이르렀다. 보다 쉽게 볼 수 있고 간명한 데에서 심오한 데로, 물줄기에서 본원을 찾아갈 수 있는 진량(津梁)을 찾지 않는다면 대종사의 평생 정력을 저버리게 된다는 절박한 마음이 없지 않았다.

 청대(淸代) 도패(道霈) 대사는 청량의 소초와 통현의 논 가운데 그 정요(精要)만을 뽑아 《화엄경소론찬요(華嚴經疏論纂要)》를 편집하였다. 이는 매우 방대한 소초와 논을 축약하여, 가까이는 청량 국사와 통현 장자의 심법을 전수하였고 멀리는 비로자나불의 묘체(妙諦)를 밝혀주는 오늘날 최고의 《화엄경》 주석서이다.

 이에 《화엄경소론찬요》를 대본으로 하여, 다시 대종사의 번역서를 참고하면서 현대인이 보다 쉽게 이해할 수 있는 번역서를 간행하기에 이르렀다.

 이제 돌이켜 생각하면 무상한 세월 속에 감회가 적지 않다. 내지난날 출가 입산하여 겨우 이레가 되던 날, 처음 접한 경전이 《화엄경》이었다. 행자 생활을 시작한 영은사는 대종사께서 오대산 수도원이 해산된 후, 이의 연장선상에서 3년 결사(結社)를 선포하시고 《화엄경》 번역이라는 대작불사를 시작하여 강의하셨던, 한국불교사에 한 획을 그려준 역사의 도량이었다.

그 당시 대종사께서는 행자인 나에게 《화엄경》을 청강하라 하시면서 "설령 알아듣지 못할지라도 들어두면 글눈이 생겨 안 들은 것보다 낫다."고 권면하셨다. 이제 생각해보면 행자 출가 즉시 《화엄경》 공부 자리에 참여했다는 것은 전생의 숙연(宿緣)이 아니었으면 어떻게 그 당시 그 법회에 참석이나 할 수 있었겠는가. 이는 행운 중 행운으로 다겁의 선근공덕이 아닐까 생각되며, 아울러 늦게나마 대종사의 영전에 하나의 향을 올리는 바이다.

처음 《화엄경》 설법을 듣는 순간, 끝없는 우주법계의 장엄세계가 황홀하고 법계를 맑혀주고 무진 보배를 담고 있는 바다의 불가사의한 공덕이라는 대종사의 사자후가 머릿속에 쟁쟁하게 울려왔을 뿐, 그 도리를 이해한다는 것은 나의 근기로써는 도저히 불가능한 일이었다. "쭉정이만도 못하다."고 꾸지람을 하시던 대종사의 방할(棒喝)을 맞으며 영은사에서의 결사가 끝난 후, 나는 단 한 번도 《화엄경》을 펼쳐 볼 엄두를 내지 못했다.

그러던 몇 해 전, 무비 스님께서 범어사에서 《화엄경》을 강좌하시면서 서울에서도 《화엄경》 강좌를 열어보라고 권할 적만 하더라도 언감생심 《화엄경》을 강의하겠다는 생각을 하지 못하였다. 그러나 씨앗을 뿌려놓으면 새싹이 돋아나듯, 반드시 인연법은 사라지지 않는 모양이다. 영은사에서의 《화엄경》 인연이 자곡동 탄허기념박물관에 화엄각건립불사를 발원하게 되었고, 화엄각건립불사를 위하여 《화엄경》 강좌를 열기에 이를 줄은 꿈에도 생각지 못하였다.

미력한 소견으로 강좌를 열면서 정리된 강의 자료를 여러 뜻있는 이들과 다시 한 번 토론하고 강마하면서 우선 〈세주묘엄품〉 출간을 시작으로 계속 연차적으로 간행하고 있다.

이 책이 간행되어 그동안 추진되어온 화엄각 창건 불사 또한 원만히 성취되길 기원한다. 이 귀한 인연공덕으로 다시 한 번 화엄사상이 꽃피어 온 누리에 탄허 대종사의 공덕이 빛나고, 아울러 화엄정토가 구현되어 남북의 통일과 세계의 평화가 이루어지길 진심으로 축원하는 바이다.

2022년 10월

五臺山 後學 慧炬 合掌 再拜

• 추천사 •

인류사에서 가장 위대한 화엄경의 가르침

평소에 늘 두려워하며 존경하는 도반 혜거 스님이 《화엄경소론찬요》를 번역하고 출판하여 이 분야의 사람들을 온통 놀라게 하였습니다. 본디 화엄경에 이 몸을 바친 사람으로서, 어찌 가슴 떨리는 일이 아니겠습니까. 《화엄경소론찬요》 번역을 세상에 알리고 추천하는 글을 이 우둔한 글솜씨로라도 백 번이라도 쓰고 싶습니다.

화엄경이란 무엇입니까? 만약 화엄경을 알지 못하면 불법의 이치를 알지 못합니다. 또 화엄경을 알지 못하면 사람이 본래로 청정법신비로자나 부처님이라는 사실을 알지 못합니다. 이 세상이 그대로 화장장엄세계라는 사실도 알지 못합니다. 세간과 출세간의 진리를 전혀 알지 못합니다. 아름다운 세상과 환희로운 인생을 결코 알 길이 없습니다. 그러니 화엄경을 읽지 않고 어찌 불교를 입에 담으며 어찌 부처님을 입에 담겠습니까. 그래서 청량(淸凉) 스님은 화엄경을 두고 "이 몸을 바쳐서 그 죽을 곳을 얻었다[亡軀得其死所]."라고 하였습니다. 이 얼마나 가슴 저미는 말씀입니까. 그러므로 "화엄경이 있고서야 비로소 불교가 있다."라고 하겠습니다.

화엄경이 흥하면 불교가 흥하고, 화엄경이 흥하면 국가가 흥하였습니다. 원효(元曉) 스님과 의상(義湘) 스님이 화엄경을 흥성(興盛)시키던 신라가 그러했으며, 청량 스님과 통현(通玄) 장자가 화엄경을 흥성시키던 당(唐)나라가 그러하였습니다.

거기에 더하여 찬요(纂要)란 무엇입니까? 그것은 청량 스님의 화엄경에 대한 소(疏)와 통현 장자의 논(論)을 잎과 가지는 남겨두고 뿌리와 큰 줄기에 해당하는 요점만을 추려서 모아온 것입니다. 마치 흙과 잡석들을 걷어내고 진금들만을 모아왔으니 이 어찌 빛나지 않겠습니까. 그래서 화엄경을 그토록 빛나게 한 것은 알고 보면 소론찬요(疏論纂要)였던 것입니다.

옛말에 "산고수장(山高水長)이요, 근고지영(根固枝榮)"이라 하였습니다. 근세 한국의 불교를 중흥시킨 경허(鏡虛) 스님은 수월(水月)·혜월(慧月)·만공(滿空)·한암(寒巖) 등 기라성 같은 제자들을 길러내었는데, 한암 스님 밑으로 선교(禪敎)를 겸비하신 희대의 대석학이요 대선사이신 탄허(呑虛) 큰스님이 계셨습니다.

한암 스님 밑에서 오래 사셨던 범용(梵龍) 스님은 평소에 상원사에서 한암 스님이 화엄경을 강의하시던 일을 들려주셨습니다. 당시 교재는 통현 장자의 《화엄경합론(華嚴經合論)》이었으며 중강(仲講)은 언제나 탄허 스님이셨으므로, 대중들이 모두 동원되는 큰 운력까지도 면해주셨다고 하였습니다. 그날의 그 화엄법수(華嚴法水)가 흘러흘러 영은사의 혜거 행자에게까지 전해지더니 수십 년이

지난 오늘에는 드디어 이와 같은 《화엄경소론찬요》 출판 불사의 큰 바다를 이루게 되었습니다. 이 얼마나 기쁘지 아니합니까. 큰스님께서도 또한 크게 환희용약하시리라 믿습니다.

　필자도 또한 작은 인연이 있어서 역경연수원 수학과 큰스님께서 《화엄경합론》을 번역하신 후 교열하고 출판하고 기념강의를 하시던 일까지 함께하였으니, 가슴이 뜨거운 홍복(洪福)이라는 사실을 알고 있습니다. 그것에 더하여 처음 통도사 강주로 가기 전에 법맥을 전해주시어 큰스님의 뜻을 잇게 하였으니 더없는 영광이지만, 그 보답을 다하지 못하여 아직도 큰 짐을 내려놓지 못하고 있습니다.

　앞으로 남은 시간이라도 혜거 화엄도반과 함께 인류사에서 가장 위대한 화엄경의 가르침을 깊이깊이 공부하여 너욱 널리, 너욱 왕성하게 펼쳐서 크나큰 은혜에 보답하려 합니다.

　나아가서 이 아름다운 출판 불사에 뜻을 함께한 모든 분께도 큰 감사의 인사를 올리며 이 책이 만천하에 널리 유포되기를 마음 다해 추천하는 바입니다. 이 인연으로 부디 화엄의 큰 물결이 온 세상에 흘러넘쳐서 집집마다 평화와 행복이 가득하기를 기도드립니다.

　　나무 대방광불화엄경
　　나무 대방광불화엄경
　　나무 대방광불화엄경

　　　　　　　　　신라 화엄종찰 금정산 범어사 如天 無比 삼가 씀

● 목차 ●

간행사 《화엄경소론찬요》 번역서를 간행하면서 5
추천사 인류사에서 가장 위대한 화엄경의 가르침 9

화엄경소론찬요 제47권 ● 십회향품 제25-1

1. 유래한 뜻 19
2. 품명을 해석하다 19
3. 종취 21
4. 경문의 해석 27

  Ⅰ. 삼매 부분 28
  Ⅱ. 가피 부분 29
  Ⅲ. 선정에서 일어난 부분 47

  Ⅳ. 본론 부분 48

   1. 총체로 체상體相을 밝히다 48
   2. 개별로 명상名相을 밝히다 52

Ⅴ. 설명 부분 70

제1. 일체중생을 구제하고 보호하되 중생이라는
　　 상을 여읜 회향 71

　　• 장항
　　[1] 지위에 따른 행 71
　　　 1. 회향의 명제에 대한 물음 71
　　　 2. 물음에 따라 자세히 해석하다 73
　　　 1) 상相을 따라 회향함을 밝히다 75
　　　　　(1) 이익과 즐거움을 주어 구제하고 보호하다 76
　　　　　(2) 고뇌 받는 중생을 구제하고 보호하다 80
　　　　　(3) 중생의 고통을 대신하여 구제하고 보호하다 97
　　　　　(4) 중생을 고통에서 건져내어 구제하고 보호하다 124
　　　 2) 상相을 여읜 회향 128
　　　　　(1) 바로 형상을 여읨에 대해 밝히다 132
　　　　　(2) 이익의 성취를 모두 끝맺다 150
　　　 3. 회향의 명제를 끝맺다 151

　　• 거듭 게송을 읊은 부분 151

화엄경소론찬요 제48권 ⊙ 십회향품 제25-2

제2. 깨뜨릴 수 없는 회향 173

• 장항
[1] 해당 지위의 행行 173
1. 명칭의 표제를 물음 173
2. 물음에 따라 자세히 해석하다 175
1) 회향 대상의 선근을 들어 말하다 176
  (1) 깨뜨릴 수 없는 신심을 일으킴을 밝히다 176
  (2) 신심에 의해 선근을 심다 180
2) 회향행을 논변하다 182
  (1) 선근으로 회향하다 182
  (2) 수승한 과보를 들어 회향하다 185
3) 회향하는 목적을 밝히다 211
[2] 해당 지위의 과果 213

• 게송 214

제3. 일체 부처님과 똑같이 행한 회향 227

• 장항
[1] 해당 지위의 행 227
1. 회향의 명제를 밝히다 227
2. 물음에 따라 자세히 해석하다 230
 1) 회향을 밝히다 231
  ⑴ 상을 따르는 것과 같다 231
  ⑵ 부처님의 상을 여읜 회향과 같다 261
 2) 회향 성취의 이익을 밝히다 272
[2] 해당 지위의 과 273

• 게송 276

제4. 일체 모든 곳에 찾아가는 회향 288

• 장항
[1] 해당 지위의 행 288
1. 명제를 이어서 물음을 일으키다 289
2. 물음에 따라 자세히 해석하다 293
 1) 중생과 보리에 회향하다 293
 2) 실제 근본자리에 회향하다 319
 3) 이익 성취를 찬탄으로 끝맺다 336
[2] 해당 지위의 과 339

• 게송 342

15

화엄경소론찬요 제49권 ◉ 십회향품 제25-3

제5. 그지없는 공덕장 회향 353

・장항
[1] 해당 지위를 밝히다 353
  1. 명제를 이어서 물음을 일으키다 353
  2. 물음에 따라 자세히 해석하다 358
  1) 회향 대상의 선근을 밝히다 358
  2) 회향행을 밝히다 379
    (1) 보리 회향 382
      제1단락, 상을 따른 회향 382
      제2단락, 상을 여읜 회향 427
    (2) 중생회향 434
  3) 회향행의 성취 공덕을 끝맺다 436
[2] 해당 지위의 결과를 말하다 446

・게송 450

화엄경소론찬요 제47권
華嚴經疏論纂要 卷第四十七

◉

십회향품 제25-1
十廻向品 第二十五之一

一 初來意

1. 유래한 뜻

● 疏 ●

來意者는 當會序分已彰이니 正宗宜顯故오 又已總示所依佛智하고 次別顯能依行位일새 故로 次來也니라

본 품이 유래하게 된 뜻은 본회 序分에서 이미 밝혔다. 正宗을 나타내야 하기 때문이다. 또한 이미 의지해야 할 부처님의 지혜를 총체로 보여주었고, 다음에는 별개로 의지할 수 있는 주체의 行位를 밝힌 까닭에 본 품을 다음으로 쓰게 된 것이다.

二 釋名

2. 품명을 해석하다

● 疏 ●

釋名者는 廻者는 轉也오 向者는 趣也니 轉自萬行하야 趣向三處라 故로 名廻向이라 廻向이 不同이 有其十種이라 然이나 十之別名은 本分當釋이오 廻向通稱은 今當重明이라 隨境所向하야 義有衆多나 以義通收댄 不出三處니 謂衆生·菩提 及以實際니라

上二는 皆隨相이오 實際는 卽離相이니 開三爲十이라 一은 廻自向他故

오 二는 廻少向多故오 三은 廻自因行하야 向他因行故오 四는 廻因向果故오 五는 廻劣向勝故오 六은 廻比向證故오 七은 廻事向理故오 八은 廻差別行向圓融行故오 九는 廻世向出世故오 十은 廻順理事行하야 向理所成事故니라

前十義中에 初三은 皆廻向衆生이오 次三은 皆廻向菩提오 次二는 廻向實際니라 後二는 義通於果及與實際니 若依總云十廻向은 卽帶數釋이오 若準梵本이면 晉經에 皆云金剛幢菩薩十廻向品이라하니 則人法雙擧하야 或人之法과 法之人하니 人有法일세 通二釋也니라

명제를 해석함에 있어 廻란 전변이며, 向이란 달려 나아감이다. 스스로 모든 행을 전변하여 3가지 방향으로 나아가는 것이다. 이 때문에 회향이라고 말한다. 회향하는 방향이 똑같지 않으므로, 여기에는 10가지가 있다. 그러나 10가지의 각기 다른 명칭은 해당 부분에서 해석할 것이며, 회향의 통칭은 여기에서 거듭 밝힐 것이다. 경지에 따라 회향하는 바에는 그 의의가 많다. 하지만 그 의의를 전체로 수습하면 3부분에서 벗어나지 않는다. 중생·보리 및 實際이다. 중생과 보리는 모두 형상을 따른[隨相] 것이며, 실제는 형상을 떠난[離相] 것이다.

이 3부분은 10가지로 나뉜다.

(1) 自利에서 전변하여 利他로 나아가기 때문이며,

(2) 적은 선근을 전변하여 중생의 많은 환희로 나아가기 때문이며,

(3) 자기의 因行을 전변하여 남들의 因行으로 나아가기 때문

이며,

　(4) 원인을 전변하여 결과로 나아가기 때문이며,

　(5) 용렬함을 전변하여 수승한 데로 나아가기 때문이며,

　(6) 중생의 청정하지 못함을 전변하여 증득으로 나아가기 때문이며,

　(7) 事法界를 전변하여 理法界로 나아가기 때문이며,

　(8) 차별행을 전변하여 원융행으로 나아가기 때문이며,

　(9) 세간을 전변하여 출세간으로 나아가기 때문이며,

　⑽ 이치를 따른 사물과 수행을 전변하여 성취해야 할 百門眞如로 나아가기 때문이다.

　위의 10가지 의의 가운데, 앞의 (1)~(3)은 모두 중생회향이며, 다음 (4)~(6)은 모두 보리 회향이며, 다음 (7), (8)은 실제 회향이며, 다음 (9), ⑽의 의의는 결과와 실제에 통한다. 만약 총체를 따라 십회향을 말한다면, 이는 숫자에 따라 해석한 것이며, 범본에 준하면 晉經에서는 모두 '金剛幢菩薩十廻向品'이라 하였다. 이는 사람과 법을 모두 들어 말하면서 어떤 데는 사람의 법으로, 그리고 법의 사람으로 말하였다. 사람에게 법이 있기에 사람과 법을 전반적으로 해석한 것이다.

三宗趣
　3. 종취

◉ 疏 ◉

宗趣者는 以無邊行海에 順無盡大願으로 爲宗이오 成就普賢法界德用으로 爲趣라

종취는 그지없는 행의 바다로 그지없는 大願을 따른 것으로 宗을 삼고, 보현의 법계 덕용을 성취한 것으로 趣를 삼는다.

◉ 論 ◉

此品이 何故로 名爲十廻向고 答曰 以十住에 初生諸佛智慧家하야 雖有第七方便婆羅蜜로 成大悲行이나 然이나 爲創始應眞에 修理智 出世心多하야 行悲行劣일새 故初發心住엔 於妙峰山頂에 見比丘名爲德雲하고 得憶念諸佛智慧光明門이니 雖知已後次第十善知識이 十波羅蜜로 互相參入하야 和融諸行하야 早以具足이나 然이나 當隨本位行門하야 勝劣이 全異하니 此는 明同中하야 別令升進故오 如十行位中엔 爲行之首에 卽以三眼國比丘名善見이 卽以林中經行은 用表其十行에 以智眼 慧眼 法眼으로 觀根利生하야 化令出俗일새 故以比丘로 所表며 爲十行이 廣大하야 覆蔭衆多일새 以林所表어니와

"이 품은 무엇 때문에 그 이름을 십회향이라 말하는가?"

이에 관한 답은 아래와 같다.

십주의 지위에서 처음 제불의 지혜 집안에 태어나 제7 방편바라밀로 大悲行을 이뤘지만, 처음으로 진리에 부응하여 如理智를 닦으려는 출세간의 마음이 많기에, 아직은 대비행에 부족함이 있다. 이 때문에 초발심주에서는 妙峰山 정상에 주석한 비구의 이름

이 '德雲'임을 볼 수 있고, '제불의 지혜 광명을 생각하는 법문[憶念諸佛智慧光明門]'을 얻을 수 있다. 물론 그 이후로 차례에 따라 열 선지식이 십바라밀로 서로서로 함께 들어가 모든 행을 융화하여 일찍이 넉넉함을 알 수 있으나, 해당 지위의 수행 법문에 따라 우열이 전혀 다름은 당연한 일이다. 이는 같은 부분에서도 차이가 있음을 밝혀, 보다 한 걸음 위로 나아가기 위함이다.

예컨대, 십행의 지위에서 行이 으뜸가는 인물로 三眼國의 善見비구를 말하였다. 그가 숲속에서 수행한 경력은 그가 십행을 닦음에 있어 智眼·慧眼·法眼으로 중생의 근기를 관찰하여 이익을 주어, 그들로 하여금 세속을 벗어나게 함을 나타낸 것이다. 이 때문에 善見비구를 들어 이를 밝힌 것이며, 십행 부분이 광대하여 덮어준 바 크기에 나무숲을 들어 이를 상징한 것이다.

如此十廻向位中엔 明前二位에 出俗心多하고 大悲行劣일세 以將十住初心所得諸佛之智慧와 十行之中出世之行門하야 處俗利生일세 故名廻向이니 廻眞入俗利生일세 故名廻向이라 是故로 此位表法善知識을 即以鬻香長者名號靑蓮華로 表之는 明此十廻向法門이 如合和香法에 以將諸衆香하야 合成爲一丸하야 互相資益에 以成徧熏인달하야 十廻向者도 亦復如是하야 以戒定慧解脫解脫知見五 分法身之香으로 和合 大慈大悲 諸波羅蜜 四攝四無量 涅槃生死諸塵勞門하야 其成一箇法界之眞香이 皆從大願爲首일세 是故로 此位 名爲廻向이오 長者名靑蓮華者는 表此位行이 不染垢淨涅槃也라 又長者는 明處俗流하야 智長於世人일세 名之爲長者는 靑蓮華者는 明色이

니 諸華之中에 此華 色香第一일세 以表五位行門에 此十廻向法門이 第一이니 何以然者오 爲此十廻向法門이 以大願力으로 會融悲智生死涅槃하야 成一法界之眞自在法故로 能資前位佛果하야 使具普賢行門圓滿故며 亦成後位十地十一地行門하야 使慣習自在故니 明前後十住와 十行 十地 十一地 總是此十廻向位中에 理智大願大智大悲의 所圓融故라 以此로 十廻向位 通前徹後하야 總通收故니라 故表靑蓮華 衆華之中에 色香이 最爲殊勝하야 出過餘華也라

하지만, 이와 같은 십회향의 지위 중에 앞의 救護一切衆生離衆生相廻向과 不壞廻向은 세속을 벗어나려는 마음이 많음에 따라 대비행이 부족함을 밝힌 것이다. 따라서 십주의 초발심에서 얻은 제불의 지혜와 십행 중에 출세간의 수행 법문으로 세속에 거처하면서 중생에게 이익을 주는 까닭에 그 이름을 '회향'이라 한다. 이는 眞諦에서 몸을 돌려 俗諦에 들어가 중생에게 이익을 주기 때문에 그 이름을 '회향'이라 말한 것이다.

이 때문에 이와 같은 법을 상징한 선지식은 곧 鬻香長者이다. 그의 명호를 '靑蓮華'로 나타낸 것은, 십회향의 법문이란 마치 여러 가지 향을 조합하여 향을 만드는 법에 수많은 향을 합성하여 하나의 환으로 만들어 서로서로 도움을 주면서 그 향기가 널리 퍼지게 하는 것과 같다. 십회향을 행한 자 또한 이와 같다. 계·정·혜·해탈·해탈지견인 五分法身의 향으로 대자, 대비, 모든 바라밀, 四攝, 四無量, 열반, 생사, 모든 번뇌 법문을 화합하여, 법계의 진실한 한 줄기 향을 성취함이 모두 大願으로부터 비롯한 것임을 밝힌 것이

다. 이런 이유에서 이 지위의 이름을 '회향'이라 하고, 장자의 명호를 '청련화'라 한다. 이 지위에서의 행이 오염과 청정, 열반에 물들지 않았음을 나타내기 위함이다.

또한 장자는 세속에 거처하면서도 그 지혜가 세간 중생보다 훌륭함을 밝히고자 그 이름을 '장자'라 하고, '청련화'라 함은 색상을 밝힌 것이다. 수많은 꽃 가운데 청련화의 색상과 향기가 으뜸이기에, 이를 들어 五位(資糧位, 加行位, 通達位, 修習位, 究竟位)의 수행 법문 가운데 십회향 법문이 으뜸임을 밝혔다.

무엇 때문일까? 십회향 법문이 큰 원력으로 대자, 대비, 생사, 열반을 모두 원융하게 화합하여 참으로 법계의 자재한 법을 성취해주기에, 이전 지위의 佛果에 밑천[資糧]이 되어 보현행을 원만하게 갖춰주는 법문이기 때문이며, 또한 이후 지위의 十地, 十一地 수행 법문을 성취하여 이를 익히 습득하여 자재하게 만들어주기 때문이다.

이처럼 앞뒤의 십주, 십행, 십지, 십일지가 모두 이 십회향의 지위 속에서 如理智와 대원, 대지, 대비가 원융하게 된 바임을 밝혀주기 때문이다. 이와 같이 십회향의 지위는 앞으로도 통하고 뒤의 지위에도 통하여 총체로 모든 것을 결속해주기 때문이다. 이런 이유에서 청련화는 수많은 꽃 가운데 색상과 향기가 가장 훌륭하여 여느 꽃들보다 뛰어남을 밝혔다.

又以表兜率天宮이 於諸三界에 此天이 殊勝이니 何以故오 爲世間三世諸佛이 皆在此天하사 長菩提心 滿에 化世間故며 向上化樂天과 他

化天은 樂放逸故며 又向上色界와 無色界는 是樂靜心多故며 已下 夜摩와 忉利는 是著樂之天이라 非知足故니 四天王天은 四面而居하 야 非正位故라 是故로 此天이 處欲界之天하야 上下處中故며 又此天 이 修三福德人之共生處故니 何者 爲三고 一은 修施오 二는 持戒오 三 은 修定이라 自餘諸天은 不修三福하야 令均平故로 皆偏多也하야 修戒 施二福일세 是故로 餘天은 或多放逸하며 或多樂靜이니라 是故로 上生 經에 云 樂欲長菩提心者는 來生此天이라하니 是故此天에 說此十廻 向門이니 於此에 表法勝故니라

또한 도솔천궁이 모든 삼계 가운데 가장 훌륭함을 밝혔다.

무엇 때문일까?

세간 삼세제불이 모두 도솔천에 계시면서 보리심을 길러 원만하게 성취한 후에 세간중생을 교화하기 때문이며,

위에 화락천과 타화천은 방일을 좋아하기 때문이며,

또한 위에 색계와 무색계는 고요함을 좋아하는 마음이 많기 때문이며,

아래에 야마천과 도리천은 쾌락에 집착하는 하늘이라, 만족을 아는 것이 아니기 때문이며,

사천왕의 하늘은 사방 주위에 거처하여 중앙의 바른 자리가 아니기 때문이다.

이 때문에 도솔천은 욕계의 하늘에 있는데, 위아래 모든 하늘의 중앙에 있기 때문이며, 또한 도솔천은 3가지 복덕을 닦아야 할 사람들이 모두 태어나는 곳이기 때문이다.

무엇이 3가지 복덕일까?

(1) 보시를 베풀고,

(2) 계율을 지키며,

(3) 선정을 닦는 것이다.

그 밖의 수많은 하늘은 3가지 복덕을 고루 닦지 못한 까닭에 모두가 어느 한쪽에 치우쳐 계율이나 보신만을 닦는다. 따라서 여타의 하늘은 방일한 부분에 편중하거나 고요함을 좋아하는 데 편중하게 된다. 이 때문에 상생경에 이르기를 "보리심을 기르고자 원하는 사람은 도솔천에 태어난다."고 하였다. 이런 이유에서 도솔천을 십회향 법문에서 말한 것이다. 도솔천이란 법이 훌륭함을 밝히기 위함이다.

四釋文者는 文有十分이니 一 三昧分이오 二 加分이오 三 起分이오 四 本分이오 五 說分이오 六 瑞應分이오 七 結通分이오 八 證成分오 九 偈讚勸修分이오 十 校量功德分이라 今은 初라

4. 경문의 해석

경문은 10부분이다.

Ⅰ. 삼매 부분, Ⅱ. 가피 부분, Ⅲ. 선정에서 일어난 부분, Ⅳ. 본론 부분, Ⅴ. 설명 부분, Ⅵ. 상서 감응 부분, Ⅶ. 모두 끝맺는 부분, Ⅷ. 증명하고 끝맺는 부분, Ⅸ. 게송으로 찬탄하고 수행을 권면한 부분, Ⅹ. 공덕을 헤아리는 부분이다.

이는 I. 삼매 부분이다.

經

爾時에 金剛幢菩薩이 承佛神力하사 入菩薩智光三昧하시니

그때 금강당보살이 부처님이 지닌 헤아릴 수 없는 영묘하고도 불가사의한 힘을 받들어 보살지광삼매에 들어갔다.

◉ 疏 ◉

金剛幢 入者는 是衆首故로 表歸向高出等義라 故不異名說이라 承佛神力은 彰入定緣이오 入菩薩智光三昧者는 顯所入名이라 揀異果定일새 故로 云菩薩이라 智는 卽是體니 謂根本智라 光有三義하니 一은 是證智前相이니 如明得定等이니 此約寄位댄 在賢終故오 二光은 卽根本智用이니 對治無明故니 如大乘光明定等이오 三光은 卽後得이니 了所緣故니라 二智無礙하야 朗照法界니 此約剛幢自體로 釋之니라

금강당보살이 선정삼매에 들어간 것은 대중 보살의 우두머리이기 때문이며, 귀의하여 지향하고 높이 뛰어나다는 등의 뜻을 밝힌 것이다. 이 때문에 그 명호에 담긴 뜻과 다르지 않게 말하였다.

"부처님의 위신력을 받들었다."는 것은 선정에 들게 된 인연을 나타냄이며,

"보살지광삼매에 들어갔다."는 것은 선정에 들어간 대상의 명제를 밝혔다. 부처님의 선정[果定]과 차이가 있음을 구별하기 위해 '보살'을 말하였고, '智'는 본체로, 根本智를 말하며, '光' 자에는 3가

지 뜻이 있다.

(1) 증득한 지혜의 이전 양상이다. 선정을 얻었음을 밝힌다는 등과 같다. 이는 해당 지위가 삼현보살의 마지막 자리에 있다는 것으로 말한 때문이다.

(2) 광명이 곧 근본지의 작용이다. 무명을 다스려주기 때문이다. 대승의 光明定 등과 같다.

(3) 광명이 곧 후득지이다. 반연한 바를 알기 때문이다.

근본지와 후득지가 서로 걸림이 없어 법계를 밝게 비추는 것이다. 이는 금강당이라는 그 자체로 해석한 것이다.

第二. 加分에 有三하니 一 總顯能加오 二 辨加所爲오 三 止顯加相이라 今은 初라

Ⅱ. 가피 부분에는 3가지가 있다.

1. 가피의 주체를 총체로 밝혔고,
2. 가피하는 바를 논변했으며,
3. 가피의 양상을 밝혔다.

이는 1. 가피의 주체이다.

經

入是三昧已에 十方各過十萬佛刹微塵數世界外하야 有十萬佛刹微塵數諸佛이 皆同一號호대 號金剛幢이라 而現其

前하사 咸稱讚言하사대 善哉善哉라 善男子여 乃能入此菩薩智光三昧로다
善男子여 此是十方各十萬佛刹微塵數諸佛神力으로 共加於汝며 亦是毘盧遮那如來의 往昔願力과 威神之力이며 及由汝智慧淸淨故며 諸菩薩善根增勝故로 令汝入是三昧하야 而演說法이니

　보살지광삼매에 들어가자, 시방으로 각각 십만 불국토에 티끌 수와 같은 세계 밖을 지나, 십만 불국토에 티끌 수와 같은 부처님이 계시는데, 그 명호는 모두가 똑같이 '금강당불'이시다. 금강당보살 앞에 나타나 모두 함께 칭찬하셨다.
　"훌륭하고 훌륭하다, 선남자여. 그대가 이런 보살지광삼매에 잘도 들었도다.
　선남자여, 이는 시방으로 각각 십만 불국토의 티끌 수와 같은 부처님의 위신력으로 그대에게 가피를 내리려는 것이며, 또한 비로자나여래의 지난 세상의 원력과 위신력이며, 또한 그대의 지혜가 청정한 때문이며, 모든 보살의 선근이 더욱 훌륭하기 때문에 그대로 하여금 이런 삼매에 들어 법을 연설케 하려는 것이다.

● 疏 ●

文 二니 一은 明佛現이오 二는 明讚善이라
今初에 有五하니 一 標所因이니 謂入是三昧已라 故로 十住中에 云以三昧力이라하고 二 十方下는 佛來近遠이오 三 有十下는 佛數多少니 上

二는 顯位過 行 故云十萬 四 皆同下는 顯佛名同이오 五 而現下는 正
明佛至니 餘如前說이라
二 咸稱讚下는 明佛讚善이라 於中에 初標稱善이오 次別歎得定이오
後顯得定所因이라
先은 別顯五因이니 一 伴佛神力이오 二 主佛宿願이오 三 主佛現威오
四 說者智淨이오 五 聽者善根이라
十住에 無聽者는 善根이오 十行에 闕說者는 自力이어늘 此則具二니 理
應徧具로되 而影畧者는 表住初自悟오 行則捨末利他로되 今則悲兼
自他하야 俱無障礙故也니라 所以要此五力者는 因果主伴이 皆具足
故니 謂法因久遠하야 願遂將化라 故로 主伴加威니 非器不傳은 明因
主自力이오 非感不應은 顯因伴善根이오 餘之差當은 如第三會니라
後令汝下는 結前生後니라【鈔 因果主伴者는 因主는 卽金剛幢力
이오 因伴은 卽聽者善根이오 果主는 卽遮那二力이오 果伴은 卽十方佛
加니라 謂法因下는 出五因之由오 法因久遠 願遂將化는 是遮那本
願이오 主伴加威는 卽及威神力은 爲主加威오 十方佛加는 爲伴加威
니라】

경문은 2부분으로 나뉜다.

(1) 부처님의 현신을 밝혔고,

(2) 선을 찬탄함을 밝혔다.

(1) 부처님의 현신에는 5가지 의의가 있다.

① 원인이 되는 바를 밝혔다. "보살지광삼매에 들어갔다[入是三昧已]."를 말한다. 이 때문에 십주 부분에서 '삼매의 힘 때문[以三昧

刀'임을 말하였다.

② '十方各過' 이하는 멀고 가까운 곳에서 찾아온 부처님을 말하였다.

③ '有十萬佛刹' 이하는 찾아온 부처님의 수효를 말하였다. 위의 2가지는 지위가 행보다 뛰어남을 밝힌 까닭에 '십만'을 말한 것이다.

④ '皆同一號' 이하는 부처님의 명호가 똑같음을 밝혔다.

⑤ '而現其前' 이하는 부처님이 찾아오심을 밝혔다. 나머지는 앞에서 말한 바와 같다.

(2) 선을 찬탄한 부분에서 '咸稱讚' 이하는 부처님이 금강당보살의 훌륭함에 대해 찬탄함을 밝혔다. 그 가운데 첫 부분은 훌륭함에 대해 찬탄함을 밝혔고, 다음은 선정을 얻음에 대해 개별로 찬탄하였으며, 뒤는 선정을 얻게 된 원인을 밝혔다.

첫 부분의 훌륭함에 대한 찬탄에서는 5가지 원인을 개별로 밝혔다.

① 도반 부처님들의 위신력이고,

② 主佛의 숙원이며,

③ 주불의 위신력을 나타내고,

④ 설법자의 청정한 지혜를 말하며,

⑤ 청법자의 선근을 말하였다.

십주에서는 청법자의 선근을 말하지 않았고, 십행에서는 설법자 자신의 힘에 대해 말하지 않았지만, 여기에서는 설법자와 청법자 2가지를 모두 말하였다. 논리상 당연히 이처럼 모두 말해야 할 것이지만 한 부분을 생략한 것은, 십주의 초기는 자신의 깨달음을 말하고, 십행은 곧 지엽적인 것을 버린 利他이지만, 여기에서는 大悲에 자리이타를 겸하여 모두 장애가 없음을 밝힌 때문이다. 이처럼 5가지 원인의 힘을 필요로 한 바는 인과의 主佛·伴佛이 모두 구족한 때문이다. 이는 法因이 오래되고 원한 바가 성취되어 머지않아 중생이 교화할 것이기에 주불·반불이 위신력의 가피를 더하였다. 법그릇이 아니면 법을 전할 수 없기에 원인이 되는 주불의 힘을 밝혔고, 부르지 않으면 감응하지 않기에 원인이 되는 반불의 선근을 밝혔다. 나머지 해당 부분은 제3 법회에서 말한 바와 같다.

(2) 선을 찬탄한 부분에서 '슈汝' 이하는 앞의 문장을 끝맺으면서 뒤의 문장을 일으키고 있다. 【초_ '因果主伴'이란, 因主는 금강당보살의 힘이며, 因伴은 청법자의 선근이며, 果主는 비로자나불의 숙원력과 위신력이며, 果伴은 시방 제불의 가피이다.

'謂法因' 이하는 5가지 원인을 내주는 유래이며,

"法因이 오래되고 원한 바가 성취되었다."는 것은 비로자나불이 본래 원했던 바이며,

"주불·반불이 위신력의 가피를 더하였다."는 것은, 위신력이란 주불의 위신력 가피이고, 시방 제불의 가피란 반불의 위신력 가피이다.】

第二, 辨加所爲

2. 가피하는 바를 논변하다

經

爲令諸菩薩로 得淸淨無畏故며 具無碍辯才故며 入無碍智地故며 住一切智大心故며 成就無盡善根故며 滿足無碍白法故며 入於普門法界故며 現一切佛神力故며 前際念智不斷故며 得一切佛護持諸根故며

모든 보살로 하여금 청정하고 두려움이 없음을 얻게 하고자 함이며,

걸림 없는 변재를 갖추게 하고자 함이며,

걸림 없는 지혜의 자리에 들어가게 하고자 함이며,

일체 지혜 큰마음에 머물게 하고자 함이며,

그지없는 선근을 성취하게 하고자 함이며,

걸림 없는 선한 법을 만족케 하고자 함이며,

보문(普門)의 법계에 들게 하고자 함이며,

모든 부처님의 위신력을 나타내게 하고자 함이며,

최초 한 생각으로 일으킨 보리심의 지혜[前際念智]가 끊어지지 않게 하고자 함이며,

모든 부처님께서 여러 근을 보호하심을 얻게 하고자 한 때문이다.

◉ 疏 ◉

有二十二句니 分二라 前二十一은 別明所爲요 後一은 結爲所屬이라
前中初十은 標所成이오 後十一은 明所作이니 亦猶十地라 前十은 自利오 後十은 利他라
前中初九는 內德이오 後一은 外加니 謂得佛護持信等根故니라
前中前八은 橫具諸德이오 後一은 竪繼不斷이니 從前所成하야 明記決斷故니라
前中 前七은 法體오 後一은 大用이라 佛神力은 言非神境通이니 離世間品의 神力神通과 義有異故니라 通은 謂無擁이오 力은 謂幹能이라 通多就外오 力多約內니라 就前七中에 前六은 別明이오 後一은 總說이라 謂一門之中에 具於多門하야 總攝福智하야 重重無盡을 名普門法界故니라
就前六中에 前五는 所具오 後一은 離過니 謂所具福智는 不與二礙有漏相應故오
前五中 前四는 智慧오 後一은 福德이라 就智慧中에 前三은 自分이오 後一은 勝進이니 住佛智故니라
就自分中에 前二는 說敎오 後一은 入證이니 謂入緣起法界 相卽自在智故니라 前中 無畏는 則於緣無懼오 辯才 常說不斷은 上來從後褔疊이니 已釋所成이라

경문은 22구인데, 이는 2부분으로 나뉜다.
1) 21구는 가피의 대상을 개별로 밝혔고,
2) 뒤의 1구는 가피의 귀속된 바를 끝맺음이다.

35

1) 21구 가운데,

⑴ 앞의 10구는 성취하고자 하는 바를 밝혔고, ⑵ 뒤의 11구는 해야 할 바를 밝혔다. 또한 十地의 앞 10가지는 自利를, 뒤 10가지는 利他를 밝힌 것과 같다.

⑴ 앞의 10구 가운데, 앞 9구는 내면의 덕이며, 뒤 1구는 밖의 가피이다. 이는 부처님이 보호하고 지녀왔던 신심 등의 선근을 얻었기 때문이다.

'앞의 9구' 가운데, 앞 8구는 횡으로 모든 덕을 갖추었고, 뒤 1구는 종으로 끊임없이 계승한 것이다. 이는 예전에 성취했던 바를 분명히 기억하고 결단하였기 때문이다.

'앞의 8구' 가운데, 앞 7구는 법의 본체이고, 뒤 1구는 큰 작용이다. '모든 부처님의 위신력[佛神力]'이란 신통경계를 말한 게 아니다. 이세간품에서 말한 '위신력[神力]'과 '신통력[神通]'의 의의가 다르기 때문이다. '신통력'이란 어느 하나에 걸림이 없음을 말하고, '위신력'이란 능력의 입장에서 말한다. 따라서 '신통력'은 전반적으로 외면으로 말한 부분이 많고, '위신력'은 내면으로 말한 부분이 많다.

'앞의 7구' 가운데, 앞 6구는 개별로 밝혔고, 뒤 1구는 총체로 말하였다. 하나의 부분 속에 많은 부분을 갖추고 있다. 복덕과 지혜를 총체로 포괄하여 거듭거듭 그지없음을 '보문법계'라 말하기 때문이다.

'앞의 6구' 가운데, 앞 5구는 갖추어야 할 대상이고, 뒤 1구는 허물을 버리는 것이다. 이는 갖추어야 할 복덕과 지혜가 번뇌장과 소지장의 번뇌와는 상응하지 않기 때문이다.

'앞의 5구' 가운데, 앞 4구는 지혜를, 뒤 1구는 복덕을 말한다.

지혜를 말한 앞의 4구 가운데, 앞 3구는 자신이 닦아야 할 본분이고, 뒤 1구는 수승하게 정진할 부분이다. 이는 부처님의 일체지에 안주하고자 한 때문이다.

'앞 3구의 자신이 닦아야 할 본분' 가운데, 앞 2구는 가르침을 연설함을 말하였고, 뒤 1구는 증득하여 들어감을 말하였다. 이는 緣起法界의 '하나와 일체가 자유자재로 서로 하나가 되는 지혜[相卽自在智]'에 들어가고자 한 때문이다.

'앞의 2구' 가운데서 말한 '無畏'는 반연에 두려움이 없고, 변재는 언제나 끊임없이 설법하기 때문이다. 위에서는 뒤로부터 중복하여 이미 성취했던 바를 해석하였다.

經

以無量門으로 廣說衆法故며 聞悉解了하야 受持不忘故며 攝諸菩薩一切善根故며 成辦出世助道故며 不斷一切智智故며 開發大願故며 解釋實義故며 了知法界故며 令諸菩薩로 皆悉歡喜故며 修一切佛平等善根故며 護持一切如來種性故니

한량없는 법문으로 여러 가지 법을 연설케 하고자 함이며,

법문을 듣고서 모두 알아 받아 지니고 잊지 않게 하고자 함이며,

보살의 모든 선근을 받아들이게 하고자 함이며,

출세간의 도를 도와 이루게 하고자 함이며,

일체지의 지혜가 끊이지 않게 하고자 함이며,

큰 서원을 개발하게 하고자 함이며,

진실한 이치를 해석하게 하고자 함이며,

법계를 알게 하고자 함이며,

모든 보살로 하여금 다 기쁘게 하고자 함이며,

모든 부처님의 평등한 선근을 닦게 하고자 함이며,

일체 여래의 종성을 보호하게 하고자 한 때문이다.

◉ 疏 ◉

二 明其所作이니 於中에 初一은 總이니 謂廣說故오 後十은 別이니 於中에 初一은 約法이오 次三은 約位니 一 攝地前이오 二 安地上이오 三 照佛果라 次三은 約修니 一 令開發十向大願이오 二 令解實際오 三 令知廻向廣大 與法界等이라 後三은 約人이니 一 稱根令喜오 二 喜故學三世佛廻向이오 三 救護一切衆生故로 不斷佛種이라

(2) 뒤의 11구는 보살이 해야 할 일을 밝혔다.

이의 첫 구절은 총체이다. 광범위하게 말한 때문이다.

뒤의 10구는 개별이다.

10구 가운데, 첫 구는 법을 말하였고,

다음 3구는 지위로 말했는데, 이의 첫 구는 地前 보살을 포괄하였고, 둘째 구절은 地上 보살에 두었으며, 셋째 구절은 佛果를 조명하였다.

그다음 3구는 수행으로 말했는데, 이의 첫 구는 보살로 하여금 십회향의 大願을 일으키도록 하였고, 둘째 구절은 實際를 알도록 하였으며, 셋째 구절은 회향이 광대하여 법계와 똑같음을 알게 하고자 하였다.

뒤의 3구는 사람으로 말했는데, 이의 첫 구는 중생의 근기에 맞추어 기쁘게 하고자 하였고, 둘째 구절은 중생이 기뻐한 까닭에 삼세제불의 회향을 배우도록 하였으며, 셋째 구절은 일체중생을 구제하고 보호한 까닭에 부처님의 종자가 끊어지지 않도록 하였다.

經
所謂演說諸菩薩十廻向이니라
이른바 보살의 열 가지 회향을 연설하는 것이다.

◉疏◉
後一 總結所屬者는 謂若說十向인댄 前益皆成이라 故로 加所爲니 卽說所爲는 六相融攝하야 如理應思라

2) 뒤의 1구는 가피의 귀속된 바를 총체로 끝맺었다. 십회향으로 말하면 앞서 말한 이익이 모두 성취되었기에 해야 할 일을 더하여 곧 해야 할 일들을 말하였다. 6가지 모습으로 이를 원융하게 받아들여 이치대로 생각해야 할 것이다.

第三는 正顯加相이라 於中에 三이니 初는 語業勸說以增辯이오 二는 意業冥加以益智오 三은 身業摩頂以增威라 今初口加는 承語便故니라

3. 바로 가피의 양상을 밝혔다. 이는 3부분으로 나뉜다.

1) 어업으로 설법을 권하여 변재를 더해주었고,

2) 의업으로 보이지 않게 가피를 내려 지혜를 더해주었으며,

3) 신업으로 이마를 쓰다듬어 위신력을 더해주었다.

이는 1) 어업으로, 입으로 내려준 가피이다. 능란한 언변을 받들었기 때문이다.

經

佛子여 汝當承佛威神之力하야 而演此法이니 得佛護念故며 安住佛家故며 增益出世功德故며 得陀羅尼光明故며 入無障碍佛法故며 大光普照法界故며 集無過失淨法故며 住廣大智境界故며 得無障碍法光故니라

불자여, 그대는 당연히 부처님 위신력을 받들어 이 법을 연설해야 할 것이다.

부처님의 가호와 염려를 얻은 때문이며,

부처님의 집안에 안주한 때문이며,

출세간의 공덕을 더한 때문이며,

다라니의 광명을 얻은 때문이며,

장애 없는 불법에 들어간 때문이며,

큰 광명으로 법계를 널리 비춘 때문이며,

허물없는 청정한 법을 모은 때문이며,

광대한 지혜의 경계에 머문 때문이며,

장애 없는 법의 광명을 얻은 때문이다."

◉ 疏 ◉

文有十句니 初總餘別이라 總云說此法者는 有二種力이니 一者는 他力이니 如經得佛護念故니 此亦名果力이오 亦名增上緣力이라 二者는 自力이니 卽下八句라 亦名因位力이오 亦是因緣力이라 是故로 此法은 要自他因果親疎融合하야 方得有說이라

自力八中에 初三은 明有作淨法力이니 一은 總이니 謂旣住佛家하야 理宜宣法以行家業이오 下二別은 一은 長無漏功德이오 二는 人總持智慧라 故로 在佛家오

次二句는 無作法力이니 一은 離所淨障이니 謂無二障礙오 二는 得所淨智니 謂事理普照오

後三은 顯身淨力이니 卽三種盡이니

一은 二乘不同盡이니 謂雙集悲智하야 離於捨悲入寂過失故오

二는 菩薩盡이니 謂離心意識하야 唯依大智法身境故오

三者는 佛盡이니 無障礙智 是佛法故니 此是地前이라

有三盡者하니 一은 圓敎普賢位融攝故오 二는 約金剛幢內德이니 位已極故오 又前加所爲中이니 住行에 但有十句오 正口加中에 唯有一句라 今並過前者는 表位增故오 隣於地故니 多同地經이라

경문은 10구이다. 제1구는 총체이며, 나머지 구절은 개별이다. 총체로 말하면, 이 법을 설하는 자에게는 2가지 힘이 있다.

(1) 他力이다. 경문에서 말한 "부처님의 가호와 염려를 얻은 때문"이다. 이를 또한 佛果의 힘이라 말하기도 하고, 또한 增上緣의 힘이라 말하기도 한다.

(2) 自力이다. 이는 아래의 8구이다. 또한 因位의 힘이라 말하고, 또한 인연의 힘이라고도 한다. 이 때문에 이 법은 자타의 가깝고 소원한 인과가 융합해야 비로소 설법할 수 있다.

'자력의 8구' 가운데, 앞의 3구는 청정한 법을 만들어내는 힘을 밝혔다. 첫 구절은 총체이다. 이미 부처님의 집안에 안주하였다면 법을 펼치고 연설하여 가업을 행하는 것은 당연한 이치이다. 아래의 2구는 개별이다. 첫 구절은 장구한 無漏功德이며, 둘째 구절은 總持에 들어간 지혜이다. 이 때문에 "부처님의 집안에 안주하였다."고 말한다.

다음 2구는 작위가 없는 법력이다. 첫 구절은 청정한 바의 장애를 여읜 것으로, 번뇌장과 소지장이 없음을 말하고, 둘째 구절은 청정한 바의 지혜를 얻은 것으로, 사법계와 이법계를 널리 관조함을 말한다.

뒤의 3구는 몸의 청정을 나타내는 힘이다. 이는 3가지 다함[三種盡]이다.

(1) 이승의 똑같지 않음이 다한 것이다. 이는 대비와 대지를 모두 일삼아, 대비의 행을 버리고 적정에 드는 잘못을 여읜 때문이다.

(2) 보살이 다한 것이다. 이는 마음의 의식을 여의고, 오직 大智 법신의 경계를 따른 때문이다.

(3) 부처가 다한 것이다. 걸림 없는 지혜가 불법이기 때문이다.

이는 地前 보살이지만 3가지 다함이 있는 것은 첫째, 圓敎의 보현 지위에서 이를 모두 받아들이기 때문이며, 둘째는 금강당보살의 내면 공덕으로 말하여 지위가 이미 다한 때문이다.

또한 앞의 가피한 바를 말한 가운데, 십주와 십행은 10구가 있을 뿐이며, 구업의 가피 가운데 오직 1구가 있을 뿐이다. 그러나 여기에서는 모두 앞서 말한 부분보다 훨씬 많은 것은 지위가 더한 때문이며, 십지에 인접함을 나타낸 때문에 지장경에서 말한 바와 같은 부분이 많다.

二 意加

2) 의업의 가피

經

爾時에 諸佛이 卽與金剛幢菩薩無量智慧하시며 與無留碍辯하시며 與分別句義善方便하시며 與無碍法光明하시며 與如來平等身하시며 與無量差別淨音聲하시며 與菩薩不思議善觀察三昧하시며 與不可沮壞一切善根廻向智하시며 與觀察一切法成就巧方便하시며 與一切處說一切法無斷

辯하시니
何以故오 入此三昧善根力故니라

그때 여러 부처님께서 금강당보살에게 한량없는 지혜를 주셨고,

걸림 없는 변재를 주셨으며,

글귀와 뜻을 분별하는 좋은 방편을 주셨고,

걸림 없는 법의 광명을 주셨으며,

여래의 평등한 몸을 주셨고,

한량없이 각기 다른 청정한 음성을 주셨으며,

불가사의하게 잘 관찰하는 보살의 삼매를 주셨고,

파괴할 수 없는 모든 선근으로 회향하는 지혜를 주셨으며,

모든 법을 관찰하여 성취하는 뛰어난 방편을 주셨고,

모든 곳에서 일체 법을 연설하는 끊임없는 변재를 주셨다.

무엇 때문일까? 그것은 이런 삼매에 들어간 선근 때문이다.

● 疏 ●

中二는 先正明加相이오 二何以下는 釋偏加所以라 前中十句는 初總餘別이라 然이나 此十句는 大同地經이라 唯五六은 前卻이오 餘如彼次라 後別中에 一은 不著辯才니 說法不斷하야 無留礙故오 二는 堪辯才니 以善淨堪智에 有四種하니 謂緣法作成일세 故云分別句義라하고 三은 任放辯才니 說不待次하고 言辭不斷하야 處處隨意하야 不忘名義일세 故云無礙法光이라하니 忘不隨意면 則有礙故오 四는 卽第五 不雜辯

才니 三種同智 常現在前者는 慧身平等하야 知三相故라 故彼云 與徧至一切處智라하니라 五는 卽第四 能說辯才니 有淨音故오 六은 敎出辯才하야 靜鑒雙流故오 七은 不畏辯才니 智不可壞어니 何有畏哉리오 或六七은 前卻이니 思之어다 八은 卽無量辯才니 謂一切法智 隨順宣說修多羅等 六種正見故오 九는 卽同化辯才니 得一切佛無畏身等三種敎化니 隨所度者는 顯示殊勝三業神變化故니라【鈔_ 三種智者는 卽自相이니 其相 及不二相이라 自相者는 色心等殊오 同相者는 同無我等이오 不二相者는 卽一實理也라 或六七前卻者는 六卽不畏辯才니 以經云 不思議善觀察三昧하야 同彼如來無所畏故오 七은 是敎出辯才하야 以不可沮壞一切善根이니 是敎出故로 大同地經 成道自在力故라 六種正見者는 一 眞實智正見이오 二 行正見이오 三 敎正見이오 四 離二邊正見이오 五 不思議正見이오 六 根欲正見이라】

경문은 2부분으로 나뉜다.

(1) 바로 가피의 모습을 밝혔고,

(2) '何以' 이하는 유독 그에게 가피를 내린 이유를 해석하였다.

(1) 가피 모습에 대한 10구의 첫 구절은 총체로, 나머지 구절은 개별로 말하였다. 그러나 10구는 크게는 지장경에서 말한 바와 같은데, 제4, 5구에서 전후의 차례가 바뀌었을 뿐, 나머지는 모두 지장경의 차례와 같다.

(1) 가피 모습의 나머지 9구절의 뜻을 지장경에 맞추어 설명하면 다음과 같다.

① 집착하지 않는 변재이다. 끊이지 않은 설법으로 걸림이 없

기 때문이다.

② 모든 것을 감당하는 변재이다. 선하고 청정하게 감당하는 지혜는 4가지가 있다. '반연, 법, 하는 일, 성취[緣, 法, 作, 成]'를 말하기에 '글귀와 뜻을 분별하는 방편'이라 말하였다.

③ 마음대로 말하는 변재이다. 설법하는 데에 차례를 필요로 하지 않고, 그 말이 끊이지 않는다. 어느 곳에서나 마음대로 말하되 명제와 이치를 잊지 않기에, '걸림 없는 법의 광명'이라 말한다. 잊는다거나 마음대로 말하지 못하는 것은 곧 걸림이 있기 때문이다.

④ 이는 지장경에서 말한 '제5 혼잡하지 않은 변재'이다. 3가지의 똑같은 지혜가 항상 앞에 나타나 있는 것은 지혜의 몸이 평등하여 3가지 모습을 알기 때문이다. 따라서 지장경에 이르기를 "일체 모든 곳에 두루 이르는 지혜를 주었다."고 하였다.

⑤ 이는 지장경에서 말한 '제4 능란한 말솜씨의 변재'이다. 청정한 음성이 있기 때문이다.

⑥ 가르침을 내주는 변재이다. 寂靜과 慧鑒이 모두 함께하기 때문이다.

⑦ 두려워하지 않는 변재이다. 그의 지혜를 파괴할 수 없으니 어찌 두려움이 있겠는가. 어떤 사람은 ⑥과 ⑦의 순서가 바뀌었다고 말한다. 이에 대해 생각해보아야 한다.

⑧ 한량없는 변재이다. 일체 모든 법을 아는 지혜로 수다라 등 6가지 正見에 따라 설법하기 때문이다.

⑨ 함께 동화하는 변재이다. 일체 제불의 無畏身 등 3가지 교

화를 얻어 제도할 중생에 따라 삼업의 훌륭한 신통 변화를 보여주기 때문이다. 【초_ '3가지의 똑같은 지혜[三種智]'란 自相, 共相 및 不二相이다. 자상이란 몸과 마음 등 다른 것이며, 공상이란 '無我가 똑같다.' 등이며, 불이상이란 곧 하나의 진실한 이치이다.

"어떤 사람은 ⑥과 ⑦의 순서가 바뀌었다고 말한다."는 것은 ⑥이 '두려워하지 않는 변재'이다. 지장경에 이르기를 '불가사의하게 잘 관찰하는 삼매[不思議善觀察三昧]'라 하였는데, 이는 '여래의 두려워하는 바 없다.'는 말과 같기 때문이며, ⑦은 '가르침을 내주는 변재'이다. 저지하거나 파괴할 수 없는 일체 선근에서 가르침을 내기 때문이다. 지장경에서 말한 '도를 성취하여 자재한 힘[成道自在力]'과 크게는 같다는 이유에서이다.

'6가지 正見'이란 ① 진실한 지혜의 징견, ② 수행의 징견, ③ 가르침의 정견, ④ 양쪽을 여읜 정견, ⑤ 불가사의한 정견, ⑥ 根欲의 정견이다.】

次何以故下는 釋偏加所以니 可知라

다음 '무엇 때문일까?' 이하는 유독 금강당보살에게 가피를 내린 이유를 해석한 것으로, 이는 설명하지 않아도 알 수 있다.

爾時下 身加는 并第三 金剛幢下히 起分이라

3) '爾時' 이하의 신업 가피는 Ⅲ. '金剛幢' 이하까지 모두 선정에서 일어난 부분이다.

47

經

爾時에 諸佛이 各以右手로 摩金剛幢菩薩頂하신대 金剛幢菩薩이 得摩頂已하고 卽從定起하사

그때 많은 부처님이 각각 오른손으로 금강당보살의 정수리를 만져주시자, 금강당보살이 정수리 만져주심을 받고서 곧 선정으로부터 일어나

◉ 疏 ◉

竝如前後說이라

이는 모두 전후의 설명과 같다.

第四 本分이니 分二라 先은 總顯體相이오 後는 佛子菩薩摩訶薩廻向有幾下는 別示名相이라 今은 初라

Ⅳ. 본론 부분은 2단락으로 나뉜다.
1. 총체로 體相을 밝혔고,
2. '佛子菩薩摩訶薩廻向有幾' 이하는 개별로 名相을 밝혔다.
이는 1. 총체로 體相을 밝힌 부분이다.

經

告諸菩薩言하사대 佛子여 菩薩摩訶薩이 有不可思議大願하야 充滿法界하야 普能救護一切衆生하나니 所謂修學去

來現在一切佛廻向이니라

모든 보살에게 말하였다.

"불자여, 보살마하살의 불가사의한 큰 서원이 법계에 충만하여, 일체중생을 널리 구제하고 보호하시니, 이른바 과거·미래·현재의 모든 부처님의 회향을 닦아 배우는 것이다.

◉ 疏 ◉

若直就經文인댄 應分爲三이니 初句는 總標願體難思이니 希求名願이니 卽具攝普賢無盡願海深廣難思이오 二 充滿下는 顯難思相이니 謂體充法界라 故로 難思議니 用普救護일세 故로 稱爲大오 又約體댄 深不思議오 約用인댄 廣不思議라 又深廣無礙를 名不思議오 又體相用三이 竝充法界하야 隨所偏處 無不救護하야 實難思議라 三 所謂下는 釋成難思이니 以行同佛故라【鈔 二充滿下는 釋第二句에 自有四義니 一 以體로 釋不思議오 以用으로 釋大며 二 雙約體用하야 釋不思議오 三 體用雙融으로 釋不思議오 四 約三大相融하야 釋不思議라】

직접 경문으로 말하면 당연히 3부분으로 나눠야 한다.

(1) 첫 구절은 서원의 본체가 불가사의함을 총체로 밝힌 것이다. 바라고 추구하는 바를 '願'이라 말한다. 이는 곧 보현보살의 그지없는 서원 바다가 깊고 광대하고 불가사의함을 모두 갖추고 있기 때문이다.

(2) '充滿' 이하는 불가사의한 모습을 밝힌 것이다. 서원의 본체가 법계에 충만한 까닭에 불가사의하고, 서원의 작용이 중생을 널

리 구제하고 보호하기에 '광대[大]'하다고 말한다. 또한 서원의 본체로 말하면 심오하여 불가사의하고, 그 작용으로 말하면 광대하여 불가사의하다. 또한 깊고 광대하여 걸림이 없는 것을 불가사의하다고 말하고, 또한 體·相·用 3가지가 모두 법계에 충만하여 두루 펼쳐야 할 곳을 따라 구제하고 보호하지 않음이 없기에 실로 불가사의하다.

(3) '所謂' 이하는 불가사의함에 대한 해석을 끝맺었다. 그 행한 바가 부처님과 같기 때문이다.【초_ '(2) 充滿' 이하는 제2구를 해석함에 있어 그 나름 4가지 의의가 있다.

① 서원의 본체로 불가사의함을 해석하였고, 그 작용으로 광대함을 해석하였으며,

② 본체와 작용을 모두 들어 불가사의함을 해석하였고,

③ 본체와 작용을 모두 융합하는 것으로 불가사의함을 해석하였으며,

④ 體·相·用 3가지가 서로 원융한 것으로 불가사의함을 해석하였다.】

然이나 總論品內는 一一難思니 別示其相에 畧申十種이니 一 體深이오 二 用廣이니 如上已辨이오 三 攝德無盡이오 四 出生衆行이오 五 餘不能壞니 此三은 充滿法界中攝이오 六 都不自爲오 七 忍苦無倦이오 八 背恩不轉이오 九 逆順多端이오 十 盡窮來際니 此五는 普能救護中攝이라 此之十句는 一一超於言念하야 皆不思議라 故로 收前後有三種體니 一 所依體니 即智光三昧오 二 約剋性이니 即上大願이오 三 約總

含이라 通有六法이니 一定 二智 三願 四悲 五所依法界 六通慧作用이라 卽不思議解脫로 以爲體性하고 而圓融無礙로 爲廻向體라

그러나 본 품에서 말한 부분을 총체로 논하면, 하나하나가 모두 불가사의하다. 그 양상을 개별로 밝히면 간단히 10가지로 말할 수 있다.

(1) 본체가 심오하여 불가사의하고,

(2) 작용이 광대하여 불가사의하다.

위의 2가지는 위에서 이미 말한 바와 같다.

(3) 지닌 공덕이 그지없어 불가사의하고,

(4) 수많은 行을 낳아줌이 불가사의하며,

(5) 그 어느 누구도 파괴할 수 없음이 불가사의하다.

위의 3가지는 '법계에 충만한 서원' 속에 모두 담겨 있다.

(6) 모두 스스로 하는 일이 없이 절로 이뤄짐이 불가사의하고,

(7) 괴로움을 참고서 게으름이 없음이 불가사의하며,

(8) 은혜를 저버리는 일에도 변하지 않음이 불가사의하고,

(9) 역경과 순경의 많은 일이 불가사의하며,

(10) 미래의 세계를 다함이 불가사의하다.

위의 5가지는 '중생을 널리 구제하고 보호' 속에 모두 담겨 있다.

위에서 말한 10구는 하나하나가 모두 언어와 생각을 초월하여 모두 불가사의하다. 따라서 전후의 모든 항목을 수합하면 3가지 체성이 있다.

(1) 의지 대상의 체성이다. 이는 '지혜광명삼매'이다.

(2) 剋性으로 말한다. 이는 위에서 말한 큰 서원이다.

(3) 총괄하여 말하면 전반적으로 6가지 법이 있다. ① 선정, ② 지혜, ③ 서원, ④ 자비, ⑤ 의지 대상이 되는 법계, ⑥ 통달한 지혜의 작용이다. 이는 불가사의한 해탈로 체성을 삼고, 원융하여 걸림이 없는 것으로 회향의 체성을 삼는다.

第二 別示名相
   2. 개별로 名相을 밝히다

經

佛子여 菩薩摩訶薩의 廻向이 有幾種고
佛子여 菩薩摩訶薩의 廻向이 有十種하야 三世諸佛이 咸共演說이시니 何等이 爲十고
一者는 救護一切衆生호대 離衆生相廻向이오 二者는 不壞廻向이오 三者는 等一切諸佛廻向이오 四者는 至一切處廻向이오 五者는 無盡功德藏廻向이오 六者는 入一切平等善根廻向이오 七者는 等隨順一切衆生廻向이오 八者는 眞如相廻向이오 九者는 無縛無著解脫廻向이오 十者는 入法界無量廻向이라
佛子여 是爲菩薩摩訶薩의 十種廻向이니 過去未來現在諸佛이 已說當說今說이시니라

불자여, 보살마하살의 회향에는 몇 가지가 있는가?

불자여, 보살마하살의 회향에는 열 가지가 있다. 삼세의 모든 부처님이 모두 연설한 것이다.

어떤 것이 열 가지인가?

첫째는 일체중생을 구제하고 보호하되 중생이라는 상을 여읜 회향이고,

둘째는 그 누구도 깨뜨릴 수 없는 회향이며,

셋째는 모든 부처님과 평등한 회향이고,

넷째는 일체 모든 곳에 찾아가는 회향이며,

다섯째는 그지없는 공덕장 회향이고,

여섯째는 일체 평등한 선근에 들어가는 회향이며,

일곱째는 일체중생을 평등하게 따르는 회향이고,

여덟째는 진여상의 회향이며,

아홉째는 속박도 집착도 없는 해탈의 회향이고,

열째는 한량없는 법계에 들어가는 회향이다.

불자여, 이것을 보살마하살의 열 가지 회향이라고 말한다. 과거, 미래, 현재의 부처님들이 이미 말씀하셨고, 장차 말씀하실 것이고, 지금 말씀하시는 것이다."

● 疏 ●

文分四別이라 一 擧名徵數오 二 佛子下는 標數顯勝이니 諸佛共說故오 三 何等下는 徵數列名이오 四 佛子是爲下는 結數引證이라

三中에 先徵後列이라 十廻向義는 畧以五門分別이니 一 釋名이오 二 義相이오 三 體性이오 四 定位오 五 行法差別이라

경문은 4단락으로 나뉜다.

1) 회향의 명칭을 들어 그 수효를 물었고,

2) '佛子' 이하는 수효를 내세워 그 훌륭함을 밝혔다. 모든 부처님이 다 함께 말씀하시기 때문이며,

3) '何等' 이하는 수효를 물어 그 명제를 나열하였고,

4) '佛子是爲' 이하는 수효를 끝맺어 인증하였다.

3)은 앞에서 십회향을 묻고 뒤에서 십회향을 열거하였다. 십회향의 뜻을 간단히 5부분으로 구분한다. 첫째, 명제의 해석, 둘째, 의의의 양상, 셋째, 체성, 넷째, 일정한 지위, 다섯째, 각기 다른 行과 법의 차이점이다.

初中에 先總名이니 已見品初오 後別名이니 今當畧釋이라 然이나 通相而辨에 有其二意니 一은 廻向二字는 皆是能廻之願이오 救護等名은 皆是所廻之行이라 故로 皆依主受名이오 二는 救護等名이니 皆廻向之別相이라 廻向二字는 皆別相之通名이니 當名相望이면 救護等이 卽廻向이어니와 若互相揀이면 是救護之廻向이오 非不壞之廻向이니 則通依主니 隨其義便하야 不可局定이라

첫째, 명제의 해석 가운데, '1) 회향의 명칭과 그 수효' 부분에서 앞 총체의 명제는 이미 본 품의 첫 부분에 나타나 있고, 뒤 개별의 명제에 대해서는 여기에서 간단히 해석하고자 한다. 그러나 그 양상을 전반적으로 말하면 2가지 의미가 있다.

(1) '회향' 두 글자는 모두 회향할 수 있는 주체를 원함이며, '救護' 등의 명칭은 모두 회향 대상의 행동이다. 따라서 모두 주체에 의거하여 그와 같은 명제가 붙여진 것이다.

(2) '구호' 등 명제는 모두 회향의 개별 양상이다. '회향' 두 글자는 모두 개별 양상의 통칭이다. 해당 명제와 서로 대조하면 '구호' 등이 곧 모든 회향이지만, 서로를 구별 지어 말하면 이는 '구호의 회향'일 뿐, '不壞의 회향'이라 말할 수는 없다. 이는 모두 주체에 따라 말한 것으로, 설명의 편의에 따라 융통성 있게 보아야 하는 것이지, 어느 한 부분에 국한 지어 고집해서는 안 된다.

第一救護等者는 大悲廣濟를 名爲救護一切衆生이오 大智는 無著이라 故로 云離衆生相하야 將墜者 護오 已墜者 救하야 救令脫苦하고 護令息惡하며 並以善根으로 願能成此니라

二는 於三寶等에 得不壞信하야 以此善根으로 用將廻向이오

三은 學三世佛所作廻向이 名等諸佛이오

四는 菩薩이 令其善根으로 至一切處오

五는 由廻向故로 能成無盡功德之藏이오

六은 順理修善에 事理無違하야 入於平等이오

七은 以善根等心으로 順益衆生이오

八은 善根合如하야 以成廻向이오

九는 不爲相縛이며 不於見著하야 作用自在라 故名解脫이니 如不思議解脫等이오

十은 稱性起用이니 謂以法界善根으로 廻向法界故니라 至隨文中하야

當更開顯호리라

① '救護' 등이란, 大悲의 마음으로 널리 구제하는 것을 '일체 중생을 구제하고 보호하였다[救護一切衆生].'고 말하고, 大智는 집착이 없기에 '중생이라는 상을 여읜다[離衆生相].'고 말한다. 장차 떨어지려는 자를 보호하고 이미 떨어진 자를 구제하여, 구제받은 자는 고통에서 벗어나게 하고, 보호받은 자는 악이 사라지도록 하여, 그들이 모두 선근으로 회향을 성취하기를 원한 것이다.

② 삼보 등에 대한 신심이 무너지지 않고 이러한 선근으로 회향하고자 한다.

③ 과거불·현세불·미래불이 행하셨던 도를 배워 회향하는 것을 '모든 부처님과 평등한 회향'이라 한다.

④ 보살이 선근으로 일체 모든 곳에 찾아가도록 하였다.

⑤ 회향을 따라 그지없는 공덕장을 성취하였다.

⑥ 이치에 따라 선을 수행함에 사법계와 이법계가 어긋남이 없어 일체 평등한 선근에 들어갔다.

⑦ 선근 등의 마음으로 중생에 따라 이익을 주었다.

⑧ 선근이 진여에 합하여 회향을 성취하였다.

⑨ 相에 속박되지 않고 見에 집착하지 아니하여 작용이 자재한 까닭에 이를 '해탈 회향'이라 말한다. 이는 불가사의한 해탈 등과 같다.

⑩ 본성에 걸맞은 작용을 일으킴이다. 법계 선근으로 법계에 회향하였기 때문이다.

경문의 해당 부분에 따라 다시 이를 구분 지어 밝히고자 한다.

第二顯義相者는 先別後通이라

別中에 前七은 隨事行이오 後三은 稱理行이라

前中 初一은 悲智不住로 明行本이오

次四는 明行相이라 於中 一者는 起行心堅이오 二는 約佛辨廣이오 三은 約法顯徧이오 四는 約德顯多니라

下二는 行成이니 一은 智行成이오 二는 悲行成이라

後三中에 一은 正與理合이니 顯體深廣이오 二는 明依體하야 起無方大用이오 三은 顯體用無礙하야 圓明自在니라

둘째, 의의의 양상을 밝힘에 있어 앞에서는 개별로, 뒤에서는 전반적으로 말하였다.

앞의 개별 부분 가운데, 앞 7구는 일에 따른 行이고, 뒤 3구는 이치에 걸맞은 行이다.

앞의 7구 가운데, 제1구는 집착이 없는 大悲大智로 행의 근본을 밝혔다.

다음 4구(제2~5)는 행의 양상을 밝혔다. 그 가운데 ① 行을 일으키는 마음이 견고함이며, ② 부처님을 들어 광대함을 말하였고, ③ 법을 들어 두루 존재함을 밝혔으며, ④ 덕을 들어 많음을 밝혔다.

아래의 2구(제6~7)는 行의 성취이다. ① 智行의 성취이며, ② 悲行의 성취이다.

뒤의 3구(제8~10)는 ① 바르게 이치와 부합함이니 본체의 깊고 넓음을 밝혔고, ② 본체에 의해 사방으로 통하는 큰 작용을 일으킴

을 밝혔으며, ③ 본체와 작용이 걸림 없어 원만하고 분명하게 자재함을 밝혔다.

二通論은 一一中에 皆有三種廻向이니 謂以善根으로 廻向衆生·菩提·實際라

此三에 各有二義라 故成廻向이니

一은 以菩薩善根이 必由衆生而成이니 是衆生之分이라 故還向彼오 由餘二成도 餘二流故니 菩提分故며 稱實際故로 法爾向彼니라

二는 凡是菩薩이 必爲度生이니 不爾면 同二乘故니라 必求無上菩提는 是家法故니 不爾인댄 同凡小故니라 必證實際는 背無明故니 照二空故니라

所以要須三者는 義乃無邊이어니와 畧申十意호리라 謂依三法故며 滅三道故며 淨三聚戒며 顯三佛性이며 成三寶며 會三身이며 具三德이며 得三菩提며 證三涅槃이며 安住三種秘密藏故니라

뒤의 통론[後通]은 하나하나에 모두 3가지 회향이 있다. 선근으로 중생과 보살과 실제에 회향함이다.

이 3가지에는 각각 2가지 뜻이 있기에 회향을 성취할 수 있다.

① 보살의 선근이 반드시 중생에 의해 성취된다. 이는 중생의 본분이기에 다시 중생에게 회향하고, 나머지 2구에서 말한 보리와 실제의 회향 성취도 나머지 2구에 두루 통하기 때문이다. 보리의 본분에 회향하기 때문이며, 실제에 걸맞은 회향 때문에 법에 따라 그처럼 회향하는 것이다.

② 보살은 반드시 중생을 위해 제도한다. 중생 제도가 없다면

그것은 이승과 같기 때문이다.

반드시 위없는 최고의 보리를 추구함은 가법이다. 그렇지 않으면 범부 소인과 똑같기 때문이다.

반드시 실제를 증명함은 무명을 버리기 위함이다. 아공과 법공을 관조한 때문이다.

위에서 말한 3가지를 필요로 하는 의의는 끝이 없지만, 간단히 10가지 뜻을 말하고자 한다.

① 삼법에 의지한 때문이고,

② 삼악도를 없애주기 때문이며,

③ 삼취정계를 청정하게 하고,

④ 삼불성을 밝혀주며,

⑤ 삼보를 완성히고,

⑥ 삼신을 모이게 하며,

⑦ 삼덕을 갖추고,

⑧ 삼보리를 얻으며,

⑨ 삼열반을 증득하고,

⑩ 3가지 대일여래의 가르침[三種秘密藏]에 안주한 때문이다.

一 依三法者는 謂眞性·觀照와 及與資成이니 卽起信論의 體·相·用也니 實際는 依體오 菩提는 依相이오 衆生은 依用이라

二 滅三道者는 見苦實際라야 方能滅苦오 照煩惱空이라야 卽得菩提오 廻結縛業하야 爲利生業이라

三 淨三聚者는 謂向實際故로 律儀離過하고 向菩提故로 廣攝衆善이

오 向衆生者는 卽是攝也니라

四 顯三佛性者는 實際는 正因이오 菩提는 了因이오 向衆生者는 卽是 緣因이라

五 成三寶者는 實際는 成法이오 菩提는 成佛이오 向彼衆生은 成同體 僧이라

六 會三身者는 謂法·報·化오

七 具三德은 謂斷·智·恩이오

八 得三菩提는 謂實相菩提와 實智菩提와 方便菩提니 菩提樹下에 示成佛故니라

九 證三涅槃者는 謂性淨涅槃과 圓淨涅槃과 方便淨涅槃이니 謂薪 盡火滅이라

十 安住三種秘密藏者는 由向實際면 則住法身이니 佛 以法爲身하야 淸淨如虛空故오 由向菩提하야 能成般若니 菩提朗鑒하야 居極照故 오 由向衆生하야 能成解脫이니 自旣無累코 令他解脫하고 隨機應現도 亦無礙解脫也니라

　① 三法은 眞性·觀照 및 資成을 말한다. 기신론에서 말한 본체·형상·작용[體相用]이다. 실제는 본체를 의지하고, 보살은 형상을 의지하고, 중생은 작용을 의지한다.

　② 삼악도를 없앤다[滅三道]는 것은 고통의 실제를 보아야 비로소 고통을 없앨 수 있고, 번뇌의 空을 관조해야 곧 보리를 얻을 수 있으며, 결박의 업보를 돌이켜서 중생에게 이익을 주는 것으로 업을 삼는다.

③ 三聚는 실제에 회향하기 때문에 律儀를 지녀 허물을 버리고, 보살에 회향하기 때문에 중생의 선을 널리 받아들이며, 중생에 회향하는 것은 곧 이를 받아들이는 것이다.

④ 三佛性에서 실제의 회향은 正因이요, 보살의 회향은 了因이요, 중생의 회향은 곧 緣因이다.

⑤ 삼보를 완성한다[成三寶]는 것은, 실제 회향은 법을 성취하고, 보살 회향은 부처님을 성취하고, 중생회향은 하나의 같은 몸의 스님을 성취함이다.

⑥ 三身은 법신, 보신, 화신을 말한다.

⑦ 三德은 결단, 지혜, 은혜를 말한다.

⑧ 三菩提는 실상보리, 실지보리, 방편보리를 말한다. 이는 보리수 아래에서 성불을 보인 때문이다.

⑨ 三涅槃은 본래 불생불멸하여 물들일 수도 없고 깨끗이 할 수도 없는 열반[性淨涅槃], 지혜로써 번뇌를 끊고 얻은 열반[圓淨涅槃], 지혜로 진리를 깨달은 뒤에, 중생을 제도하기 위해 출현했다가 인연이 다하면 입적하는 열반[方便淨涅槃]이니 나무가 다 타고 불이 꺼짐을 말한다.

⑩ 3가지 대일여래의 가르침에 안주한다[安住三種秘密藏]는 것은, 실제 회향을 따라 곧 법신에 안주하니, 부처님이 법으로 몸을 삼아 청정함이 허공과 같기 때문이며, 보리 회향을 따라 반야를 성취하니, 보살이 밝은 거울로 지극히 비추는 자리에 있기 때문이며, 중생회향을 따라 해탈을 성취하니, 자신의 몸에 이미 누가 없기에 남

들로 하여금 해탈을 얻게 해주며, 중생의 근기에 따라 널리 현신함 또한 걸림 없는 해탈이다.

以斯十義로 立三廻向이니 若立三種菩提之心인댄 亦依此十이라 又此十內에 擧一爲首하야 展轉相由하고 又此三者는 成二行故니 向實은 自利오 向生은 利他오 菩提는 通二며 又向實은 護煩惱오 向生은 護小乘이오 菩提는 通二護며 又爲成悲智는 智照理事라 故有三也오 又隨擧悲智하야 亦具此三이니 悲中三者는 令彼衆生으로 知其實際하야 同證菩提故오 智中三者는 照生相盡하야 卽同實際하야 證菩提故니라 又此三者는 其必相資하야 一卽具三이라야 方成其一이니라

一은 爲證實際故로 廻向衆生이니 以化衆生으로 成其自利하야 斷障證實故며 亦向菩提니 速證菩提하야 具一切智라야 斷於二障하야 方窮實故니라

二는 爲救衆生故로 廻向實際니 速證實際라야 於惑自在하야 方能化故니라 故淨名에 云若自有縛하고 能解彼縛이 無有是處라하니라 亦向菩提니 速證菩提라야 方能廣利니라 故地經에 云欲度衆生인댄 不離無障礙解脫智라하니라

三은 爲得菩提故로 廻向衆生이니 不化衆生이면 不證果故며 亦向實際니 不證實際면 豈得菩提리오 故此三事는 相資成立하나니 非唯三事自互相資라 隨一一事하야 具攝法界·德用하야 卽入無礙라야 方名眞實廻向三事니라

이러한 10가지 의의로 3가지 회향을 세운다. 만일 3가지 보리의 마음을 세우고자 한다면 또한 이 10가지 의의에 따라야 한다.

또한 10가지 의의 가운데, 하나를 들어 첫머리로 삼아 차례대로 따르고, 또한 3가지 회향은 自利와 利他行을 성취하기 때문이다. 실제 회향은 자리이고, 중생회향은 이타이며, 보리 회향은 2가지에 모두 통한다. 또 실제 회향은 번뇌를 보호함이요, 중생회향은 소승을 보호함이요, 보리 회향은 2가지 보리에 통한다. 또한 대비대지를 성취함은 지혜로 이법계와 사법계를 관조하기에 3가지 회향이 있고, 또한 대비대지를 따라 들어 또한 3가지 회향을 갖추는 것이다. 대비에 있어서 3가지 회향은 중생으로 하여금 그 실제를 알아 똑같이 보리를 증득한 때문이며, 大智에 있어서 3가지 회향은 중생이라는 상이 다함을 관조하여, 곧 실제와 같이 보리를 증득한 때문이다.

또한 3가지는 반드시 서로 힘입어 하나가 곧 3가지 회향을 내어야 비로소 그 하나를 성취할 수 있다.

① 실제를 증득하기 위해 중생에게 회향한다. 중생을 교화하는 것으로 自利를 성취하여 장애를 끊고 실제를 증득한 때문이다. 또한 보리에 회향한다. 속히 보리를 증득하여 일체지를 갖추어야 번뇌장과 소지장을 끊고 바야흐로 실제를 다할 수 있기 때문이다.

② 중생을 구제하고 보호하기 위해 실제에 회향한다. 속히 실제를 증득해야 의혹에 자재하여 비로소 중생을 교화할 수 있기 때문이다. 따라서 유마경에 이르기를 "스스로 결박을 가지고선 남들의 속박을 풀어줄 수 없다."고 하였다.

또한 보리에 회향한다. 속히 보리를 증득해야 비로소 이익을 널리 베풀 수 있다. 따라서 지장경에 이르기를 "중생을 제도하고자 한다면 장애가 없는 해탈 지혜[無障礙解脫智]를 여의지 않아야 한다."
고 하였다.

③ 보리를 얻기 위해 중생에게 회향한다. 중생을 교화하지 않으면 佛果를 증득할 수 없기 때문이다. 또한 실제에 회향한다. 실제를 증득하지 못하면 어떻게 보리를 얻을 수 있겠는가.

그러므로 이 3가지 일이 서로 힘입어야 성립된다. 오직 3가지 일이 서로 힘입을 뿐 아니라, 하나하나 모든 일에 따라 법계와 덕용을 갖추어 곧 걸림 없는 자리에 들어가야 비로소 '진실 회향의 3가지 일'이라고 말한다.

第三體性者는 有總有別하니 總如前說이니 謂大願等이오 別在說分이니 隨位顯之니라

셋째, 體性이란 총체도 있고 개별도 있다. 총체는 앞서 말한 것과 같은데, 큰 소원[大願] 등을 말하였다. 개별은 설법 부분에 있는데, 지위에 따라 밝혔다.

第四定位者는 若約資糧等五인댄 諸說不同이라
一云 此廻向位는 是修大乘順解脫分의 資糧位終이니 從十信來로 皆資糧故며 十廻向後는 別立加行이라
有云 '此十廻向이 是加行位라하니 復有二說이라
一云 四順決擇分中에 是後二攝이니 謂十解는 爲煖이오 十行은 爲頂이오 前九廻向은 爲忍이오 第十廻向은 爲世第一法이니 成唯識에 云此四善根이 亦勝解行攝이라하니 此文爲證이 雖不分明이나 玄奘三藏도 意存此釋이라하고

一云 四加行中에 世第一攝故니 眞諦 翻攝大乘하야 云如須陀洹이 道前有四方便하니 菩薩도 亦爾하니 有四方便하니 謂四十心이라하니 若依此釋인댄 則無五位니 地前四十心이 皆加行故니라 上來는 多是大乘初門이니 接引二乘擬議하야 彼立四善根故니라

有說三賢이 總爲趣聖方便이라하야 不分資糧加行遠近하니 此據終說이라

有言一切行位 都不可說이라하니 此約頓顯眞性而說이어니와 若依當部인댄 一位之中에 頓攝諸位하야 不礙前後하고 而位滿處이 卽是因圓이니 約圓敎說이라 然與前敎相參인댄 應成四句니 一唯約相이니 如前諸敎오 二는 唯約白體니 如前頓說이오 三은 以體從相이오 四는 以性融相이라 此二는 卽當今文이라 謂以性隨相에 性不差而位歷然하며 以性融相에 相不壞而常相卽이라 故下 · 位中에 具 切位하야 非但融因이라 亦常融果니 融果之因이라야 方是眞因이라

넷째, 定位란 資糧 등 5가지로 말하면 여러 가지 설이 똑같지 않다.

하나는, 회향의 지위에서는 대승을 닦는 順解脫分[1]의 資糧位로 끝을 삼는다. 十信으로부터 모두 資糧位이기 때문이며, 십회향 뒤에 별도로 加行位를 세웠다. 그러나 어떤 사람은 "십회향이 加行位"라 하여, 여기에 또한 2가지 설을 말하였다.

----

[1] 順解脫分 : 모든 속박에서 벗어난 경지로 나아가는 五停心觀·別相念住·總相念住의 三賢을 말한다.

⑴ 四順決擇分 가운데 뒤의 2가지를 포괄하고 있다. 十解는 煖이요, 십행은 頂이며, 앞의 9가지 회향은 忍이요, 제10 회향은 '世第一'의 법이다. 성유식에서 "4가지 선근 또한 勝解行에 포괄된다."고 한다. 이 경문을 인용하여 증명을 삼는 것은 분명하지 못하지만, 현장과 삼장법사의 생각도 여기에 두고 해석하였다.

⑵ 四加行 가운데 '世第一'에 포괄되기 때문이다. 眞諦 스님은 거꾸로 대승을 받아들여 말하기를 "須陀洹이 성도하기 이전에 4가지 방편이 있는 것처럼, 보살 또한 그와 같이 4가지 방편이 있는데, 4가지 十心²을 말한다."고 하였다. 만일 진제 스님의 해석을 따를 경우, 五位가 없다. 地前 보살의 '4가지 십심'이 모두 가행이기 때문이다.

위에서 말한 바는 대부분 대승의 첫 관문이다. 이승의 설명에 대한 부분을 인용하여 그들이 4가지 선근에 관한 설을 성립하였기 때문이다.

어떤 사람은 "삼현이 모두 성인으로 나아가는 방편이 된다."고 말하여, 資糧位와 加行位의 원근을 구분하지 않았다. 이는 대승의 마지막 관문에 근거하여 말한 것이다.

어떤 사람은 "모든 행의 지위는 모두 말로 표현할 수 없다."고 말하였다. 이는 단번에 나타난 眞性으로 설명한 것이지만, 해당 화엄경에 근거하여 말하면 하나의 지위 가운데 모든 지위를 포괄하

....
2 4가지 十心 : 십신·십주·십행·십회향을 말한다.

여 앞뒤로 모두 막힘이 없고, 해당 지위가 원만한 곳이 곧 설법의 원인이 원만한 것이니, 이는 圓敎로 말한 것이다.

그러나 앞서 말한 가르침을 참고하여 살펴보면, 당연히 4구절로 나눠야 한다.

① 오직 相만을 들어 말하였다. 이는 앞서 말한 여러 가르침과 같다.

② 오직 자체만을 들어 말하였다. 이는 앞서 말한 돈오설과 같다.

③ 본체로 상을 따라 말하였다.

④ 性으로 상과 융합하여 말하였다.

위에서 말한 두 사람의 설은 본 경문에 해당한다. 性으로 상을 따름에 본성은 차별이 없지만 지위가 분명하고, 性으로 상과 융합함에 상이 무너지지 않으면서도 언제나 서로 하나가 되기 때문에 아래의 하나하나 지위마다 모두 일체 지위를 갖추고 있다. 따라서 설법의 원인에 융합할 뿐 아니라, 또한 언제나 결과에도 융합한다. 결과에 융합한 원인이어야 비로소 진실한 원인[眞因]이다.

第五 行法差別者는 行隨位別이오 亦有圓融과 及寄法差別하니 若對前敎면 亦成四句니 準位應知니라 有以十向으로 配於十度하야 隨勝受名이니 雖位位所廻 皆具諸度로되 以名收之에 亦有理在니라【鈔 第五 行法差別中에 先正釋圓融이니 則一은 廻向行이니 具攝諸廻向行이오 二는 行布니 如向所釋이 別名義中이니라

有以十向으로 配於十度者는 卽北京李長者意라

以名收之에 亦有理在者는 一 救護衆生離衆生相은 似施오 二 不壞는 似戒오 三 等佛은 似忍이오 四 至一切處는 似進이니 進故周徧이오 五 無盡功德藏은 似禪이니 禪攝德故오 六 隨順堅回는 順般若故오 七 等隨順衆生은 同方便故오 八 眞如相은 似大願故오 九 無縛著은 似力故오 十 法界는 似智入故니라

欲顯多途하야 不壞行布나 四十位中에 多分相似라 故爲此收하야 而一一位中에 多列諸度하고 又如第六廣說於施로되 故非正義일세 故云亦有理在라하니라 】

다섯째, 行法差別이란 行이 지위에 따라 다르고, 또한 원융 및 담겨 있는 법[寄法]에 차별이 있다. 만일 앞서 말한 가르침을 상대로 말하면 이 또한 4구절로 나눠야 한다. 해당 지위에 준하면 이를 알 수 있다.

어떤 사람은 십회향으로 십바라밀에 짝하여 그 훌륭한 점을 따라 이름을 붙였다. 비록 모든 지위마다 회향하는 바에 모두 십바라밀을 갖추고 있으나, 이름에 따라 그 의의를 담아 또한 그 나름 이치가 있다. 【초_ '다섯째, 행법차별' 가운데 앞부분은 바로 원융을 해석하였다. ① 회향행이다. 모든 회향행을 갖추었다. ② 行布다. 앞에서 개별 명의를 해석한 부분과 같다.

"십회향으로 십바라밀에 짝하였다."는 것은 북경 이통현 장자의 뜻이다.

"이름에 따라 그 의의를 담아 또한 그 나름 이치가 있다."는 것은 다음 10가지 뜻을 말한다.

① 일체중생을 구제하고 보호하면서도 중생이라는 상을 여읜 회향은 보시바라밀과 같고,
　② 그 누구도 깨뜨릴 수 없는 회향은 지계바라밀과 같으며,
　③ 모든 부처님과 평등한 회향은 인욕바라밀과 같고,
　④ 일체 모든 곳에 찾아가는 회향은 정진바라밀과 같다. 정진하기 때문에 두루 한 때문이다.
　⑤ 그지없는 공덕장의 회향은 선정바라밀과 같다. 선정이 모든 공덕을 받아들이기 때문이다.
　⑥ 일체 평등한 선근에 들어가 견고한 회향은 반야바라밀을 따르기 때문이며,
　⑦ 일체중생을 평등하게 따르는 회향은 방편바라밀과 같으며,
　⑧ 진여의 모양인 회향은 대원바라밀과 같고,
　⑨ 속박도 없고 집착도 없는 해탈 회향은 역바라밀과 같으며,
　⑩ 법계에 들어가는 무량한 회향은 지혜바라밀과 같기 때문이다.
　많은 방면을 밝히고자 차례에 따라 배열하였지만, 40지위는 대부분 서로 비슷하기 때문에 여기에서 모두 종합한 것이다. 하나하나 모든 지위 가운데, 대부분 모든 바라밀을 열거하였고, 또한 제6부분에서 보시에 대해 자세히 설명했으나 바른 뜻은 아니기에 "또한 그 나름 이치가 있다."고 말했을 뿐이다.】

四는 結數니 引證을 可知니라

　4)는 십회향의 수를 끝맺음이니, 인증하였음을 알 수 있다.

● 論 ●

總有十卷經은 明正說十廻向의 隨十波羅蜜進修行門分이라 已上 十箇廻向은 一箇 是一箇波羅蜜行이어든 都共爲十段科니 至後隨當 位하야 分中方釋호리라

전체 10권의 경문은 바로 십회향의 십바라밀을 따라 닦아나가는 수행 법문으로 설법한 부분임을 밝힌 것이다.

위에서 말한 10가지 회향은 하나마다 하나의 바라밀이다. 모두가 똑같이 10단락으로 이를 구분하였다. 뒤의 해당 지위 부분에 따라 바야흐로 해석하고자 한다.

▬

第五는 說分이니 說十廻向 爲十段이니 一一段中에 皆先長行이오 後明偈頌이라

長行中 各二니 初는 位行이오 後는 位果니 有不具者는 至文當知니라

位行中에 各三이니 初는 牒名徵起오 二는 依徵廣釋이오 三은 依釋結名이니 文處可見이라 今은 初라

V. '佛子云何' 이하는 설명 부분이다. 십회향을 10단락으로 설명하였다. 하나하나 단락마다 모두 앞은 장항이고, 뒤는 게송으로 밝혔다.

장항 부분은 각각 2가지이다.

[1] 지위에 따른 行이며,

[2] 지위에 따른 果이다.

구체적이지 못한 부분은 해당 문장 부분에서 알려주고자 한다.

[1] 지위에 따른 行 부분은 각각 3가지이다.

1. 회향의 명제를 이어서 물음을 일으켰고,

2. 물음에 따라 자세히 해석하였으며,

3. 해석에 따라 회향의 명제를 끝맺었다. 이는 해당 문장에서 찾아볼 수 있다.

이는 1. 회향의 명제에 대한 물음이다.

經

佛子여 云何爲菩薩摩訶薩의 救護一切衆生호대 離衆生相廻向고

"불자여, 무엇을 보살마하살의 '일체중생을 구세하고 보호하되 중생이라는 상을 여의는 회향'이라 하는가?

◉ 疏 ◉

初廻向에 文闕位果니라 於位行中에 先牒名者는 具如本分이라 又本業에 云 常以無相心中에 常行六道而入果報호되 不受而受諸受하야 廻易轉化라 故名救護等이라하니라【鈔_ 又本業云下는 初標以空涉有니 卽先明離衆生相이오 後는 救護衆生也라

言不受而受諸受者는 受는 卽如五陰과 及與六受니 由了無相이라 故不受諸法이오 爲物現在 見聞覺 知故而受也며 又已超五陰이로되 現生五陰也라 故淨名에 云 以無所受而受諸受하나니 未具佛法이라도 亦

71

不滅受而取證也라하니라

廻易轉化者는 救護非一故니라 】

제1. 회향의 경문에는 그 지위의 果가 빠져 있다. 지위에 따른 行 가운데, 먼저 회향의 이름을 이어 말했다는 것은 구체적으로 본론 부분과 같다. 또 본업경에 이르기를 "언제나 형상이 없는 마음으로 언제나 육도 세계에 행하여 과보에 들어가되 五陰과 六受 등을 받지 않았지만, 오음과 육수 등을 받아 여러 세계를 돌아가면서 바뀌어 태어나고 이곳저곳을 전전하면서 교화하기 때문에 그 이름을 '일체중생을 구제하고 보호' 등이라 하였다."고 한다.【초_ "또 본업경에 이르기를" 이하는 첫 부분에서 空으로 有에 관계하는 바를 밝혔다. 그것은 곧 앞에서는 '중생이라는 相을 여읨'을 밝혔고, 뒤에서는 일체중생을 구제하고 보호함이다.

'不受而受諸受'라 말한 受는 곧 五陰 및 六受이다. 형상이 없는 마음임을 알기 때문에 모든 법을 받지 않고, 중생을 위해 현재 보고 듣고 깨닫고 알아야 하기 때문에 오음과 육수 등의 몸을 받으며, 또한 이미 오음에 초월했지만 오음으로 몸을 나타낸 것이다. 따라서 유마경에 이르기를 "오음 등을 받은 바가 없는 몸으로 오음 등 여러 가지를 받는다. 불법을 갖추지 못할지라도 오음 등을 없애어 이를 증거로 취하지 않는다."고 하였다.

"여러 세계를 돌아가면서 바뀌어 태어나고 이곳저곳을 전전하면서 교화한다."는 것은 일체중생의 구제와 보호가 하나가 아니기 때문이다.】

二廣釋中二니 先은 明所廻善根이오 後는 正明廻向이라 今은 初라

2. 물음에 따라 자세히 해석한 것은 2부분으로 나뉜다.

앞은 회향할 수 있는 선근을 밝혔고,

뒤는 바로 회향을 밝혔다.

이는 '앞의 회향 선근'이다.

經

佛子여 此菩薩摩訶薩이 行檀波羅蜜하며 淨尸波羅蜜하며 修羼提波羅蜜하며 起精進波羅蜜하며 入禪波羅蜜하며 住般若波羅蜜하야 大慈大悲大喜大捨로 修如是等無量善根하나니

불자여, 이 보살마하살이 단바라밀을 행하고,

시바라밀을 청정히 하며,

찬제바라밀을 닦고,

정진바라밀을 일으키며,

선바라밀에 들어가고,

반야바라밀에 머무르며,

대자·대비·대희(大喜)·대사(大捨)로 이처럼 한량없는 선근을 닦으니,

● 疏 ●

古人이 名此以爲行體니 若順前名이면 救護衆生은 是悲오 離衆生相은 爲智니 則以悲智로 爲其行體이라 以是初行일세 故將總體하야 以爲別體어니와 若以爲欲廻向故에 修諸善根이면 卽彼善根도 亦得稱體니 古義依此니라【鈔_ 以是初行下는 通妨이니 妨云 何以將總體爲別體고】

옛사람이 이러한 명칭을 붙여 行體를 삼는다. 만일 앞의 명칭을 따른다면 중생 구제는 悲이고, 중생이라는 상을 버리는 것은 智이다. 곧 悲智로 行體를 삼는다.

이는 첫 회향의 행이기 때문에 총체를 들어 별체를 삼지만, 만일 회향을 하기 위해 모든 선근을 닦는다면 그 선근 또한 본체에 부합한 것이다. 옛사람의 뜻은 이를 따르고 있다.【초_ "이는 첫 회향의 행" 이하는 논란을 해석한 것이다. 이 논란에 대해 해석하기를 "어찌하여 총체를 가지고 별체를 삼는가?"라고 하였다.】

後 正明廻向中에 二니 先은 明隨相廻向이오 後我應如日下는 明離相廻向이라
前은 卽廻向衆生及與菩提니 釋救護衆生이오 後는 卽廻向實際니 釋離衆生相이라
前中二니 先은 總明이라

'뒤는 바로 회향을 밝혔다.'에서 경문은 2부분으로 나뉜다.

1) 相을 따라 회향함을 밝혔고,

2) '我應如日' 이하는 상을 여읜 회향을 밝혔다.

1) 相을 따라 회향함을 밝힌 가운데 앞은 중생회향과 보리 회향으로, 일체중생의 구제와 보호를 해석하였고,

뒤는 실제 회향으로, 중생이라는 상을 여읜 것을 해석하였다.

앞은 다시 2부분으로 나뉘는데, 앞부분은 총체로 밝혔다.

經

修善根時에 作是念言호대 願此善根으로 普能饒益一切衆生하야 皆使淸淨하야 至於究竟하야 永離地獄餓鬼畜生閻羅王等의 無量苦惱라하니라

선근을 닦을 때에, 이런 생각을 한다.

'이러한 선근으로 일체중생에게 두루 이익을 베풀어 모든 중생이 청정하여, 구경의 보리에 이르러 지옥·아귀·축생·염라왕 등의 한량없는 고뇌를 길이길이 여의게 하여지이다.'

◉ 疏 ◉

令物離苦오 至究竟菩提는 卽雙明慈悲와 及二廻向이라

중생으로 하여금 고뇌를 여의게 함이며, '究竟菩提'에 이르러서는 자비 및 2가지 회향을 모두 들어 밝힌 것이다.

━

後는 別顯이니 文分爲四니 一은 利樂救護오 二佛子菩薩於非親友下

는 受惱救護오 三佛子菩薩見諸衆生下는 代苦救護오 四佛子菩薩以諸善根正廻向下는 廻拔救護라 今은 初라

이후의 경문은 별개로 밝혔다. 이는 4단락으로 나뉜다.

(1) 일체중생에게 이익과 즐거움을 주어 구제하고 보호함이며,

(2) '佛子菩薩於非親友' 이하는 고뇌 받는 중생을 구제하고 보호함이며,

(3) '佛子菩薩見諸衆生' 이하는 고통을 대신하여 구제하고 보호함이며,

(4) '佛子菩薩以諸善根正廻向' 이하는 고통에서 건져내어 구제하고 보호함이다.

이는 (1) 이익과 즐거움을 주어 구제하고 보호함이다.

經

菩薩摩訶薩이 種善根時에 以己善根으로 如是廻向호대 我當爲一切衆生作舍니 令免一切諸苦事故며 爲一切衆生作護니 悉令解脫諸煩惱故며 爲一切衆生作歸니 皆令得離諸怖畏故며 爲一切衆生作趣니 令得至於一切智故며 爲一切衆生作安이니 令得究竟安穩處故며 爲一切衆生作明이니 令得智光滅癡暗故며 爲一切衆生作炬니 破彼一切無明暗故며 爲一切衆生作燈이니 令住究竟淸淨處故며 爲一切衆生作導師니 引其令入眞實法故며 爲一切衆生作大導師니 與其無碍大智慧故라하나니 佛子여 菩薩摩訶薩

이 **以諸善根**으로 **如是廻向**하야 **平等饒益一切衆生**하야 **究竟皆令得一切智**니라

보살마하살이 선근을 심을 때에, 자신의 선근으로 이렇게 회향한다.

'나는 일체중생을 위해 집이 되리니 모든 괴로운 일을 모면하게 하기 위함이며,

일체중생을 위해 구제하고 보호하리니 모든 번뇌에서 해탈하게 하기 위함이며,

일체중생을 위해 귀의처가 되리니 모든 두려움을 여의게 하기 위함이며,

일체중생을 위해 나아갈 지표가 되리니 일체 지혜에 이르게 하기 위함이며,

일체중생을 위해 안락처가 되리니 구경의 편안할 곳을 얻게 하기 위함이며,

일체중생을 위해 광명이 되리니 지혜의 빛을 얻어 어리석은 어둠을 없애게 하기 위함이며,

일체중생을 위해 횃불이 되리니 모든 무명의 암흑을 깨뜨리게 하기 위함이며,

일체중생을 위해 등불이 되리니 가장 청정한 곳에 머물게 하기 위함이며,

일체중생을 위해 길잡이가 되리니 그들을 이끌어 진실한 법에 들어가게 하기 위함이며,

일체중생을 위해 큰 스승[大導師]이 되리니 걸림 없는 큰 지혜를 주고자 한 때문이다.'

불자여, 보살마하살은 모든 선근으로 이렇게 회향하여 일체중생에게 평등한 이익 주어, 결국 모든 이들이 일체 지혜를 얻도록 하는 것이다.

● 疏 ●

初中三이니 一은 總標오 二 '我當'下는 別顯이오 三 '佛子'下는 總結이라 初는 可知니라

二 別顯은 文有十句니 初는 離苦果오 二는 離苦因이오 三은 通因果오 五는 怖畏中에 含三道故니 上三은 通於深淺이오 後七은 唯約究竟이라 四는 得菩提오 五는 得涅槃이오 六은 滅煩惱之源이니 根本不覺이니 若滅此者는 如天之大明이오 七은 滅所知之暗이라 故云 一切無明이니 卽觸事不了者는 若滅於此이면 如人執炬하야 委悉而照오 八은 令得解脫이라 故涅槃에 云 澄渟淸淨이 卽眞解脫이라하니 已脫重昏일새 故云 燈也오 九는 令證法身이라 故言 眞法이오 十은 令成般若니 無二礙智며 亦是權實無礙之智니라【鈔_ '五怖畏中含三道'者는 惡道는 怖畏苦也오 惡名은 是煩惱오 大衆威德은 是業이로되 若擧其因이면 五皆煩惱니라 又死及不活은 煩惱爲因이오 餘少功德은 卽是業也니라 根本不覺者는 卽起信文이니 卽最初無明이라 】

첫 부분은 다시 3단락으로 나뉜다.

제1단락, 총체로 밝혔고,

제2단락, '我當' 이하는 개별로 밝혔으며,

제3단락, '佛子' 이하는 총체로 끝맺었다.

제1단락, 총체로 밝힌 부분은 말하지 않아도 알 수 있다.

제2단락, 개별로 밝힌 부분은 10구이다.

① 苦果를 여의고,

② 苦因을 여의며,

③ 因·果에 모두 통한다.

5가지 두려움[五怖畏: 不活畏, 惡名畏, 死畏, 惡趣畏, 大衆威德畏] 가운데 삼악도가 포함되어 있기에, 위의 3가지는 깊고 얕은 데에 모두 통한다.

뒤의 7가지는 오직 구경의 도리로 말하였다.

④ 보리를 얻고,

⑤ 열반을 얻으며,

⑥ 번뇌의 근원을 없애니 根本不覺이다. 이를 없애면 한 점 티 없이 아주 밝은 하늘과 같다.

⑦ 所知障의 어둠을 없앤다. 때문에 이를 '一切無明'이라 말한다. 이는 마주치는 모든 일에 알지 못하는 어리석음이다. 만일 이런 無明을 없애면 마치 횃불을 잡고 자세하게 비춰보는 것과 같다.

⑧ 해탈을 얻도록 한다. 열반경에 이르기를 "맑고도 청정함이 곧 진실한 해탈이다."고 하였다. 이미 거듭 쌓인 어둠 속에서 벗어났기에 등불이라 말한다.

⑨ 법신을 증득하도록 한다. 따라서 진실한 법이라고 말한다.

⑩ 반야를 성취하도록 한다. 번뇌장과 소지장이 없는 지혜이며, 또한 權教·實教에 막힘이 없는 지혜이다. 【초_ "5가지 두려움 가운데 삼악도가 포함되어 있다."에서 惡道란 두려움의 고통이며, 惡名은 번뇌이며, 대중의 威德은 業이지만, 그 원인을 들어 말하면 5가지 모두 번뇌이다. 또한 죽음과 살지 못함은 번뇌로 인함이며, 나머지 작은 공덕은 곧 업이다. 根本不覺이란 기신론에서 인용한 문장으로, 최초의 無明³이다.】

三結中에 以前十句는 有通淺深이라 故令究竟에 得一大事니라【鈔_ '一大事'義는 已如初會라】

제3단락, 끝맺은 부분 가운데 앞의 10구는 淺深에 모두 통한다. 따라서 구경에 一大事를 얻게 하는 것이다. 【초_ '一大事'에 대한 뜻은 이미 初會에서 말한 바와 같다.】

第二 受惱救護中 二니 先은 明受惱之相이오 後佛子菩薩摩訶薩以諸佛法下는 明廻向之相이라 前中에 亦二니 先法後喻니라

(2) 고뇌 받는 중생을 구제하고 보호하는 부분은 다시 2단락으로 나뉜다.

제1단락, 중생이 고뇌를 받는 모습을 밝혔고,

제2단락, '佛子菩薩摩訶薩以諸佛法' 이하는 회향의 양상을 밝

. . . .
3 無明 : 12인연의 하나. 그릇된 의견이나 고집 때문에 모든 법의 진리에 어둡다.

혔다.

제1단락, 중생의 고뇌 또한 2가지이다.

앞은 설법이고, 뒤는 비유이다.

經

佛子여 **菩薩摩訶薩**이 **於非親友**에 **守護廻向**호대 **與其親友**로 **等無差別**이니

何以故오 **菩薩摩訶薩**이 **入一切法平等性故**로 **不於衆生**에 **而起一念非親友想**하며 **設有衆生**이 **於菩薩所**에 **起怨害心**이라도 **菩薩**이 **亦以慈眼視之**하야 **終無恚怒**하고 **普爲衆生**하야 **作善知識**하야 **演說正法**하야 **令其修習**하나니라

불자여, 보살마하살은 친한 벗이 아닌 이를 수호하고 회향하되 그 친한 벗과 차이가 없게 한다.

무엇 때문일까? 보살마하살이 일체 법의 평등한 성품에 들어간 까닭에, 중생에게 한 생각 찰나에도 친한 벗이 아니라는 생각을 내지 않으며,

설령 어떤 중생이 보살을 해치려는 마음을 일으킬지라도 보살은 자비의 눈으로 그를 바라보며 끝까지 성내지 않고,

널리 중생을 위해 선지식이 되어 바른 법을 연설하여, 그들이 닦아 익히게 하기 때문이다.

◉ 疏 ◉

法中에 有標徵釋하니 可知라

법 가운데 지표와 물음과 해석이 있다. 이는 설명하지 않아도 알 수 있다.

―

後喻中에 有二喻하니 先은 大海不變喻니 喻遇惡緣이라도 不變本心이라

뒤의 비유 부분에는 다시 2가지 비유가 있다.

㈎ 큰 바다가 변하지 않음을 비유하였다. 이는 악연을 만날지라도 본심이 변치 않음을 비유한 것이다.

經

譬如大海를 一切衆毒이 不能變壞인달하야 菩薩도 亦爾하야 一切愚蒙이 無有智慧하야 不知恩德하며 瞋很頑毒하야 憍慢自大하며 其心盲瞽하야 不識善法하는 如是等類의 諸惡衆生이 種種逼惱라도 無能動亂이니라

비유하면, 큰 바다란 그 어떠한 독으로도 변하게 할 수 없는 것처럼, 보살 또한 그와 같다. 모든 어리석은 이가 지혜 없어 은혜를 모르고 심술궂고 사납고 교만하여 잘난 체하고, 그 마음이 봉사처럼 어두워 선한 법을 알지 못하는 그런 부류의 나쁜 중생들이 갖가지로 핍박하고 괴롭힐지라도 보살을 흔들 수 없다.

◉ 疏 ◉

海는 喻菩薩器量大故요 衆毒은 喻惡衆生이오 不變은 喻菩薩不亂이라
　바다는 보살의 큰 기량에 비유한 때문이며, 수많은 독은 나쁜 중생을 비유하고, 변하지 않는다는 것은 보살의 마음이 흔들리지 않음을 비유하였다.

二 日輪普照喻니 喻遇惡不息利益이라
於中三이니 初喻 次合 後徵釋이라
今은 初라

　(나) 태양이 널리 비침을 비유하였다. 아무리 궂은 것을 만날지라도 내려주는 이익을 멈추지 않음을 비유한 것이다.

　이는 3가지가 있다. 첫째는 비유, 둘째는 부합, 셋째는 질문과 해석이다.

　이는 첫째, 비유이다.

經

譬如日天子가 出現世間에 不以生盲不見故로 隱而不現하며 又復不以乾闥婆城과 阿修羅手와 閻浮提樹와 崇巖邃谷과 塵霧煙雲인 如是等物之所覆障故로 隱而不現하며 亦復不以時節變改故로 隱而不現인달하야

　비유하면, 태양이 세간에 나타날 때에 소경들이 보지 못한다고

하여 숨지 않으며, 또한 건달바성, 아수라의 손, 염부제의 나무, 높은 바위, 깊은 골짜기, 티끌·안개·연기·구름 따위가 가린다고 하여 숨지 않으며, 또한 계절의 변천으로 숨는 것이 아니다.

◉ 疏 ◉

喩中에 畧有其二니 先은 日輪具德이오 後는 遇緣不息이니 有十一惡緣이라

이 비유에는 간단히 2가지가 있다.
앞은 태양의 구족한 공덕이며,
뒤는 악연을 만날지라도 내려주는 이익을 멈추지 않음이다. 여기에는 11가지 악연이 있다.

二 合中具合

둘째, 부합 부분 가운데 구족한 공덕을 합하다

經

菩薩摩訶薩도 亦復如是하야 有大福德하며 其心深廣하며 正念觀察하며 無有退屈하며 爲欲究竟功德智慧하며 於上勝法에 心生志欲하며 法光普照하야 見一切義하며 於諸法門에 智慧自在하며 常爲利益一切衆生하야 而修善法하며 曾不誤起捨衆生心하며 不以衆生이 其性弊惡하야 邪見瞋

濁하야 難可調伏으로 便卽棄捨하야 不修廻向하고 但以菩薩大願甲冑로 而自莊嚴하야 救護衆生하야 恒無退轉하며 不以衆生이 不知報恩으로 退菩薩行하야 捨菩提道하며 不以凡愚가 共同一處로 捨離一切如實善根하며 不以衆生이 數起過惡하야 難可忍受로 而於彼所에 生疲厭心하나니

보살마하살 또한 그와 같아 큰 복덕이 있고, 그 마음이 깊고 넓으며, 바른 생각으로 관찰하고, 물러나지 않으며, 최고의 공덕과 지혜를 원하고, 가장 높고 훌륭한 법에 뜻을 두어 마음으로 원하며, 법의 광명이 두루 비쳐 모든 이치를 보며, 모든 법문에 지혜가 자재하고, 항상 일체중생에게 이익을 베풀기 위해 선한 법을 닦으며, 일찍이 실수로도 중생을 버리려는 마음을 내지 않고, 중생의 성품이 악하여 삿된 견해로 성내고 혼탁하여 소복하기 어렵다 하여, 문득 버려서 회향하는 일을 닦지 않음이 없으며, 단 보살의 큰 원력 갑옷으로 스스로 장엄하여 중생을 구호하여 언제나 물러서지 않고, 중생이 은혜 갚을 줄을 모른다 하여 보살의 행에서 물러나 보리의 도를 버리지 않으며, 어리석은 범부가 함께 한곳에 있다 하여 일체 여실한 선근을 버리지 않고, 중생이 자주 잘못을 일으켜 참기 어렵다 하여 그들에게 싫증내는 마음을 일으키지 않는다.

◉ 疏 ◉

先合具德이니 擧其十德하야 以合於日하야 影顯於日 亦具十德이라 一은 福德之輪 已圓이오 二는 智用 深廣難測이오 三은 正念遊空하야 無

有高下오 四는 慈風運用이 不退不疲오 五는 圓福智輪하야 顯照空法이오 六은 三乘山谷에 普照無私오 七은 使目覩萬像하야 了眞俗之義오 八은 使居自乘業하야 以智成辨이오 九는 常爲利益하야 晝夜無休오 十은 無器生盲에 亦不誤捨니라【鈔_ 一福德等者는 每句之中에 法喻具足이니 一은 如日輪圓滿爲喩니 法合은 卽是福德已圓이오 二는 唯智一字是法이오 餘通法喻니 日輪廣者는 周鐵圍故오 深者는 不分而徧等故오 難測者는 通上二義라 六은 三乘山谷者는 十大山王은 如菩薩乘이오 黑山은 爲緣覺이오 高原은 爲聲聞이오 谷兼衆生이니 少分可生者라 餘可思準이라 】

앞은 구족한 공덕에 부합한 것이다. 그 10가지 공덕을 들어 태양에 부합시켜 태양 또한 10가지 공덕이 갖추어져 있음을 그림자처럼 나타냈다.

① 복덕의 바퀴가 이미 원만하고,

② 지혜와 작용이 깊고 넓어 헤아리기 어려우며,

③ 바른 생각이 허공에 노닐어 높고 낮음이 없고,

④ 자비 바람의 운용이 물러나지 않고 지치지 않으며,

⑤ 복덕의 바퀴가 원만하여 공한 법을 드러내어 밝히고,

⑥ 삼승의 산골짜기에 두루 비쳐 사사로움이 없으며,

⑦ 모든 형상을 보고서 眞諦와 俗諦의 뜻을 알고,

⑧ 自乘業에 거하여 지혜로 성취하게 하며,

⑨ 언제나 이익을 베풀어 밤낮으로 쉼이 없고,

⑩ 눈 자체가 없는 生盲 또한 잘못 버리지 않는다.【초_ ① 복

덕 등이란 구절마다 법과 비유가 모두 갖춰져 있다.

①은 태양의 원만함을 비유하였다. 법에 부합시켜 보면 복덕이 이미 원만함이다.

②는 오직 '智'라는 한 글자가 법이다.

나머지는 모두 법과 비유에 통한다. 태양이 광대하다는 것은 철위산을 두루 에워쌌기 때문이며, 깊다는 것은 구분하지 않고 두루 똑같기 때문이며, 헤아리기 어렵다는 것은 위의 2가지 의미에 모두 들어 말한 것이다.

⑥ 삼승의 산골짜기란, 십대산왕은 보살승, 흑산은 연각승, 고원은 성문승과 같고, 골짜기는 중생을 겸하고 있으니, 조금이라도 살 수 있는 곳이다. 나머지는 이에 준하여 생각해야 한다.】

後'不以衆生'下는 合非緣不阻라 於中有四'不以'는 具合十一事니 初一'不以'는 通合生盲이니 先正合이오 後'但以'下는 反合이라 故出現品에 云'無信無解며 毁戒毁見等은 皆名生盲이라하니라

若別合者인댄 弊惡은 合生盲하고 邪見은 合乾城이니 令人妄謂爲實故오 瞋濁은 合修羅手니 日爲帝釋先鋒에 彼瞋故覆障이라

次'不知恩'은 合閻浮樹와 崇巖·邃谷이라

次'不以凡愚'下는 合前塵霧煙雲이니 以彼能偏空으로 猶彼凡愚 同一處住오

後'不以衆生數起'下는 合前時節改變이니 謂頻起過惑하야 乍善乍惡이 如彼晝夜 陰陽失度等이라

뒤의 '不以衆生' 이하는 인연이 아닌 데에도 막힘없이 구제한

다는 데 부합한다. 그중에 4차례의 '不以'는 모두 11가지 일에 부합한다. 첫째 '不以'는 전반적으로 生盲에 부합하니 앞은 바로 부합한 것이고, 뒤의 '但以' 이하는 반대로 부합한 것이다. 따라서 출현품에 이르기를 "신심이 없고 이해가 없으며 계를 훼손하고 견해를 훼손한 등을 모두 생맹이라고 말한다."고 하였다.

만일 개별로 부합하여 보면 蔽惡은 생맹에, 邪見은 乾城에 부합하니 사람으로 하여금 진실이라 잘못 생각하게 만들기 때문이며, 瞋濁은 아수라의 손에 부합하니 일천자가 제석천왕의 선봉이 되었을 때에 아수라가 성을 내어 손으로 가리고 덮었기 때문이다.

다음 '不知恩'은 염부제 나무, 높은 바위, 깊은 골짜기에 부합한다.

다음 '不以凡愚' 이하는 앞의 티끌·안개·연기·구름 따위에 부합한다. 그런 따위가 허공을 두루 뒤덮는다는 것이 마치 범부와 어리석은 이들이 같은 곳에 함께 무리 지어 있는 것과 같다.

뒤의 '不以衆生數起' 이하는 앞서 말한 계절의 변화와 같다는 데에 부합한다. 잘못과 미혹을 자주 일으켜 착했다가 악했다가 변덕을 부리는 것이 마치 정도를 잃은 밤낮과 음양 등과 같다.

三 徵釋이라

셋째, 묻고 해석하다

何以故오 譬如日天子가 不但爲一事故로 出現世間인달하야 菩薩摩訶薩도 亦復如是하야 不但爲一衆生故로 修諸善根하야 廻向阿耨多羅三藐三菩提라 普爲救護一切衆生故로 而修善根하야 廻向阿耨多羅三藐三菩提하며
如是不但爲淨一佛刹故며 不但爲信一佛故며 不但爲見一佛故며 不但爲了一法故로 起大智願하야 廻向阿耨多羅三藐三菩提라
爲普淨一切佛刹故며 普信一切諸佛故며 普承事供養一切諸佛故며
普解一切佛法故로 發起大願하야 修諸善根하야 廻向阿耨多羅三藐三菩提니라

무엇 때문일까? 마치 태양이 하나의 일만을 위해 세간에 나타나지 않은 것처럼 보살마하살 또한 그와 같다. 어느 한 중생만을 위해 선근을 닦아 아뇩다라삼먁삼보리에 회향하는 것이 아니다. 일체중생을 널리 구제하고 보호하기 위해 선근을 닦아 아뇩다라삼먁삼보리에 회향하는 것이다.

이와 같이 한 부처님 세계만을 청정하게 하려는 것이 아니며,

한 부처님만을 믿고자 함이 아니며,

하나의 법만을 알고자 큰 지혜와 원력을 일으켜 아뇩다라삼먁삼보리에 회향하는 것이 아니다.

모든 부처님의 세계를 널리 청정케 하고자 하고,

모든 부처님을 널리 믿고자 하며,
모든 부처님을 널리 섬기고 공양하고자 하고,
모든 부처님 법을 널리 알고자 한 까닭에 큰 서원을 세우고 모든 선근을 닦아 아뇩다라삼먁삼보리에 회향하는 것이다.

● 疏 ●

徵釋中에 先徵意에 云何以惡不厭捨이며 釋意에 云悲智均故니라 文中二니 初喩後合이라 二合中 二니 初는 總合이오 後不但下는 別合이라 於中二니 初는 以大悲合日이라 惡은 是其境이니 本爲一切라 豈獨揀於惡人이리오 如日普益이어니 寧復棄於槁木가 二如是已下는 以智合日이니 善惡均照故니라

묻고 해석하는 가운데, 앞에서 묻는 뜻은 "어찌하여 악한 이를 싫어하거나 버리지 않는가?"라는 것이기에, "대비와 대지를 고루 갖췄기 때문이다."고 해석하였다.

이 경문은 2단락이다. 앞은 비유이고, 뒤는 부합이다.

'뒤의 부합' 부분은 다시 2단락으로 나뉜다.

① 총체의 부합이며,

② '不但' 이하는 개별의 부합이다. 이는 다시 2부분으로 나뉜다.

㉠ 大悲로 태양에 맞추어 말하였다. 악함은 경계이다. 보살은 본래 일체중생을 위해 널리 자비를 베푸는 것이다. 어떻게 유독 악한 사람을 가리겠는가. 저 태양은 모든 만물에 두루 이익을 주는 것이지, 어떻게 마른 나무라 하여 버릴 수 있겠는가.

ⓛ '如是' 이하는 大智로 태양에 맞추어 말하였다. 큰 지혜는 선악을 고루 비춰주기 때문이다.

第二 明廻向之相中 二니 先은 辨廻向之心이오 後佛子下는 辨廻向之願이라 前中에 依悲智心하야 行廻向故니라

제2단락, 회향의 양상을 밝힌 것은 2부분이다. 앞에서는 회향의 마음을, 뒤의 '佛子' 이하는 회향의 서원을 말하였다. 이는 앞부분에서 대비대지의 마음을 의지하여 회향을 행하였기 때문이다.

經

佛子여 菩薩摩訶薩이 以諸佛法으로 而爲所緣하야 起廣大心과 不退轉心하야 無量劫中에 修集希有難得心寶하야 與一切諸佛로 悉皆平等이니 菩薩이 如是觀諸善根하야 信心淸淨하며 大悲堅固하야 以甚深心과 歡喜心과 淸淨心과 最勝心과 柔軟心과 慈悲心과 憐愍心과 攝護心과 利益心과 安樂心으로 普爲衆生하야 眞實廻向하고 非但口言이니라

불자여, 보살마하살이 부처님의 법으로 반연할 대상을 삼아 광대한 마음과 물러서지 않는 마음을 일으켜, 한량없는 겁 동안 희유하고 얻기 어려운 마음을 닦아 일체 부처님과 모두 평등하였다.

보살이 이처럼 모든 선근을 살펴 신심이 청정하고 대비심이 견고하여, 매우 깊은 마음, 환희의 마음, 청정한 마음, 가장 수승한

마음, 부드러운 마음, 자비한 마음, 불쌍히 여기는 마음, 거두어 보호하는 마음, 이익을 베풀려는 마음, 안락한 마음으로 널리 중생을 위해 진실하게 회향하는 것이지, 입으로 말만 하는 것이 아니다.

● 疏 ●

於中二라
先은 緣境廣大하야 上等佛心이니 卽以圓覺因果之法으로 爲所緣境하야 圓明可貴라 所以稱寶니라
後菩薩如是下는 悲成利樂하야 下救物心이라
於中에 先은 牒前起後하야 生二種心이니 一은 於上等佛하야 得淨信心이오 二는 下與衆生으로 同大悲體니라 由依此二하야 成甚深等 十心이니 一은 契理故오 二는 自慶慶他故오 三은 離過故오 四는 超二乘故오 五는 定樂相應故며 餘五는 可知라 普爲已下는 結其所用이니 心順口故로 名爲眞實이라

　　앞의 회향의 마음은 2단락으로 나뉜다.
　　앞 단락은 반연의 경계가 광대하여 위로 부처님의 마음과 같다. 이는 원각 인과의 법으로 반연할 대상의 경계를 삼아, 원만하고 밝아 고귀하기에 이를 '보배'라 칭하였다.
　　뒤 단락의 '菩薩如是' 이하는 大悲로 중생의 이익과 안락함을 성취하여 아래로 중생을 구제하려는 마음을 말한다. 그중에 다시 앞부분은 위 경문을 이어서 뒤 문장을 일으켜 2가지 마음을 낳았다.
　　위로는 부처님의 마음처럼 청정한 신심을 얻었고,

아래로는 중생으로 더불어 同體大悲의 마음을 얻었다.

이 2가지 마음에 의하여 지극히 깊은 마음 등 10가지 마음을 성취하였다.

① 이치에 계합하기 때문이며,

② 자신의 경사와 남들의 경사를 얻기 때문이며,

③ 허물을 여읜 때문이며,

④ 이승에 초월한 때문이며,

⑤ 선정의 즐거움에 상응하기 때문이다.

나머지 5가지는 말하지 않아도 알 수 있다.

'普爲' 이하는 10가지 마음의 사용하는 바를 끝맺었다. 마음이 입을 따르기에 '진실'이라고 말한다.

第二는 正辨廻向之願이라 文中二니 先은 願衆生令成法器라

뒤는 바로 회향의 서원을 말하였다.

경문은 2단락으로 나뉜다.

㈎ 중생이 법 그릇을 성취하도록 원한다.

經

佛子여 菩薩摩訶薩이 以諸善根으로 廻向之時에 作是念言호대 以我善根으로 願一切趣生과 一切衆生이 皆得清淨하야 功德圓滿하며 不可沮壞하며 無有窮盡하며 常得尊重하며

正念不忘하며 獲決定慧하며 具無量智하야 身口意業의 一切功德으로 圓滿莊嚴이니라

불자여, 보살마하살이 모든 선근으로 회향할 때에 이런 생각을 한다.

'나의 선근으로 모든 길의 일체중생이 모두 청정한 공덕이 원만함을 얻어 파괴할 수 없고, 다함이 없으며, 항상 존중받고, 바른 생각을 잊지 않으며, 결정한 지혜를 얻고, 한량없는 지혜를 갖춰 몸과 입과 뜻으로 짓는 업의 일체 공덕이 원만하게 장엄하여지이다.'

二 令得法圓滿

⑷ 중생의 얻은 법이 원만하도록 원하다

經

又作是念호대 以此善根으로 令一切衆生으로 承事供養一切諸佛하야 無空過者하고
於諸佛所에 淨信不壞하야 聽聞正法하며
斷諸疑惑하야 憶持不忘하며
如說修行하야 於如來所에 起恭敬心하며
身業淸淨하야 安住無量廣大善根하며
永離貧窮하야 七財滿足하며
於諸佛所에 常隨修學하야 成就無量勝妙善根하며

平等悟解하야 住一切智하며
以無碍眼으로 等視衆生하며
衆相嚴身하야 無有玷缺하며
言音淨妙하야 功德圓滿하며
諸根調伏하야 十力成就하며
善心滿足하야 無所依住하고 令一切衆生으로 普得佛樂하며
得無量住하야 住佛所住케하나니라

또한 이런 생각을 한다.

'이처럼 나의 선근으로 일체중생이 모든 부처님을 받들어 섬기며 공양하여 헛되게 지내지 않고,

모든 부처님 계신 곳에 청정한 신심이 무너지지 않아 바른 법을 들으며,

모든 의혹을 끊고서 잊지 않고 기억하며,

설법대로 수행하여 여래에게 공경하는 마음을 일으키고,

몸으로 짓는 일이 청정하여 한량없이 광대한 선근에 편안히 머물며,

영원히 가난을 여의어 일곱 재물이 만족하고,

부처님 계신 도량에서 항상 따르고 배워 한량없이 훌륭하고 미묘한 선근을 성취하며,

평등하게 깨달아 일체 지혜에 머물고,

걸림 없는 눈으로 중생을 평등하게 보며,

모든 상호로 몸을 장엄하여 흠이 없고,

음성이 청정 미묘하여 공덕이 원만하며,

여러 근이 조복되어 십력을 성취하고,

선한 마음이 원만 구족하여 의지한 바 없는 데 머물고 일체중생으로 하여금 두루 부처님의 즐거움을 얻도록 하며,

한량없이 머무름을 얻어 부처님이 머무시는 데 머물게 하여지이다.'

● 疏 ●

於中四니 一은 總擧遇緣得法이오 二於諸佛下는 成自分德이라 滿七財者는 卽十藏前七이라【鈔_ 上辨十藏이니 前七者는 一信 二戒 三慚 四愧 五聞 六施 七慧故니라】

경문은 4부분으로 나뉜다.

① 인연을 만나 법을 얻게 됨을 전체로 들어 말하였고,

② '於諸佛' 이하는 자신의 공덕을 성취함이다.

'일곱 재물이 만족하다.'는 것은 곧 十藏 중 앞의 7가지이다. 【초_ 위에서 십장을 말하였다. 앞의 7가지는 ① 믿음, ② 계율, ③ 참회, ④ 부끄러움, ⑤ 들음, ⑥ 보시, ⑦ 지혜이다.】

三於諸佛所常隨下는 勝進德圓이며 四令一切下는 令得果滿이라 先標佛樂이오 下二句釋이라 故第三廻向에 畧明十種樂이니 謂不可思議佛所住樂等이라 又不思議法品에 畧明十種無量住니 謂常住大悲等이라

③ '於諸佛所常隨' 이하는 훌륭하게 닦아나가는 덕이 원만하고,

④ '令一切' 이하는 불과의 원만함을 얻도록 함이다. 앞 구절은 부처님의 즐거움을 나타냄이며, 아래 2구는 해석이다. 그러므로 제3 회향에서 10가지 즐거움을 간단히 밝혔다. 부처님이 머무신 불가사의의 즐거움 등을 말한다. 또한 불가사의품에서 부처님이 머무신 '10가지 無量住'를 간단히 밝혔다. 常住大悲 등을 말한다.

第三代苦救護中에 文分爲三이니 初는 總明代苦廻向이오 二復作是念我所修行下는 別明廻向之心이오 三佛子菩薩摩訶薩以諸善根如是廻向所謂隨宜下는 總結成益이라
今初 分二니 初는 明先救重苦오 後菩薩爾時作是念言下는 念徧救諸苦니라
今은 初라

(3) 중생의 고통을 대신하여 구제하고 보호한 부분의 경문은 3단락으로 나뉜다.

제1단락, 중생의 고통을 대신한 회향을 총체로 밝혔고,

제2단락, '復作是念我所修行' 이하는 회향의 마음을 개별로 밝혔으며,

제3단락, '佛子菩薩摩訶薩以諸善根 如是廻向所謂隨宜' 이하는 회향 성취의 이익을 전반적으로 끝맺었다.

제1단락, 중생의 고통을 대신한 회향은 다시 2부분으로 나뉜다.

㈎ 먼저 큰 고통에서 구제함을 밝혔고,

㈏ '菩薩爾時作是念言' 이하는 모든 고통을 두루 구제하고자 생각하였다.

이는 ㈎ 먼저 큰 고통에서 구제함을 밝혔다.

經

佛子여 菩薩摩訶薩이 見諸衆生이 造作惡業하야 受諸重苦일세 以是障故로 不見佛하며 不聞法하며 不識僧하고 便作是念호대 我當於彼諸惡道中에 代諸衆生하야 受種種苦하야 令其解脫호리라하고

菩薩이 如是受苦毒時에 轉更精勤하야 不捨不避하며 不驚不怖하며 不退不怯하며 無有疲厭하나니 何以故오 如其所願하야 決欲荷負一切衆生하야 令解脫故니라

불자여, 보살마하살이 모든 중생이 악업을 지어 큰 고통을 받기에, 이런 장애 때문에 부처님을 친견하지 못하고 법을 듣지 못하고 스님을 알지 못함을 보고서, 바로 이런 생각을 한다.

'내가 모든 악도에서 고통받는 중생을 대신하여 가지가지 고통을 받으면서 그들을 해탈시켜줄 것이다.'

보살이 이처럼 고통받을 때에 더욱더 정진하여 버리지도 않고 피하지도 않으며, 놀라지도 않고 두려워하지도 않으며, 물러서지도 않고 겁내지도 않으며, 힘들어하지도 않는다.

무엇 때문일까? 보살이 서원한 대로 반드시 일체중생을 책임

지고 해탈시켜주고자 한 때문이다.

◉ 疏 ◉

有二하니 先見苦興悲하야 心堅不退니라 堅有七相하니 謂不捨所行하고 不避苦事하고 不驚忽至하고 不怖迷倒하고 不退大悲하고 多苦不怯하고 長苦無厭이니라
二何以下는 徵以釋成이니 徵有二意라 一云生自造苦어늘 何干菩薩이완대 而欲代之오 二云劇苦難堪이어늘 何爲不厭가 釋意云本願荷故로 逢苦若厭이면 焉能荷負리오

이는 2부분으로 나뉜다.

첫째, 고통의 모습을 보고 자비의 마음을 일으켜 그 마음이 견고하여 물러서지 않는다. 견고한 마음에는 7가지 모습이 있는데, 다음과 같다.

행해야 할 바를 버리지 않고, 고통스러운 일을 피하지 않으며, 갑자기 닥쳐도 놀라지 않고, 혼미와 전도에 두려워하지 않으며, 대비의 마음이 물러서지 않고, 많은 괴로움에 겁내지 않으며, 오랜 고통에도 힘들어하지 않는다.

둘째, '何以' 이하는 묻고 해석하여 끝맺었다. 물음에는 2가지 뜻이 있다.

① "중생 스스로 고통을 지은 일인데, 보살과 무슨 상관이 있기에 그 고통을 대신 받으려 하는가?"

② "극심한 고통을 감당하기 어려운데, 어찌하여 싫어하지 않

은 것일까?"

이에 대한 해석은 다음과 같다.

"본래 세웠던 서원을 책임지고자 한 때문이다. 고통을 겪으면서 싫어한다면 어떻게 본래의 서원을 책임질 수 있겠는가."

二 念偏救諸苦

(나) 모든 고통을 두루 구제하고자 생각하다

經

菩薩이 爾時에 作是念言호대 一切衆生이 在生老病死諸苦難處하야 隨業流轉하고 邪見無智하야 喪諸善法하나니 我應救之하야 令得出離라하며
又諸衆生이 愛網所纏과 癡蓋所覆로 染著諸有하야 隨逐不捨하며 入苦籠檻하야 作魔業行하며 福智都盡하야 常懷疑惑하며 不見安穩處하고 不知出離道하며 在於生死하야 輪轉不息하며 諸苦淤泥에 恒所沒溺이어든 菩薩이 見已에 起大悲心과 大饒益心하야 欲令衆生으로 悉得解脫하야 以一切善根廻向하며 以廣大心廻向하며 如三世菩薩所修廻向하며 如大廻向經所說廻向하야 願諸衆生이 普得淸淨하고 究竟成就一切種智니라

보살이 그때, 이런 생각을 한다.

'일체중생이 나고 늙고 병들고 죽는 여러 가지 고통과 어려움 속에서, 업에 따라 윤회하고, 삿된 소견에 지혜가 없어 모든 선한 법을 잃어버렸다. 내가 그들을 구제하고 보호하여 고통에서 벗어나게 할 것이다.'

또한 모든 중생이 애욕의 그물에 얽매이고 어리석음의 덮개에 뒤덮여 삼계 25유(有)의 세계에 젖어 버리지 못하며, 고통의 우리에 들어가고 마군의 업을 행하여 복덕과 지혜가 모두 다하여 언제나 의혹을 품으며, 편안한 자리를 보지 못하고 고통에서 벗어날 길을 알지 못하며, 나고 죽는 고해에서 바퀴 돌듯 쉬지 못하고, 온갖 고통의 수렁 속에 언제나 빠져 있다.

보살이 그런 중생을 보고 큰 자비의 마음과 큰 이익을 주려는 마음을 일으켜 중생으로 하여금 모두 해탈을 얻게 하고자, 일체 선근으로 회향하고 광대한 마음으로 회향하며, 삼세 보살이 닦아왔던 회향처럼 행하며, 대회향경에서 말한 회향처럼 행하여, 모든 중생이 두루 청정함을 얻고, 결국 일체 모든 것을 아는 지혜를 성취시켜주고자 한다.

◉ 疏 ◉

救諸苦中 二니 先救八苦·八難等苦일세 故有諸 言이오 隨業流轉은 是業繫苦며 邪見無智는 是愚癡苦며 我應已下는 起救之心이라【鈔 先救八苦者는 一 生苦, 二 老, 三 病, 四 死, 五 五盛陰, 六 求不得, 七 怨憎會, 八 愛別離라 八難은 下當廣釋호리라】

'여러 가지 고통을 구제해준다.'는 데는 2가지 뜻이 있다.

① 8가지 고통과 8가지 어려움 등의 고통을 구제하고 보호해주기 때문에 '여러 가지[諸]'라고 말한다.

'업에 따라 생사의 바다에 윤회한다.'는 것은 자신이 지은 업에 얽매인 고통이며,

'삿된 소견에 지혜가 없다.'는 것은 어리석음의 고통이며,

'내가 그들을 구제하겠다.' 이하는 구제와 보호하려는 마음을 일으킨 것이다. 【초_ 앞서 말한 '8가지 고통'에서 구제하고 보호한다는 것은 ① 태어남의 고통, ② 늙음의 고통, ③ 질병의 고통, ④ 죽음의 고통, ⑤ 五盛陰의 고통, ⑥ 구하려는 것을 얻지 못한 고통, ⑦ 원망과 미움의 고통, ⑧ 사랑하면서 이별하는 고통이다.

'8가지 어려움'은 아래의 해당 부분에서 자세히 해석하고자 한다.】

二又諸衆生下는 救迷四諦苦라 文中 分二니 初 念苦境이오 二菩薩見下는 正興悲救니라

② '又諸衆生' 이하는 四諦의 고통에 미혹된 중생을 구제한 것이다. 이 문장은 다시 2부분으로 나뉜다.

첫째, 고통의 경계를 생각하였고,

둘째, '菩薩見' 이하는 자비로 중생을 구제하려는 마음을 일으킨 것이다.

今은 初라 於中에 先不知集이니 謂癡愛爲本이니 是煩惱道오 染著已下는 明其業道니 爲有造行일세 故名染著이라 隨業入苦는 如彼鳥獸

因食愛故로 入於籠檻이라 作魔業行은 明有惡業이오 福智都盡은 明無善業이라
次常懷疑惑은 無生道見滅之因일세 故不見安穩圓寂이오 不知出離는 道諦오 在於生死는 苦諦라

이는 첫째, 고통 경계의 생각이다.

고통 경계의 첫 부분은 集을 알지 못한 것이다. 痴愛가 근본이니, 이는 번뇌의 길이다.

'染著諸有' 이하는 중생의 업에 따른 악도를 밝혔다. 그러한 일을 조작한 행동이 있었기 때문에 이를 '染著'이라 말한다.

'자신이 지은 일에 따라 고통에 들어감'은 마치 새와 짐승이 식탐 때문에 우리 속에 갇혀 사는 것과 같다.

'마군의 업을 행하였다.'는 것은 악업이 있음을, '복덕과 지혜가 모두 다하였다.'는 것은 선업이 없음을 밝힌 것이다.

다음 '언제나 의혹을 품었다.'는 것은 생겨나는 도와 사라짐을 볼 수 있는 원인이 없기에 편안한 자리와 원만 寂靜을 보지 못한 것이다.

'고통에서 벗어날 길을 알지 못함'은 道諦이며, '나고 죽는 고해에 있다.'는 것은 苦諦이다.

二興悲救中에 起大悲心者는 令脫苦集故오 大饒益心者는 令得清淨滅道故라 故用善根廻向이라 大廻向經者는 賢首云如圓教所說普賢廻向故라하니라 然藏內有大廻向經하니 此教最初일세 不應指彼어니와 若結集從簡이면 於理可然이니라

둘째, 자비로 중생을 구제하려는 마음을 일으킨다는 것은 苦·集에서 벗어나기 위함이며, '큰 이익을 주려는 마음'이란 청정한 滅·道를 얻기 위함이다. 이 때문에 선근으로 회향하는 것이다.

'대회향경'이란 현수보살이 말하기를 "원교에서 말한 보현보살의 회향과 같기 때문이다."고 하였다. 그러나 대장경 속에 '대회향경'이 있다. 여기에서 말한 가르침은 최초이기에 대장경에서 말하는 '대회향경'을 가리키는 것이 아니다. 그러나 경전 결집의 과정에서 요지만을 간추려 '대회향경'을 만들었다고 말한다면 사리상 그럴 수도 있는 일이다.

第二는 別明代苦廻向之心中에 有五復念하니 前三은 明代苦之心이오 後二는 明廻向之心이라
今初는 卽分爲三이니 初는 明一向普救하야 無自爲心이오 次는 衆苦備受하야 無懈怠心이오 三은 決志保護하야 無虛妄心이라

제2단락, 중생의 고통을 대신한 회향의 마음을 개별로 밝힌 부분에는 5차례의 '또한 이런 생각을 한다[復念].'는 대목이 있다. 앞의 3가지는 고통을 대신한 마음을, 뒤의 2가지는 회향의 마음을 밝혔다.

이의 '앞 3가지'는 다시 3부분으로 나뉜다.

첫째, 하나같이 널리 중생을 구제하여, 자신을 위하는 마음이 없고,

둘째, 온갖 고통을 모조리 받아들여 게으른 마음이 없으며,

셋째, 결연한 뜻으로 중생을 보호하여 허망한 마음이 없음을 밝혔다.

經

復作是念호대 **我所修行**이 **欲令衆生**으로 **皆悉得成無上智王**이라 **不爲自身**하야 **而求解脫**이오 **但爲救濟一切衆生**하야 **令其咸得一切智心**하야 **度生死流**하야 **解脫衆苦**라하며

또한 이런 생각을 한다.

'내가 닦은 행이 중생으로 하여금 위없는 으뜸 지혜를 성취하도록 하려는 것이지, 나 자신을 위해 해탈을 구함이 아니며,

일체중생을 구제하여 그들로 하여금 일체 지혜의 마음을 얻어 생사의 윤회에서 벗어나 모든 고통을 해탈하도록 할 뿐이다.'

◉ **疏** ◉

初文은 可知라

첫 부분의 경문은 말하지 않아도 알 수 있다.

二는 明衆苦備受라

둘째, 온갖 고통을 모조리 받아들임을 밝히다

> [經]
>
> 復作是念호대 我當普爲一切衆生하야 備受衆苦하야 令其得出無量生死衆苦大壑하고 我當普爲一切衆生 於一切世界와 一切惡趣中에 盡未來劫토록 受一切苦호대 然常爲衆生하야 勤修善根이니 何以故오 我寧獨受如是衆苦언정 不令衆生으로 墮於地獄하고 我當於彼地獄畜生閻羅王等險難之處에 以身爲質하야 救贖一切惡道衆生하야 令得解脫이라하며

또한 이런 생각을 한다.

'내가 마땅히 일체중생을 위해 온갖 고통을 모조리 받으면서, 그들로 하여금 한량없이 나고 죽는 고통의 구렁텅이에서 벗어나오게 할 것이며,

내가 널리 일체중생을 위해 일체 세계와 일체 악도에서 미래겁이 다하도록 온갖 고통을 받을지라도 언제나 중생을 위해 부지런히 선근을 닦을 것이다.

무엇 때문일까? 내가 차라리 혼자서 이러한 고통을 받을지언정 중생이 지옥에 떨어지지 않도록 할 것이며,

내가 마땅히 지옥·축생·염라왕 등의 험난한 곳에 나의 몸을 볼모로 잡혀, 모든 악도에서 고통받는 중생을 속죄하여 해탈을 얻게 할 것이다.'

◉ 疏 ◉

復二니 先은 正明이오 後는 徵釋이니 今은 初라
言大壑者는 如尾閭壑이니 飲縮衆生하야 無暫已故니라
後徵釋中에 先徵意에 云'何以獨爲衆生備受衆苦하고 復勤修耶아
釋云'一身之苦 令多解脫일세 故願自受라하니 顯悲之深이라【鈔_ 尾
閭壑義는 出現品에 當明호리라】

　이 또한 2부분으로 나뉜다. 앞은 바로 밝혔고, 뒤는 묻고 해석
하였다.

　이는 앞의 바로 밝힘이다. '큰 골짜기[大壑]'라 말한 것은 尾閭
골짜기와 같다. 한량없이 큰 바닷물을 중생으로 하여금 모두 마시
도록 하여 잠시도 그 고통이 멈추지 않기 때문이다.

　'뒤의 묻고 해석한' 부분에서 앞의 묻는 뜻은 "어떻게 오직 중생
을 위해 온갖 고통을 모조리 받고 또한 부지런히 닦아 가는가?"이
다. 이에 대한 해석은 다음과 같다.

　"내 한 몸의 고통을 통해 많은 사람의 해탈을 얻기 위해, 이처
럼 스스로 고통을 받고자 원한 것이다."

　이는 大悲의 깊은 마음을 밝힌 것이다.【초_ '尾閭 골짜기'의 의
의에 대해서는 출현품에서 밝히고자 한다.】

問衆生之苦는 自業所招며 自心所變이어늘 云何菩薩而能代耶아 答
호되 通論代苦컨대 有其七義하니
一은 以苦自要 增悲念故오
二는 約菩薩이 本爲利生하야 求法苦行이 已名爲代오 後能爲物하야

爲增上緣이 亦名代受니라

三은 約菩薩留惑同事하야 受有苦身하야 爲生說法하야 令不造苦因에 因亡果喪이 亦名代受니라

四는 設有衆生이 欲造無間等業이라도 菩薩 化止不從하야 遂斷其命하고 菩薩이 自受惡趣苦報하야 令彼得免無間大苦를 名爲代受니 此는 依梁攝論第十一說이라 涅槃仙預國王도 亦同此義니 非唯意樂而已니라

五는 由菩薩 初修正願할세 爲生受苦하고 至究竟位하야 願成自在하야 常在惡趣하야 救代衆生을 如地藏菩薩과 及現莊嚴王等하고 乃至饑世에 身爲大魚 皆其類也니라 或以光明照觸하고 或以神力冥加하니 其事非一이라

六은 由菩薩此願이 契同眞如하고 彼衆生苦도 卽同如性하야 以同如之願으로 還潛至卽眞之苦니 依此融通을 亦名代也니라

七은 由普賢이 以法界爲身일세 一切衆生이 皆是法界니 卽衆生受苦 常是菩薩이라 故名爲代니라

上來七義에 初但意樂이오 次二는 但約爲增上緣이오 四五二義는 實能身代오 六七二義는 理觀融通이라【鈔_ 此依梁攝論者는 本論에 云甚深差別者는 若菩薩 由如此方便勝智하야 行殺生等十事이로되 無染濁過失이오 生無量福德하야 速得無上菩提勝果라하니

釋論曰 如菩薩能行과 如所堪行 方便勝智니라 今顯此二義니 若菩薩能行이 知如此事면 有人이 必應作無間等惡業이어든 菩薩이 了知其心호되 無別方便으로 可令離此惡行이오 唯有斷命方便이라야 能使

不作此惡이오 又知此人捨命에 必生善道하고 若不捨命이면 決行此業하야 墮極苦處하야 長時受苦니 菩薩이 知此事已에 作如是念호되 我若行此殺業이면 必墮地獄이로되 願我爲彼하야 受此苦報하야 當令此人으로 於現在世에 受少輕苦하고 於未來世에 久受大樂호리라 譬如良醫 治有病者에 先加輕苦하고 後除重病이라 菩薩所行도 亦復如是니라 於菩薩道에 無非福德이라 故離染濁過失이니라 因此生長無量福德이라 故能疾證無上菩提니 如此方便이 最爲甚深이니 行盜等行도 亦復如是니라

涅槃仙預國王者는 第十六經 梵行品에 因說一子地하야 迦葉이 難云若諸菩薩이 住一子地者인댄 云何如來 昔爲國王하야 行菩薩行時에 斷絶爾所婆羅門命이닛가 下佛廣答호되 先說慈悲竟하고 末云菩薩 常思以何因緣으로 能令衆生發起信心하야 隨其方便하야 要當爲之니 諸婆羅門이 命終之後에 生阿鼻地獄하야 卽有三念하나니

一者는 自念我從何處하야 而來生此하야 卽便自知 從人道中來오
二者는 自念我今所生이 爲是何所오하야 卽便自知 是阿鼻地獄이오
三者는 自念我何業緣으로 而來生此오하야 卽便自知 我謗方等大乘經典하고 不信因緣하야 爲國王所殺하야 而來生此니라

念是事已에 卽於大乘方等經典에 生信敬心하고 尋時命終하야 生甘露鼓如來世界하야 於彼壽命이 具足十劫하나니 善男子여 以是義故로 我昔爲與是人十劫壽命이어니 云何名殺고하니라 】

"중생의 고통은 그 스스로 지은 일로 초래한 바이며, 그 자신의 마음에 의한 변화인데, 어찌하여 보살은 그들의 고통을 대신하

는 것일까?"라고 묻자, 다음과 같이 대답하였다.

"고통을 대신한 부분을 전반적으로 논하면, 거기에는 7가지 의의가 있다.

① 고통을 스스로 찾아 대비의 마음을 더한 때문이다.

② 보살이 본래 중생에게 이익을 주기 위해 법을 구하여 고행한 것을 '대신'이라 말하고, 그 뒤에 중생을 위해 증상연을 삼는 것 또한 '대신 고통을 받았다.'고 말한다.

③ 보살이 의혹에 머물면서 일을 함께하여 고통이 있는 몸을 받아 태어나, 중생을 위해 설법하여 그들이 고통의 원인을 짓지 않도록 함으로써 원인이 사라지고 결과가 없어지는 것 또한 '대신 고통을 받았다.'고 말한다.

④ 설령 중생이 무간지옥 등의 업을 짓고자 할지라도 보살이 그들을 교화하여 따르지 않도록 하여 마침내 그 목숨을 끊고, 보살이 스스로 악도의 고통 업보를 받으며 그들로 하여금 무간지옥의 큰 고통을 면할 수 있게 하는 것을 '대신 고통을 받았다.'고 말한다. 이는 양섭론 제11에서 말한 바를 따른 것이다. 열반경에서 선예국왕 또한 이와 똑같이 행하였다. 이는 단순히 마음으로 좋아하는 데에 그치지 않는다.

⑤ 보살이 처음 바른 서원을 닦음으로 말미암아 중생을 위해 고통을 받고, 구경위에 이르러 서원 성취가 자재하여 언제나 악도에 머물면서 중생의 고통을 대신하여 구제하기를, 마치 지장보살 및 현장엄왕 등과 같이 하고, 심지어 흉년에는 그 몸이 큰 물고기가 되어

구한 것이 모두 그 부류이다. 혹은 광명으로 비춰주고, 혹은 위신력으로 보이지 않게 가피를 내려주니, 그런 일이 한 가지가 아니다.

⑥ 보살의 이러한 서원이 진여에 하나가 되고, 저 중생의 고통도 진여 법성과 같음으로 연유하여, 진여 법성과 같이 하려는 서원으로 도리어 보이지 않게 진여와 하나가 되는 고통에 이른다. 이에 의해 막힘이 없는 융통 또한 '대신'이라고 말한다.

⑦ 보현보살이 법계로 몸을 삼았기에 일체중생이 모두 법계이기 때문이다. 이는 중생이 받는 고통을 언제나 보살이 받기 때문에 '대신'이라고 말한다.

위의 7가지 의의에서 ①은 마음으로 좋아하는 것일 뿐이며, 다음 2가지는 간단히 增上緣으로 말했을 뿐이지만, ④~⑤ 2가지 의의는 실제 몸으로 고통을 대신하였고, ⑥~⑦ 2가지 의의는 이치에 의한 관조로 융통한 것이다."【초_ '此依梁攝論'이란 본론에서 말하기를 "지극히 심오한 차별이란 보살이 이와 같은 방편의 수승한 지혜를 따라 살생 등 10가지 일을 행하여도 오염과 혼탁의 과실이 없고, 한량없는 복덕을 내어 위없는 보리의 수승한 결과를 빠르게 얻는 것이다."고 하였다.

이에 대한 해석은 다음과 같다.

보살이 행할 수 있는 주체와 감당하여 행하는 바가 '방편의 수승한 지혜'이다. 여기에서는 이 2가지 의의를 밝히고 있다. 만일 보살이 행할 수 있는 주체가 이와 같은 일을 알면 어떤 사람이 무간지옥 등의 악업을 지을 경우, 보살은 반드시 그들의 마음을 알되

별난 방편으로 악행을 여의도록 하는 것이 아니다. 오직 자신의 목숨을 끊는 방편만이 이런 악을 짓지 않도록 할 수 있으며, 또한 이처럼 목숨을 버리면 반드시 좋은 세계에 태어나고, 목숨을 버리지 않으면 결코 이처럼 악업을 행하여 가장 괴로운 세계에 떨어져 오랜 세월 고통을 받아야 함을 잘 알고 있다.

보살이 이러한 일을 알고 있기에 이런 생각을 한다.

'내가 살생의 일을 행하면 반드시 지옥에 떨어지겠지만, 원컨대 내가 저 중생을 위해 이처럼 고통의 과보를 받으면서, 그들로 하여금 현재 세계에서는 적고 대수롭지 않은 고통을 받게 하고, 미래 세계에서는 큰 즐거움을 오래도록 받도록 하겠다. 비유하면 훌륭한 의사가 환자를 치료할 때에 먼저 가벼운 고통을 가하면서 뒤에 중병을 없애나가는 것과 같다. 보살이 행한 바 또한 이와 같다. 보살의 도에 복덕 아닌 것이 없기에 오염과 혼탁의 허물을 여의는 것이다.

이 때문에 한량없는 복덕을 내고 키워나가기에 빠르게 위없는 보리를 증득할 수 있다. 이와 같은 방편이 가장 심오하다. 도둑질을 하는 일 또한 이와 같다.'

'열반경에서 선예국왕'이란 제16경 범행품에서 '외아들이 사는 땅[一子地]'[4]을 설법한 계기로 인하여, 가섭존자가 여쭈었다.

....
4 외아들이 사는 땅[一子地] : 초지 이상에서 이미 일체중생이 평등함을 깨달았기에, 중생을 외아들 보듯이 하는 것이다. 비유하면 마음의 경지를 외아들이 사는 땅으로 표현한 것이다.

"만일 모든 보살이 '외아들이 사는 땅'에 머문다면, 어찌하여 여래께서 옛날 국왕이 되어 보살행을 행하실 때에 그곳의 바라문 목숨을 끊으신 것입니까?"

아랫부분에서 부처님이 자세히 답하셨는데, 먼저 자비를 말씀하시고, 끝자락에 이어 말씀하셨다.

"보살은 무슨 인연으로 중생의 신심을 일으킬 수 있을까? 이처럼 항상 생각하면서 방편에 따라 그들을 위하는 것이다. 모든 바라문이 목숨이 다한 후에는 아비지옥에 태어나 곧 3가지 생각을 가지게 된다.

첫째, 내가 어느 곳에서 흘러와 여기에 태어났을까를 스스로 생각하여, 곧바로 인간 세계로부터 왔음을 알고,

둘째, 현재 내가 태어난 곳이 어디인가를 스스로 생각하여, 곧바로 아비지옥임을 알며,

셋째, 내가 무슨 업의 인연으로 여기에 태어났을까를 스스로 생각하여, 곧바로 내가 방등대승경전을 헐뜯어 신심이 없는 인연으로 국왕에게 죽임을 당하여 여기에 태어났음을 아는 것이다.

이런 일을 생각하고 곧장 대승방등경전에 대해 믿음과 존경하는 마음을 내었기에, 얼마 후 목숨이 다한 후에는 甘露鼓 여래세계에 태어나 그의 수명이 넉넉히 10겁의 장수를 누리는 것이다.

선남자여, 이런 의의 때문에 내가 옛적에 이런 바라문의 사람들에게 10겁의 장수를 내려준 것인데, 어떻게 이들을 '죽였다'고 말할 수 있겠는가."】

問若依四五二義인댄 應能普代어늘 何故로 猶有衆生受苦아 答호되 此有三義하니 一은 有緣無緣故니 與菩薩有緣이면 則可代也오 二는 業有定不定故로 不定者는 可代오 三은 若受苦有益이면 菩薩令受라야 方能究竟得離苦故니 如父母敎子에 付嚴師令治니 如是密益은 非凡小所知니라

"만일 ④, ⑤ 의의를 따른다면 당연히 널리 대신해야 할 것인데, 무슨 까닭에 아직도 고통을 받는 중생이 있는 것입니까?"라고 묻자, 이에 대해 답하였다.

"여기에는 3가지 의의가 있다.

① 인연이 있느냐, 없느냐의 차이 때문이다. 보살과 인연이 있으면 그의 고통을 대신하여 받는다.

② 그의 업이 결정되어 있느냐, 없느냐의 차이 때문이다. 결정되어 있지 않은 자는 그의 고통을 대신하여 받는다.

③ 만일 그가 고통을 받아 이익을 얻을 수 있다면, 보살은 그로 하여금 고통을 달게 받게 해야만 비로소 끝내는 고통에서 벗어나게 할 수 있기 때문이다. 이는 부모가 자식을 가르칠 때에 준엄한 스승에게 부탁하여 그 잘못을 다스려 나가는 것과 같다. 이처럼 보이지 않는 이익을 범부와 소인으로서는 알 수 있는 바가 아니다."

第三 決志保護

㈐ 결연한 의지로 중생을 보호하다

經

復作是念호대 我願保護一切衆生하야 終不棄捨라하고 所言誠實하야 無有虛妄이니 何以故오 我爲救度一切衆生하야 發菩提心이오 不爲自身하야 求無上道며 亦不爲求五欲境界와 及三有中種種樂故로 修菩提行이니 何以故오 世間之樂이 無非是苦며 衆魔境界라 愚人所貪이오 諸佛所訶시니 一切苦患이 因之而起며 地獄餓鬼와 及以畜生閻羅王處에 忿恚鬪訟하고 更相毁辱하는 如是諸惡이 皆因貪著五欲所致라 耽著五欲에 遠離諸佛하야 障碍生天이어든 何況得於阿耨多羅三藐三菩提아

菩薩이 如是觀諸世間에 貪小欲味하야 受無量苦하고 終不爲彼五欲樂故로 求無上菩提하야 修菩薩行이오 但爲安樂一切衆生하야 發心修習하야 成滿大願하야 斷截衆生의 諸苦冑索하야 令得解脫이니라

또한 이런 생각을 한다.

'나는 일체중생을 보호하여 끝까지 버리지 않기를 원한다. 내가 말한 바는 진실하여 거짓이 없다.

무엇 때문일까? 나는 일체중생을 구제하고자 보리심을 일으켰지, 나의 몸을 위해 위없는 도를 추구함이 아니며, 또한 오욕의 경계 및 삼계의 가지가지 즐거움을 추구하기 위해 보리의 행을 닦는 것이 아니기 때문이다.

무엇 때문일까? 세간의 즐거움이란 고통이요, 마군의 경계 아

닌 게 없다. 어리석은 사람이 탐하는 바이며, 모든 부처님이 꾸짖는 대상이다. 모든 고통과 걱정이 이로 인해 생겨나고, 지옥·아귀·축생·염라왕의 세계에서 성내고 싸우고 서로 훼방하고 능욕하는, 수많은 악행이 모두 오욕을 탐착하는 데서 생겨나는 것이다. 오욕을 탐착하면 부처님을 멀리 여의게 되어 천상에 태어나는 데 장애가 된다. 하물며 아뇩다라삼먁삼보리를 얻을 수 있겠는가.'

보살이 이처럼 세간에서 조그만 욕망의 쾌락을 탐하려다 한량없는 고통 받음을 살펴보고서 끝까지 오욕의 즐거움을 위하지 않기 때문에, 위없는 보리를 추구하여 보살의 행을 닦는 것이다. 그러나 다만 일체중생에게 안락을 주고자 마음을 일으켜 수행한 나머지, 큰 서원을 만족스럽게 성취하여 중생의 온갖 고통의 오랏줄을 끊어 해탈을 얻게 하기 위한 것이다.

● 疏 ●

中二니 先正明이오 後徵釋이니 徵意에 云云何不捨며 何名不虛아 釋有二意하니 一은 異小乘하야 不自爲故오 二亦不爲下는 明異凡夫著欲過故니라 文中三이니 初는 正明不求오 二는 徵釋所以니 所以不求者는 見多過故니라

文中에 體卽是苦라 復能生苦하야 近障天樂이어든 況大菩提 惑習雙亡이 今言淫欲이 卽是道者는 善須得意니라【鈔 近障天樂者는 釋曰 此卽大品經意니 第一經에 云菩薩摩訶薩이 行般若波羅蜜하야 增益六波羅蜜時에 諸善男子 善女人이 各各 生歡喜意念言호되 我

等이 常爲是人하야 作父母妻子親族知識이라하면 爾時에 四天王天과 乃至阿迦尼吒天이 皆大歡喜하야 各各念言호대 我等이 常作方便하야 令是菩薩로 離於淫欲하고 從初發意하야 常作童眞하야 莫使與色欲苦會니 若受五欲이면 障生梵天이온 何況阿耨多羅三藐三菩提아하니 以是義故로 舍利弗아 菩薩摩訶薩이 斷淫欲出家者는 應得阿耨多羅三藐三菩提하나니 非不斷欲이니라

'今言淫欲下는 誡勸得意之義니 前已曾有어니와 法界品中에 更當廣釋호리라 】

경문은 2부분으로 나뉜다. 앞에서는 바로 밝혔고, 뒤에서는 묻고 해석하였다. "어찌하여 버리지 않으며, 어찌하여 공허한 말이 아니라고 말했는가?"라는 물음에 대해, 2가지 뜻으로 해석하였다.

① 소승과 달리 자신만을 위하지 않기 때문이다.

② '亦不爲' 이하는 탐욕이 지나친 범부와 다른 점을 밝혔기 때문이다. 이 경문은 다시 3부분으로 나뉜다.

첫째, 바로 오욕을 추구하지 않음을 밝혔다.

둘째, 그 이유를 묻고 해석하였다. 오욕을 추구하지 않는 많은 허물이 있음을 보았기 때문이다.

경문에서 말한 뜻은 몸이란 곧 괴로움이며, 또한 괴로움을 낳아 가까이 하늘의 즐거움에 장애가 되는데, 하물며 큰 보리지혜로 미혹과 습기를 모두 없애면 오죽하겠는가. 여기에서 '음욕이 곧 도이다.'고 말한 것은 그 뜻을 잘 이해해야 한다.【초_"가까이 하늘의 즐거움에 장애가 된다."에 대한 해석은 다음과 같다.

이는 대품경에서 말한 뜻이다. 제1경에 이르기를 "보살마하살이 반야바라밀을 행하여 6바라밀을 더할 때에 모든 선남자·선여인이 각각 환희의 마음으로 생각하였다.

'우리가 항상 이 사람들과 부모, 처자, 친족, 아는 사이가 될 것이다.'

이런 생각을 할 때에 사천왕천 내지 아가니타천이 모두 크게 환희하여 각각 생각하였다.

'우리가 항상 방편으로 이런 보살들로 하여금 음욕을 여의고 처음 발심할 때부터 항상 동진의 몸으로 색욕의 고통을 겪지 않도록 할 것이다. 만일 오욕을 받아 누리면, 이것만으로도 범천에 태어나는 데 장애가 되는데, 하물며 아뇩다라삼먁삼보리를 얻을 수 있겠는가.'

이러한 뜻으로 말하였기 때문에 사리불이여, 보살마하살이 음욕을 끊고 출가하고자 하면 당연히 아뇩다라삼먁삼보리를 얻을 수 있다. 이는 음욕을 끊지 않음이 없기 때문이다."고 하였다.

'今言淫欲' 이하는 그 의미를 잘 알도록 경계하고 권면한 뜻이다. 앞에서 이미 언급한 바 있지만, 법계품에서 다시 자세히 해석하고자 한다.】

三菩薩如是下는 結成前義라

셋째, '菩薩如是' 이하는 앞에서 말한 뜻을 끝맺었다.

第二는 有二復念은 明迴向之心이라
卽分二니 初는 念令彼得樂이오 後는 念身爲保護니 今은 初라

뒤에서 '復作是念' 구절을 2차례나 쓴 것은 회향의 마음을 밝힌 것이다.

이는 2부분으로 나뉜다.

㈎ 앞은 그들이 즐거움을 얻기를 생각하였고,

㈏ 뒤는 몸소 보호할 것을 생각하였다.

이는 앞부분이다.

經

佛子여 菩薩摩訶薩이 復作是念호대 我當以善根으로 如是 廻向하야 令一切衆生으로 得究竟樂과 利益樂과 不受樂과 寂靜樂과 無依樂과 無動樂과 無量樂과 不捨不退樂과 不滅樂과 一切智樂이라하며

불자여, 보살마하살은 또한 이런 생각을 한다.

'나는 마땅히 선근으로 이렇게 회향하여, 일체중생으로 하여금 끝까지 이르는 즐거움, 이익의 즐거움, 받지 않는 즐거움, 고요한 즐거움, 의지한 데 없는 즐거움, 변동하지 않는 즐거움, 한량없는 즐거움, 버리지 않고 물러가지 않는 즐거움, 멸하지 않는 즐거움, 일체 지혜의 즐거움을 얻게 하리라.'

● 疏 ●

乘前欲苦라 故令得樂이니라
文有十句하니 初總餘別이니 別中에 前八은 涅槃이오 後一은 菩提라 於涅槃中에 一은 住涅槃하야 能建大事 名爲利益이오 二는 滅心數오 三은 證無爲오 四는 無能所오 五는 相不能遷이오 六은 廣無分量이오 七은 生死眞性이 卽是涅槃이라 故無所捨오 智冥眞理라 是以不退오 八은 一得永常에 湛然不滅이라
依解節經說인댄 有五樂하니 一은 出家樂이니 脫家難故오 二는 遠離樂이니 以斷欲得初禪故오 三은 寂靜樂이오 二禪爲首하야 覺觀息故오 四는 菩提樂이니 於法如實覺故오 五는 涅槃樂이니 息化入無餘故이라
彼通人天이어니와 今唯究竟이니 會釋可知니라

앞에서 오욕에 의한 고통에 실어 말했기 때문에 즐거움을 얻게 하고자 하였다.

이는 10구이다. 제1구는 총체이며, 나머지 9구절은 개별이다.

개별의 9구절 가운데 앞의 8구절은 열반이고, 뒤의 1구절은 보리이다.

열반의 8구절은 다음과 같다.

① 열반에 머물면서 큰일을 세우는 것을 이익이라 하고,

② 마음의 생각이 없으며,

③ 작위가 없음을 증험하고,

④ 주체와 대상이 없으며,

⑤ 모습이 변하지 않고,

⑥ 광대하여 분량이 없으며,

⑦ 생사의 眞性이 곧 열반이기에 버리는 바가 없고, 지혜가 진리와 하나이기에 이 때문에 물러서지 않고,

⑧ 한 번 영원함을 얻어 담담하게 사라지지 않는다.

해절경의 설을 따르면, 5가지 즐거움이 있다.

① 출가의 즐거움이다. 집안의 어려움에서 벗어났기 때문이다.

② 멀리 여읨의 즐거움이다. 욕심을 끊어 初禪을 얻었기 때문이다.

③ 고요함의 즐거움이다. 二禪의 머리가 되어 覺觀이 쉬었기 때문이다.

④ 보리의 즐거움이다. 법을 여실하게 깨달았기 때문이다.

⑤ 열반의 즐거움이다. 교화를 마치고 무여열반에 들어갔기 때문이다.

해절경에서 말한 바는 사람과 하늘에 모두 통하지만, 여기에서는 究竟의 즐거움이다. 이에 대한 이해와 해석은 설명하지 않아도 알 수 있다.

二는 念身爲保護라

(나) 몸소 보호할 것을 생각하다

復作是念호대 我當與一切衆生으로 作調御師하고 作主兵臣하야 執大智炬하고 示安穩道하야 令離險難하야 以善方便으로 俾知實義라하며 又於生死海에 作一切智善巧船師하야 度諸衆生하야 使到彼岸이니라

또한 이런 생각을 한다.

'나는 일체중생의 조복하고 다스리는 스승이 되고, 병사를 맡는 신하가 되어 큰 지혜의 횃불을 들고 편안한 길을 보여주어 험난한 데서 벗어나도록 하여, 훌륭한 방편으로 실상의 이치를 알게 할 것이며,

또한 나고 죽는 바다에 일체 지혜를 지닌 훌륭한 뱃사공이 되어, 모든 중생을 제도하여 피안에 이르게 하리라.'

● 疏 ●

保護中에 初示安穩道하야 令得菩提 名知實義이오 後又於下는 令度生死海하야 得大涅槃이 名到彼岸이라

중생을 보호하고자 하는 부분의 앞에서는 편안한 길을 보여주어 보리를 얻게 하도록 하는 것을 '실상의 이치를 아는 것'이라 말하고, 뒤의 '又於' 이하는 생사의 바다를 건너 대열반을 얻게 하는 것을 '피안에 이르렀다.'고 말한다.

第三은 總結成益이라

제3단락, 이익의 성취를 모두 끝맺다

經

佛子여 菩薩摩訶薩이 以諸善根으로 如是廻向하나니 所謂 隨宜救護一切衆生하야 令出生死하며 承事供養一切諸佛하야 得無障碍一切智智하며 捨離衆魔하고 遠惡知識하야 親近一切菩薩善友하며 滅諸過罪하고 成就淨業하야 具足 菩薩廣大行願 無量善根이니라

불자여, 보살마하살이 여러 가지 선근으로 이렇게 회향하는 것이다.

이른바 적절한 방편으로 일체중생을 구제하고 보호하여 생사에서 벗어나게 하며, 모든 부처님을 섬기고 공양하여 걸림 없는 일체 지혜의 지혜를 얻게 하며, 마군을 여의고 나쁜 벗을 멀리하여 모든 보살과 선지식을 가까이하며, 모든 죄를 없애고 청정한 업을 이루어 보살의 광대한 수행, 서원과 한량없는 선근을 구족하게 하려는 것이다.

● 疏 ●

成益中에 初는 總標오 '所謂'下는 別顯이니 別中에 初句는 救護오 餘皆 成益이라

이익의 성취 가운데, 앞부분은 총체로 밝혔고, '所謂' 이하는 개별로 밝혔다. 개별 가운데 제1구는 중생의 보호이며, 나머지는 모두 이익의 성취이다.

第四는 廻拔救護니 謂孤標大志하야 普爲衆生호되 而無冀望이라
(4) 중생을 고통에서 건져내어 구제하고 보호함이다. 큰 뜻을 높이 세워 널리 중생을 위하되 바라는 바가 없음을 말한다.

經

佛子여 菩薩摩訶薩이 以諸善根으로 正廻向已에 作如是念호대 不以四天下衆生이 多故로 多日出現하고 但一日出하야 悉能普照一切衆生하며 又諸衆生이 不以自身光明故로 知有晝夜하야 遊行觀察하야 興造諸業하고 皆由日天子出하야 成辦斯事나 然彼日輪은 但一無二니 菩薩摩訶薩도 亦復如是하야 修習善根廻向之時에 作是念言호대 彼諸衆生은 不能自救어니 何能救他리오 唯我一人이 志獨無侶하야 修習善根하야 如是廻向이니
所謂爲欲廣度一切衆生故며
普照一切衆生故며
示導一切衆生故며
開悟一切衆生故며

顧復一切衆生故며
攝受一切衆生故며
成就一切衆生故며
令一切衆生歡喜故며
令一切衆生悅樂故며
令一切衆生斷疑故니라

불자여, 보살마하살이 모든 선근으로 바르게 회향하고 이런 생각을 한다.

'사방 천하 중생이 많기 때문에 수많은 태양이 뜨는 것이 아니다. 단 하나의 태양이 솟아 일체중생을 모두 비춰주는 것이다.

또한 많은 중생이 자신의 밝은 눈으로 낮과 밤을 알고 걸어 다니며 살펴보면서 여러 가지 일을 하는 것이 아니라, 태양이 높이 솟음에 따라 이런 일이 이뤄진 것이다. 그러나 태양은 하나일 뿐, 둘이 아니다.'

보살마하살 또한 이와 같이 선근을 닦아 회향할 때에 이런 생각을 하였다.

'저 중생들이 자신도 구제하지 못하는데, 어떻게 남을 구제할 수 있겠는가. 오직 나 한 사람의 마음이 독특한 것으로 짝할 이 없다.'

이런 생각으로 선근을 닦아 이처럼 회향하는 것이다.

이른바 일체중생을 널리 제도하고자 함이며,

일체중생을 널리 비추고자 함이며,

일체중생을 인도하고자 함이며,

일체중생을 깨우치고자 함이며,

일체중생을 돌보고자 함이며,

일체중생을 거두고자 함이며,

일체중생을 성취하고자 함이며,

일체중생으로 하여금 환희케 하고자 함이며,

일체중생으로 하여금 즐겁게 하고자 함이며,

일체중생으로 하여금 의심을 끊게 하고자 한 때문이다.

⊙ 疏 ⊙

文中二니 先喻後合이라

喻中有二하니 一은 獨照喻오 二又諸下는 成益喻오

法合亦二니 先은 合獨照오 後修習下는 合前成益이니 卽正顯廻向이라

初之一句는 通其二勢니 一成前이오 二 標後라

所謂下는 別顯이니 文有十句니 初總餘別이라 照는 謂照機오 顧復之 義는 借用毛詩오 餘文은 可了니라【鈔_ 顧復之義 借用毛詩는 云父 兮生我하시고 母兮鞠我하시니 拊我畜我하시고 長我育我하시고 顧我復 我하시고 出入腹我라하니 鄭玄 箋에 云顧는 視也오 復은 反也라 言子離 雖近이나 猶步步反顧라하니 今에 菩薩이 於諸衆生에 亦爾니라 】

이 경문은 2단락으로 나뉜다. 앞은 비유이고, 뒤는 법에 부합함이다.

비유는 2가지가 있다.

앞은 하나의 태양으로 널리 비춰줌을 비유하였고,

뒤의 '又諸' 이하는 이익의 성취를 비유하였다.

법에 부합함 또한 2부분이다.

앞은 하나의 태양으로 비춤을 법에 부합시켜 말하였고,

뒤에 '修習' 이하는 앞서 말한 이익의 성취에 맞춰 말하였다. 이는 바로 회향을 밝힌 것이다.

앞의 1구는 2가지 문맥에 통한다. ① 앞의 뜻을 끝맺었고, ② 뒤의 뜻을 밝혔다.

'所謂' 이하는 개별로 그 뜻을 밝혔다. 이 경문은 10구이다. 앞 구절은 총체로, 나머지 구절은 개별로 말하였다.

'普照'의 照는 중생 근기를 비춰보는 것을 말한다.

"뒤돌아보고 다시 한 번 뒤돌아본다."에서 '顧復'의 뜻은 毛詩에서 인용한 구절이다.

나머지 문장은 말하지 않아도 알 수 있을 것이다.【초_ '顧復'의 뜻은 시경에서 이르기를 "아버님은 날 낳으시고 어머니는 날 기르셨다. 나를 다독이시고 나를 기르시며, 나를 자라게 하고 나를 키워주셨으며, 나를 돌아보시고 나를 다시 뒤돌아보셨으며, 출입할 때면 나를 안아주셨다."고 하였다.

鄭玄의 주에서 이르기를 "顧는 바라봄이며, 復는 다시 한 번 바라본 것이다. 자식을 놓아두고 아무리 가까운 곳으로 갈지라도 오히려 한 걸음 한 걸음마다 뒤돌아봄을 말한다."고 하였다. 여기에서는 보살이 모든 중생에게 또한 그처럼 사랑함을 말한다.】

第二 大段은 離相廻向이라

於中二니 先은 以忘機之智로 導前大悲하야 令成無緣이오 後 安置下는 正明大智離衆生相이니 今은 初라

2) 대단락의 '我應如日普照一切' 이하는 相을 여읜 회향이다.

여기는 다시 2가지로 나뉜다.

앞은 무심[忘機]의 지혜로 앞의 대비를 인도하여, 반연의 집착이 없는 바를 성취하도록 하였고,

뒤의 '安置' 이하는 바로 대지로 중생이라는 상을 여읨을 밝혔다. 이는 앞부분이다.

經

佛子여 菩薩摩訶薩이 復作是念호대 我應如日이 普照一切호대 不求恩報하야 衆生이 有惡이라도 悉能容受하고 終不以此로 而捨誓願하며 不以一衆生惡故로 捨一切衆生하고 但勤修習善根廻向하야 普令衆生으로 皆得安樂하며 善根雖少나 普攝衆生하야 以歡喜心으로 廣大廻向이니 若有善根이라도 不欲饒益一切衆生이면 不名廻向이오 隨一善根하야 普以衆生으로 而爲所緣하야사 乃名廻向이니라

불자여, 보살마하살이 또한 이런 생각을 한다.

'나는 태양이 일체 모든 것을 두루 비춰주면서도 보답을 받으려 하지 않는 것처럼, 중생에게 나쁜 일이 있을지라도 모두 받아들

일 뿐, 끝까지 이러한 일로 서원을 저버리지 않을 것이며, 어느 한 중생이 악하다는 이유로 나머지 일체중생을 버리지 않을 것이다. 다만 부지런히 선근을 닦아 회향하여, 널리 중생으로 하여금 모두 안락을 얻게 하리라. 선근이 아무리 적을지라도 중생을 널리 받아들여 기쁜 마음으로 광대하게 회향할 것이다.

만일 선근이 있을지라도 일체중생에게 이익을 주고자 하지 않으면 회향이라 말할 수 없다. 하나의 선근을 따라 널리 중생으로 반연의 대상을 삼아야 회향이라 말할 수 있다.'

● 疏 ●

功高二儀而不仁하고 明逾日月而彌昏故니라 於中에 先正明無私니 不求恩故로 能容受惡이오 爲普照故로 不以一惡而捨衆多니 設盡背恩이라도 尚無嫌恨이온 豈況一耶아【鈔_ 今初功高等者는 卽肇論中文이어늘 用老子意니 老子 云'天地不仁하야 以萬物爲芻狗하고 聖人不仁하야 以百姓爲芻狗'라하니 卽道經'道沖而用之'章이라 注에 云'不仁者는 不爲仁恩也라 芻狗有二하니 河上公 云'芻草狗畜'이라하니 卽二物也라 御注에 云'結芻爲狗호되 不恃其警吠也'라하니 大意는 明天地聖人이 無心恃其仁德也니 今菩薩亦然이라 菩薩이 功高而不恃는 般若觀空故오 '而彌昏'者는 若無所知也니라 言'高二儀'者는 二儀覆而不載하고 載而不覆어니와 菩薩은 兼之라 又但覆身이오 不能覆心과 及萬善等이라 言'明逾日月'者는 日月之明은 不兼晝夜로되 大悲菩薩은 長燭幽昏하고 日月은 照身이오 不能照心이로되 菩薩 智慧는 反此라 無

129

法不照일세 故下文에 云不求恩報라하니 卽不仁等義也니라 】

공로가 하늘과 땅보다 높지만 작은 사랑을 구하지 않고, 밝음은 태양과 달보다 뛰어나지만 더욱 빛을 감춰 어둡기 때문이다.

이의 경문 가운데, 앞에서는 바로 사심이 없음을 밝혔다. 은혜의 보답을 바라지 않기에 악한 이를 받아들이고, 밝음이 두루 비친 까닭에 한 사람의 악으로 많은 중생을 버리지 않는다. 설령 모두가 은혜를 저버릴지라도 오히려 미워하거나 원망하는 마음이 없는데, 하물며 한 사람이 은혜를 저버리는 것쯤이야! 【초_ 이의 첫 부분에서 "공로가 …보다 높다." 등은 곧 조론에서 나온 문장인데, 노자의 뜻을 인용한 부분이다.

노자가 말하기를 "하늘과 땅은 작은 마음으로 사랑하지 않기에 [不仁] 만물을 芻狗처럼 생각하고, 성인은 작은 마음으로 사랑하지 않기에 백성을 추구처럼 생각한다."고 하였다.

이는 도덕경 제5 道沖而用之章이다. 그 주해에 이르기를 "不仁이란 작은 사랑이나 은혜를 베풀지 않는 것이다."고 하였다. 芻狗에는 2가지 뜻이 있다. 河上公은 "건초[芻草]와 개[狗畜]이다."고 말하니 이는 2종류로 말한 것이다. 御注에서는 "건초[芻]를 묶어 아무리 개[狗]를 만들어놓아도 그것이 집을 지키거나 짖어댄다고 믿을 수 없다."고 한다. 이의 큰 뜻은 천지와 성인이 사랑과 공덕에 무심하여 자시하지 않음을 밝힌 것이다.

여기에서 말한 보살 또한 그러하다. 보살의 공로가 높지만 자시하지 않음은 반야지혜로 공한 도리를 보았기 때문이다. "더욱 빛을 감춰 어둡기 때문이다[彌昏].”는 것은 아는 바가 없다는 말과 같다.

“하늘과 땅보다 높다[高二儀].”고 말한 것은, 하늘이란 위에서 덮어주되 만물을 실어주지 못하고, 땅이란 아래에서 만물을 실어주되 덮어주지는 못한다. 그러나 보살은 이를 모두 겸하였다. 또한 하늘과 땅은 나의 몸만 덮어줄 뿐, 마음 및 모든 선을 덮어주지 못하는 경우 등도 있다.

“밝음은 태양과 달보다 뛰어나다[明逾日月].”고 말한 것은, 태양과 달의 밝음이란 주야를 모두 겸할 수 없다. 그러나 대비보살은 어둠을 길이 밝혀준다. 태양과 달은 나의 몸만 비춰줄 뿐, 마음을 비춰주지는 못한다. 그러나 보살의 지혜는 이와 반대이다. 모든 법을 비춰주지 않음이 없기에 아래 문장에서 이르기를 “보답을 바라지 않는다.”고 하였다. 이는 곧 不仁 등의 뜻이다.】

後善根雖少下는 顯成廣大니 大智導悲하야 能普緣故로 如聲入角에 小亦遠聞이니라

뒤의 '善根雖少' 이하는 성취의 광대함을 밝혔다. 대지로 대비를 인도하여 인연을 널리 맺은 까닭에 소리가 호각을 통하면 작은 소리 또한 멀리 들리는 것과 같다.

第二는 正明離相廻向이니 謂向實際니라 然一一隨相이 皆具如下諸句離相이니 說有前後로되 行在一心이라【鈔_ 然一一隨相等者는 且如上向一衆生이니 卽安置衆生無所著法性廻向等諸句니라 又如大

般若에 隨一離相하야 徧歷八十餘科之相호되 如一淸淨으로 徧歷色
等이니 今不欲繁文이라 故各併一處니라 】

뒷부분은 바로 형상을 여읜 회향을 밝힌 것으로, 실제 법성에
향함을 말한다. 그러나 하나하나 형상을 따름이 모두 아래의 모든
구절에서 말한 바와 같이 형상을 여읨을 갖추고 있다. 경문의 설
명에는 전후의 차례가 있지만, 이를 행하는 것은 하나의 마음에 있
다. 【초_ "그러나 하나하나 형상을 따른다." 등은 또한 위로 향하는
하나의 중생과 같으니 '중생을 집착한 바 없는 법성에 안치하는 회
향' 등의 여러 구절을 말한다. 또한 대반야경에서 하나의 '형상을
여읜' 자리를 따라 80여 과목의 형상을 두루 거치되 하나의 청정으
로 색 등을 두루 거치는 것과 같다. 여기에서는 번잡한 문장을 원
하지 않은 까닭에 각각 한 곳으로 아우른 것이다.】

文分爲二니 先은 正明離相이오 後菩薩如是下는 總結成益이라

경문은 2부분으로 나뉜다.

(1) 바로 형상을 여읨에 대해 밝혔고,

(2) '菩薩如是' 이하는 이익의 성취를 모두 끝맺었다.

前中義雖總通이나 且取文便하야 畧分爲二라 先은 會前廻向衆生하야
明入實際오 後以如是等下는 會前廻向菩提하야 明入實際니라 然入
實際는 卽事理無礙故니 前段은 亦明不離蘊等이오 後段은 亦明離我
我所니라

(1) 앞부분에서 말한 뜻은 비록 총체로 통하지만, 또한 문장 서
술의 편의를 취하여 간단히 다시 2단락으로 나뉜다.

제1단락, 앞의 회향 중생을 회통하여 실제 법성에 들어감을 밝혔고,

제2단락, 뒤의 '以如是等' 이하는 앞의 회향 보리를 회통하여 실제 법성에 들어감을 밝혔다.

그러나 실제 법성에 들어감은 곧 사법계와 이법계에 걸림이 없기 때문이다. 앞 단락에서는 또한 오온 등을 여의지 않음을 밝혔고, 뒤 단락에서는 또한 '나와 나의 것[我我所]'을 여읨에 대해 밝혔다.

前中二니 先은 廣明離善根廻向之相이오 二解一切下는 雙結二相이라 前中에 有二十一廻向하니 分四라 初 十四句는 離所取相이오 次 二句는 離能取相이오 三 一句는 離能詮名言이오 四有四句는 顯如如理니 由離妄想하야 成正智故로 令前名相으로 皆卽如如니라【鈔_ 初十四句等者는 此中에 卽具五法이니 一相 二妄想 三名 四如如니 其正智는 含在離妄之中이라】

제1단락은 다시 2부분으로 나뉜다.

㈎ 선근을 여읜 회향의 모습을 자세히 밝혔고,

㈏ '解一切' 이하는 '일체 법이 없음을 아는 것과 가지가지 선근을 여읜' 2가지 모습을 모두 끝맺었다.

앞 단락 가운데, 21가지 회향은 4부분으로 나뉜다.

첫째, 14구(安置衆生於無所著法性廻向~不着虛妄法廻向)는 취할 대상의 모습을 여의었고,

둘째, 2구(不著衆生相… 顚倒廻向)는 취하는 주체의 모양을 여의었

으며,

셋째, 1구(不著語言道廻向)는 말로 표현할 수 있는 명제와 어구를 여의었고,

넷째, 4구(觀一切法眞實性廻向~觀諸法離貪欲廻向)는 如如理를 밝히고 있다. 망상을 여의어 바른 지혜를 성취한 까닭에 앞서 말한 명제와 형상을 모두 如如하게 함이다.【초_ '첫째, 14구' 등에는 5가지 법을 갖추고 있다.① 相, ② 妄想, ③ 名, ④ 如如이다. 正智는 망상을 여읜 가운데 포괄되어 있다.】

今은 初라

이는 첫째, 14구이다.

經

安置衆生於無所著法性廻向과 見衆生自性不動不轉廻向과 於廻向에 無所依無所取廻向과 不取善根相廻向과 不分別業報體性廻向과 不着五蘊相廻向과 不壞五蘊相廻向과 不取業廻向과 不求報廻向과 不染著因緣廻向과 不分別因緣所起廻向과 不着名稱廻向과 不着處所廻向과 不着虛妄法廻向과

중생을 집착한 바 없는 법성에 안치하려는 회향,

중생의 성품이 흔들리지 않고 변하지 않음을 보는 회향,

회향하는 데 의지함도 없고 취함도 없는 회향,

선근의 모양을 취하지 않는 회향,

업과 과보의 자체 성품을 분별하지 않는 회향,

오온의 모양에 집착하지 않는 회향,

오온의 모양을 무너뜨리지 않는 회향,

업을 취하지 않는 회향,

과보를 구하지 않는 회향,

인연에 물들지 않는 회향,

인연으로 일으킨 것을 분별하지 않는 회향,

명칭에 집착하지 않는 회향,

처소에 집착하지 않는 회향,

허망한 법에 집착하지 않는 회향,

● 疏 ●

初總餘別이니 總은 謂令所向衆生으로 契同所向實際라 故名安置오 實際는 卽法性이니 性自無著이니라【鈔_ 性自無著者는 揀非修成無著이니 修成文은 在安置之中이라】

　첫 구절(安置衆生於無所著法性廻向)은 총체이고, 나머지 구절(見衆生自性不動不轉廻向~不着虛妄法廻向)은 개별로 말하였다.

　총체의 뜻을 밝힌 첫 구절은 회향 대상의 중생으로 하여금 회향할 실제 법성에 하나가 되기 위한 까닭에 이를 '안치'라 말하였다. 실제는 곧 법성이다. 법성은 절로 집착이 없다.【초_ "법성은 절로 집착이 없다."는 것은 후천적인 수행으로 성취한 '집착이 없는 것'과는 다름을 밝힌 것이다. 수행으로 성취한 부분을 밝힌 경

문은 '안치'라는 두 글자 속에 있다.】

別中二니 前十은 入理오 後三은 離過라

今은 初라 初句는 遣所向衆生이니 了自性故不著하야 凝然不動하고 隨緣不變이라 二는 遣能廻悲願이니 不依於悲하고 不取願相이라 三은 遣所廻善根이오 四는 遣所獲果報오 五六 二句는 雙明起行之身과 及所向衆生之相이니 卽眞故不著이오 卽俗故不壞나라 七은 遣所成業行이오 八은 遣所得報相이니 上四는 遣體나라 九는 總顯諸事能成因緣이오 十은 總明前事從緣所起니라

明上廻向이 不出前十이니 由後二句故로 無性이오 無性故로 卽法性이니 故無所著이니라

개별의 뜻을 밝힌 나머지 구절은 다시 2가지 뜻이 있다.

앞의 10구절은 진리를 증득하여 들어감이며, 뒤의 3구절은 허물을 여읨이다.

이는 앞의 10구절을 말한다.

① (見衆生自性不動不轉廻向), 회향 대상의 중생을 모두 떨쳐버림이다. 자성을 깨달은 까닭에 집착하지 아니하여, 응집되어 흔들리지 않고 반연에 따라 변하지 않는다.

② (於廻向無所依無所取廻向), 회향 주체의 大悲 誓願을 모두 떨쳐버림이다. 대비에 의지하지 않고, 서원이라는 상에 집착하지 않는다.

③ (不取善根相廻向), 회향 대상의 중생 선근을 모두 떨쳐버림이다.

④ (不分別業報體性廻向), 얻어야 할 과보를 모두 떨쳐버림이다.

⑤, ⑥ 2구(不着五蘊相廻向 不壞五蘊相廻向)는 수행을 일으키는 몸과

회향 대상의 중생이라는 상을 모두 밝혔다. 眞諦와 하나가 된 까닭에 집착하지 않고, 俗諦와 하나가 된 까닭에 무너지지 않는다.

⑦ (不取業廻向), 성취 대상의 업과 행을 모두 떨쳐버림이다.

⑧ (不求報廻向), 얻어야 할 과보의 상을 모두 떨쳐버림이다.

위의 4가지는 체성을 모두 떨쳐버림이다.

⑨ (不染著因緣廻向), 모든 일을 성취할 수 있는 주체의 인연을 총체적으로 밝혔고,

⑩ (不分別因緣所起廻向), 이전의 일들이 반연에 따라 일어난 바임을 총체적으로 밝혔다.

위에서 말한 회향은 앞의 10가지에서 벗어나지 않음을 밝혔다. 뒤의 ⑨와 ⑩ 2구에 의해 자성이 없고, 자성이 없기 때문에 곧 법성이다. 따라서 집착된 바 없는 것이다.

後三은 離過니 一은 不著虛名이오 二는 不著報處오 三은 不著敬養等이니 名虛妄法이니라

뒤의 3구절은 허물을 여읨이다.

① (不着名稱廻向), 허망한 이름에 집착하지 않고,

② (不着處所廻向), 과보가 있는 곳에 집착하지 않으며,

③ (不着虛妄法廻向), 敬養 등에 집착하지 않는다.

공허한 이름, 과보가 있는 곳, 경양 등을 허망한 법이라 말한다.

二. 離能取相

둘째, 집착하는 주체의 모양을 여의다

經

不著衆生相 世界相 心意相廻向과 不起心顚倒想顚倒見顚倒廻向과

중생이라는 모양·세계라는 모양·마음이라는 모양에 집착하지 않는 회향,

마음의 전도·생각의 전도·소견의 전도를 일으키지 않는 회향,

● 疏 ●

能取相中에 初句는 對所說能이오 後句는 別無三倒니 謂於前諸事에 起心分別 常無常等을 名爲心倒오 於常等境에 取分齊相을 名爲想倒오 於相執實을 名爲見倒니 翻背正信에 立以倒名이니 翻上을 名爲 不起三倒니라 故大品 十七에 彌勒이 語須菩提言하사되 新發意菩薩이 隨喜諸佛 及佛弟子善根已하고 廻向菩提어늘 云何不墮想心見倒오 須菩提言하사되 於彼善根에 心不生想하야 用此心 廻向菩提하고 於此廻向心에 亦不生心想하야 如是廻向이면 則非想倒·心倒·見倒어니와 若取相廻向이면 爲想·心·見倒니라

光明覺品에 云若於一切智에 發生廻向心호되 見心無有生이면 當獲 大名稱이라하니 此亦無三倒也니라 若依大般若 第二會 隨喜廻向品 意인댄 則上諸事 皆盡滅離變이니 此中何者 是諸事耶아 若菩薩 知此一切와 乃至菩提 皆無所有오 而復能行隨喜廻向이면 則非想·心

· 見倒니 以無所得으로 爲方便故일세니라

집착하는 주체의 모양 가운데, 첫 구절은 경계의 대상을 상대로 주체를 말하였고, 뒤 구절은 개별로 3가지 전도가 없음을 말하였다.

앞의 여러 가지 일에 대해서 마음을 일으켜 떳떳함과 떳떳지 않음을 분별하는 등을 '마음의 전도'라 하고, 떳떳함과 떳떳지 않음 등의 경계에 대해 구분과 한계의 모양을 취함을 '생각의 전도'라 하고, 현상의 모양을 근본의 실제로 잘못 집착한 것을 '소견의 전도'라고 말한다. 바른 신심을 뒤집거나 저버리기에 '顚倒'라는 이름을 붙인 것이다. 따라서 위에서 말한 전도를 뒤집으면 '3가지 전도를 일으키지 않았다.'고 말한다.

이 때문에 대품경 제17에서 다음과 같이 말하였다.

미륵보살이 수보리존자에게 말하였다.

"신발의보살이 여러 부처님과 불제자의 선근을 따라 기뻐하고 보리에 회향하였는데, 어찌하여 생각의 전도·마음의 전도·소견의 전도에 떨어지지 않았는가?"

수보리존자가 말하였다.

"선근에 마음의 생각을 내지 아니하여 이런 마음으로 보리에 회향하였고, 이런 회향의 마음 또한 마음의 생각을 내지 아니하여 이와 같이 회향하면 생각의 전도·마음의 전도·소견의 전도가 아니지만, 만일 상을 취하여 회향하면 생각의 전도·마음의 전도·소견의 전도가 된다."

광명각품에서는 "만일 일체지에 회향의 마음을 내되 마음에 그런 생각을 낸다는 생각 자체가 없으면 마땅히 큰 명칭을 얻으리라."고 하였다. 이 또한 3가지 전도가 없는 것이다.

만일 대반야경 제2회 수희회향품의 뜻에 따른다면, 위에서 말한 여러 가지 일은 모두 사라져 변화를 여읜 것이다. 이런 가운데 그 무엇을 여러 가지 일이라 하겠는가? 만일 보살이 일체 내지 보리가 모두 있는 바가 없음을 알고, 다시 기쁜 마음을 따라 회향을 행하면 그것은 곧 생각의 전도·마음의 전도·소견의 전도가 아니다. 얻은 바 없는 것으로 방편을 삼은 때문이다.

三一句는 離能詮名言이라

셋째, 1구는 진리를 말하는 명제와 언어를 여의다

經

不著語言道廻向과

말하는 길에 집착하지 않는 회향,

四有四句는 顯如如라

넷째, 4구는 여여한 이치를 밝히다

觀一切法眞實性廻向과 觀一切衆生平等相廻向과 以法界印으로 印諸善根廻向과 觀諸法離貪欲廻向이니

 일체 법의 진실한 성품을 관조하는 회향,

 일체중생의 평등한 모양을 관조하는 회향,

 법계의 도장으로 여러 선근을 찍는 회향,

 모든 법에 탐욕을 여의었음을 관조하는 회향이다.

● 疏 ●

以前明妄空이니 一切皆空이오 此彰實有니 一切妙有며 又卽前之空이 是此之實이니 二義不二 爲眞法印이라 是卽妄取廻向은 菩薩不有어니와 眞實廻向은 菩薩不無라

文有四句니 初는 總顯實性이오 次는 別約衆生이오 三은 印諸事善이오 四는 心絶貪求니라【鈔_ 四有四句下는 先彰大意니 以諸宗 或說妄空眞有오 二는 眞空妄有오 三은 眞妄俱有오 四는 眞妄俱空이라 此具四意니 前明名相이오 妄想皆空은 卽妄空也오 此顯如如理有는 卽眞有也어늘 而疏云 一切皆空者는 則涅槃菩提亦空이니 計有爲妄情故오 又言 一切妙有者는 則衆生善根도 亦皆妙有니 萬法이 卽眞故니라 次云 又卽前之空 是此之實者는 上明前空此有어니와 今卽前之空이 是此之實이니 則空卽有라 則空非空이오 此有卽空이라 則有非有矣니라 由此則妄空眞有 卽是妄有眞空이니 何者오 謂虛妄之法 緣生無性을 名爲妄空이오 眞性湛然을 名爲眞有어니와 今卽上妄法緣生일세

141

故名妄有요 卽無性性을 名爲眞諦일새 故說眞空이니 此無性空이 體卽是實이라 故名眞有니라 是故로 言語則別이나 理無二致니라

'是則妄取廻向下는 結成本義니 此卽妄空眞有意라 然但除其病이오 而不除法이라 故前相歷然이나 而無取著耳라 】

앞에서는 허망한 空을 밝혔는 바, 일체가 모두 空하다. 그러나 여기에서는 實有를 밝힌 것으로 일체가 妙有이며, 또한 앞서 말한 空이 여기에서는 實有이다. 이런 2가지 뜻이 둘이 아닌 것이 진실한 法印이다. 이는 잘못 집착한 회향은 보살이 지니지 않지만, 진실한 회향은 보살에게 없는 것이 아니다.

이 경문은 4단락으로 나뉜다.

① 진실한 법성을 총체로 밝혔고,

② 중생을 개별로 말하였으며,

③ 모든 일의 선을 도장 찍었고,

④ 마음에 탐욕과 추구가 끊어짐이다. 【초_ '넷째, 4구' 이하는 먼저 대의를 밝혔다. 여러 종파에서 혹자는 妄空眞有를 말하였고, 둘째는 眞空妄有를 말하였으며, 셋째는 眞과 妄이 모두 있다고 말하였고, 넷째는 眞과 妄이 모두 空이라 말하였다. 여기에는 4가지 뜻을 모두 갖추고 있다. 앞에서는 名相을 밝혔다. 망상이 모두 空이라 함은 곧 妄空이며, 여기에서 "여여한 이치가 있다."고 밝힘은 곧 眞有이다. 그러나 청량소에서 '一切皆空'이라 말한 것은 열반과 보리 또한 空이다. 有爲의 妄情이 되기 때문이다. 또한 '一切妙有'라 말한 것은 중생 선근 또한 모두 妙有이다. 모든 법이 곧 진여이

기 때문이다.

다음으로 "또한 앞서 말한 空이 여기에서는 實有이다."고 말한 것은 위에서 '앞에서는 空으로, 여기에서는 有'를 밝혔지만, 이 경문에서는 앞서 말한 空이 여기에서는 實有이다. 따라서 앞서 말한 空이란 곧 空이 空이 아니며, 여기에서 말한 實有는 곧 空으로, 有라 하지만 사실 有가 아니다.

이러한 논리를 따르면, 妄空 眞有가 곧 妄有 眞空이다.

무엇 때문인가? 허망한 법이 반연에 따라 생겨나 자성이 없기에 그 이름을 妄空이라 하고, 眞性이 湛然한 것을 眞有라 말하지만, 여기에서는 곧 위에서 말한 허망한 법이 반연으로 생겨난 것이기에 妄有라 말하고, 자성 자체가 없는 자성이 眞諦이기 때문에 眞空이라고 말한다. 이처럼 자성이 없는 공이 본체가 곧 실제 법싱이기에 眞有라 말한다. 이런 이유로 언어로 표현하면 개별로 각기 다르지만, 이치로 보면 2가지 뜻이 없다.

"잘못 집착한 회향은 보살이 지니지 않지만" 이하는 본의를 끝맺음이다. 이는 곧 妄空眞有의 뜻이다. 그러나 그 병폐만을 없애는 것이지, 법까지 버리는 것은 아니다. 따라서 앞서 말한 모양이 뚜렷하나 집착이 없다.】

第二 雙結

(나) 2가지 모두 끝맺다

解一切法無하야 種植善根도 亦如是하며 觀諸法無二하야
無生無滅廻向도 亦如是니라

 일체 법이 없음을 알기에 선근을 심은 일도 이와 같고,
 모든 법이 둘이 없음을 관조하기에 나지도 않고 사라지지도 않는 회향 또한 이와 같다.

◉ 疏 ◉

雙結者는 一句는 結所廻善根이니 善根은 可以獨修일세 但云種植이오 一句는 結廻向行이니 廻向은 必有能所일세 故觀無二니 如此면 則德本不生이오 惑本不滅이며 又惑累는 寂然不生이오 眞德은 湛然不滅이라 【鈔_ 如此則德本不生'者는 此是眞有 本有라 湛然不生이오 妄惑本空이라 空無可滅이라 '又惑累寂然不生'은 翻上惑不滅爲不生이어니와 眞德湛然不滅은 翻上眞不生爲不滅이니 前惑 空無可滅이어니와 今空則寂然이라 故不生이오 前以眞無初故로 不生이어니와 今以眞無後故로 不滅이라 】

 '2가지 모두 끝맺다.'에서 첫 구절은 회향 대상의 선근에 대해 끝맺은 것이다. 선근은 자신이 홀로 닦을 수 있기 때문에 '심는다[種植]'고 말했을 뿐이다.

 둘째 구절은 회향의 行을 끝맺은 것이다. 회향에는 반드시 주체와 대상이 있기 때문에 둘이 없음을 관조한 것이다. 이와 같이 하면 공덕은 본래 생겨날 것도 없고, 미혹은 본래 사라질 것도 없

으며, 또한 미혹의 누는 고요하여 생겨나지 않고, 眞德은 담담하여 사라지지 않는다.【초_ "이와 같이 하면 공덕은 본래 생겨날 것도 없다."는 것은 眞有가 본래 있는 터라, 담담하여 다시 생겨날 자체가 없고, 허망한 미혹이 본래 空한 터라, 공은 사라짐 그 자체가 없다.

"또한 미혹의 누는 고요하여 생겨나지 않는다."는 것은 위에서 말한 "허망한 미혹이란 사라질 그 자체가 없다."는 말을 번복하여 '생겨나지 않는다.'고 말하였고, "眞德은 담담하여 사라지지 않는다."는 것은 위에서 말한 "진여는 본래 생겨나지 않는다."는 말을 번복하여 '사라지지 않는다.'고 말하였다. 앞에서 말한 '미혹'이란 공하여 사라짐 그 자체가 없다고 말했지만, 여기에서는 공하면 고요[寂然]하기에 생겨나지 않는다고 하였다. 앞에서는 진여는 시작의 처음이 없기 때문에 생겨나지 않는다고 했지만, 여기에서는 진여는 맨 끝의 뒤가 없기 때문에 사라지지 않는다고 말하였다.】

第二. 會前廻向菩提入實際者는 又前明隨相이오 次辨離相이어니와 欲顯此二同時라 故雙非卽離니라
文中三이니 初는 結前生後오 二非卽下는 法喻釋成이오 三離我下는 結成廻向이니 今은 初라

제2단락. 앞의 "회향 보리를 회통하여 실제 법성에 들어간다."는 것은 또 앞에서는 상을 따름을 밝히고, 다음에는 상을 여읨을 논변했지만, 여기에서는 2가지를 동시에 밝히고자 하기에 2가지로

145

하나가 되는 것도, 여읜 것도 아니다.

이 경문은 3단락으로 나뉜다.

① 앞의 문장을 끝맺고 뒤의 문장을 일으킴이며,

② '非卽業' 이하는 법의 비유에 대한 해석을 끝맺음이며,

③ '離我我所' 이하는 회향을 끝맺음이다.

이는 첫 부분이다.

經

以如是等善根廻向으로 **修行淸淨對治之法**하고 **所有善根**으로 **皆悉隨順出世間法**하야 **不作二相**하나니

이와 같은 선근 회향으로 청정하게 다스리는 법을 닦아 행하고, 소유한 선근으로 모두 출세간의 법을 따라 둘이란 모양을 짓지 않는다.

● **疏** ●

由前離相하야 所行淸淨이라 故順出世無上菩提어늘 而言二者는 善根·廻向과 世與出世와 若有·若無와 若卽若離 皆名爲二어늘 今竝無之니라

앞서 말한 모양을 여읨으로 말미암아 행하는 바가 청정하기에 출세간의 위없는 보리를 따른다.

그러나 '둘'이라고 말한 것은 선근과 회향, 그리고 세간과 출세간, 또한 有와 無, 그리고 하나가 되는 것과 서로 떠나는 것을 모두

'둘'이라고 말한다. 하지만 여기에서는 모두 '둘'이 없다.

二 釋成
② 해석을 끝맺다

經

非卽業코 修習一切智며 非離業코 廻向一切智라 一切智가 非卽是業이나 然不離業코 得一切智니 以業如光影淸淨故로 報亦如光影淸淨하며 報如光影淸淨故로 一切智智도 亦如光影淸淨하야

업에 나아가 일체 지혜를 닦는 게 아니고, 업을 여의고 일체 지혜에 회향하는 것도 아니다. 일체 지혜가 업이 아니지만, 업을 떠나 일체 지혜를 얻는 것도 아니다. 업이란 빛처럼 청정하기에, 과보 또한 빛처럼 청정하고, 과보가 빛처럼 청정하기에 일체 지혜의 지혜 또한 빛처럼 청정하여,

◉ 疏 ◉

釋成中에 先法 後喻라 法中二對니 初는 以所廻善根으로 對能廻하고 行願으로 辨非卽離하야 明因中無二니 初句는 業非廻向이니 能所別故오 次句는 不離니 離業無可廻故니 亦同淨名에 布施로 廻向一切智는 爲二어니와 布施性이 卽是廻向一切智性故로 不離니 斯爲不二오 非

卽故無不二也니라

後對는 因果相望이니 初句는 果不卽因이오 後句는 離因無果라 文影 畧耳니 理應因果에 各有非卽離義니라【鈔_ 文影畧者는 亦合云業 非一切智나 然不離一切智而別有業이라 故云理應因果에 各有非 卽非離之義라하니라】

해석을 끝맺은 가운데, 앞은 법이며, 뒤는 비유이다.

법 부분에서는 2가지를 상대로 말하였다.

제1의 상대는 회향 대상의 선근으로 회향 주체의 수행과 서원을 상대로 하여 하나도 아니고 서로 떠남도 아님을 논변하여 원인 가운데 둘이 없음을 밝혔다.

첫 구절은 업이 회향이 아니다. 주체와 대상의 구별이 있기 때문이다.

둘째 구절은 서로 여의지 않음이다. 업을 여의고선 회향할 게 없기 때문이다. 또한 유마경에서 보시로 일체 지혜에 회향함은 둘이라는 존재가 있는 것이지만, 보시의 체성이 곧 일체 지혜의 체성에 회향하기 때문에 서로 여읜 것이 아니다. 이는 둘이 아니고 서로 하나도 아니기에 둘이 아니라는 자체도 없다.

제2의 상대는 인과를 서로 대조함이다. 첫 구절은 결과가 원인과 하나가 되지 않음이며, 뒤 구절은 원인을 여의고 결과가 없음이다. 문장은 한 부분을 생략하였다. 문맥을 구체적으로 말하면, 인과에는 각각 하나도 아니고 서로 여읜 것도 아니라는 뜻이 있다.

【초_ "문장은 한 부분을 생략하였다."는 것 또한 마땅히 다음과 같

이 구체적으로 말했어야 한다.

"업이란 일체 지혜가 아니지만, 일체 지혜를 여의고 별도로 업이 있지 않다. 이 때문에 문맥으로 보면 당연히 인과에 각각 하나도 아니고 서로 여읜 것도 아니라는 뜻이 있다."】

後喻中에 乘光發影과 及水月之影은 皆緣生無性하야 非卽非離라 故云淸淨이라

初二句는 以因對報니 報通十地故오 後二句는 以報對果니라

뒤의 비유 가운데, 빛에 의해 그림자가 생기는 것과 물과 달의 그림자는 모두 반연으로 생겨나 자성이 없기에, 하나도 아니고 서로 여읜 것도 아니다. 이 때문에 '청정'한 것이다.

첫 2구는 원인으로 과보를 상대로 말하였다. 과보가 十地에 통한 때문이다.

뒤의 2구는 업보로 결과를 상대로 말하였다.

三은 結成廻向이라

③ 회향을 끝맺다

經

離我我所의 一切動亂思惟分別이라 如是了知하야 **以諸善根方便廻向**하나니

나와 나의 것이라는 일체 흔들림과 분별을 여의었다. 이처럼

알고서 선근의 방편으로 회향하는 것이다.

● 疏 ●

結成廻向者는 能廻之我와 所廻之所 若隨若離를 並稱動亂이니 今照而常寂이라 故離斯分別코 而不壞相일세 故名方便이라

회향을 끝맺는다는 것은, 회향의 주체인 '나'와 회향의 대상인 '나의 것'에 따르거나 여의는 것을 모두 '흔들림[動亂]'이라 말한다. 여기에서는 관조하면서도 언제나 고요한 까닭에 분별의 마음을 여의면서도 현상의 모양을 무너뜨리지 않기에 '방편'이라고 말한다.

第二는 總結成益이라
　(2) 이익의 성취를 모두 끝맺다

經

菩薩이 如是廻向之時에 度脫衆生하야 常無休息호대 不住法相하며 雖知諸法이 無業無報나 善能出生一切業報하야 而無違諍하야 如是方便으로 善修廻向이니라 菩薩摩訶薩이 如是廻向時에 離一切過일세 諸佛所讚이시니
佛子여 是爲菩薩摩訶薩의 第一救護一切衆生호대 離衆生相廻向이니라

　보살이 이처럼 회향할 때에 중생을 제도하여 언제나 쉴 적이

150

없고, 법이라는 모양에 집착하지 않으며, 비록 모든 법이 업도 없고 과보도 없는 줄을 알지만, 모든 업과 과보를 잘 내어 어기거나 다툼이 없다. 이와 같은 방편으로 회향을 잘 닦아나가는 것이다.

보살마하살이 이처럼 회향할 때에 모든 허물을 여의어 모든 부처님이 찬탄하는 바이다.

불자여, 이는 보살마하살이 일체중생을 구제하고 보호하되 중생이라는 상을 여의는 첫째 회향이다."

◉ 疏 ◉

成益者는 由隨離不二라 故成無礙離過之益이니 及第三結名은 文竝可知니라

'이익의 성취'란 따르거나 어김이 둘이 아니기 때문에 걸림 없이 허물을 여의는 이익을 성취한 것이다.

3. 회향의 명제를 끝맺음은 말하지 않아도 알 수 있다.

第二 重頌分에 文二니 先叙儀意라

뒤의 거듭 게송을 읊은 부분의 경문은 2단락으로 나뉜다.
앞에서는 게송 의식에 관한 의의를 서술하였다.

經

爾時에 金剛幢菩薩이 觀察十方一切衆會하야 曁於法界하

사 入深句義하야 以無量心으로 修習勝行하며 大悲普覆一切衆生하사 不斷三世諸如來種하며 入一切佛功德法藏하사 出生一切諸佛法身하며 善能分別諸衆生心하사 知其所種善根成熟하며 住於法身하사 而爲示現淸淨色身하고 承佛神力하사 卽說頌言하사대

그때 금강당보살이 시방의 온갖 대중을 관찰하여 법계에 이르고, 구절의 심오한 뜻이 들어가 한량없는 마음으로 훌륭한 행을 닦았고,

대비의 마음으로 일체중생을 두루 덮어 삼세의 모든 여래의 종성이 끊어지지 않도록 하였으며,

모든 여래의 공덕 법장에 들어가 일체 부처님의 법신을 내어주었고,

모든 중생의 마음을 잘 분별하여 그들이 심어놓은 선근이 성숙함을 알았으며,

법신에 머무르면서 청정한 육신을 나타내어 보여주었고,

부처님이 지닌 헤아릴 수 없는 영묘하고도 불가사의한 힘을 받들어 게송으로 말하였다.

● 疏 ●

於中에 初後二句는 說儀오 '入深句義'者는 說依오 '以無量'下도 亦是說依니 依此說故며 亦說所爲니 爲此說故니라

게송 부분에서 첫 구절과 끝 구절은 게송을 설하는 의식을 말

하였다.

"구절의 심오한 뜻이 들어간다."는 것은 의지처를 설명하였고, '以無量' 이하 또한 의지처를 설명하였다. 이에 따라 설명한 때문이며, 또한 행해야 할 바를 말하였다. 이를 위해 말한 때문이다.

―

後는 正陳偈詞니라
아래는 바로 게송을 읊고 있다.

經
不思議劫修行道하야   精進堅固心無碍라
爲欲饒益群生類하야   常求諸佛功德法이로다

　불가사의 세월, 도를 닦아
　정진하는 굳은 마음 걸림 없다
　중생에게 이익 주기 위해
　항상 부처님의 공덕을 구하였다

調御世間無等人이   修治其意甚明潔하야
發心普救諸含識하니   彼能善入廻向藏이로다

　세간을 다스리는, 대등함이 없는 분이
　그 마음 잘 닦아 매우 밝고 깨끗하여
　많은 중생 널리 건지려는 마음 내니

그 사람은 회향 법장에 잘 들어갔어라

勇猛精進力具足하고　　　**智慧聰達意淸淨**하야
普救一切諸群生호대　　　**其心堪忍不傾動**이로다

    용맹정진으로 힘이 넉넉하고
    지혜총명으로 생각이 청정하여
    일체 모든 중생 널리 구제하되
    그 마음 참을성 있어 흔들리지 않는다

心善安住無與等하고　　　**意常淸淨大歡悅**하야
如是爲物勤修行하니　　　**譬如大地普容受**로다

    마음 잘 안주하여 그 같을 이 없고
    뜻 항상 청정하여 큰 기쁨으로
    이처럼 중생 위해 정진 수행하니
    모든 것 받아주는 대지와 같다

不爲自身求快樂하고　　　**但欲救護諸衆生**하야
如是發起大悲心하야　　　**疾得入於無碍地**로다

    자신의 쾌락 구하지 않고
    오직 중생 구제하고자
    이처럼 대비 마음 일으켜
    걸림 없는 지위에 빨리 드셨다

十方一切諸世界에　　　　所有衆生皆攝受하나니
爲救彼故善住心하야　　　如是修學諸廻向이로다

　　시방 일체 모든 세계
　　일체중생 모두 거둬주니
　　그들 구제코자 잘 안주한 마음으로
　　이와 같이 모든 회향 닦아 배웠다

◉ 疏 ◉

二十八偈는 分二니 前八偈半은 頌所廻善根이니 前六은 四等이니 一
慈 二悲오 一偈半은 喜오 一偈半은 捨니 如地無心故오 一偈는 結其普
徧이라

　　28수 게송은 2단락으로 나눈다.

　　앞의 8수 반의 게송은 회향 대상의 선근을 읊었다. 그 가운데 앞의 6수 게송은 다시 4단락으로 나뉜다.

　　첫 게송은 慈를, 2수 게송은 悲를, 1수 반의 게송은 喜에 대해 읊었고, 1수 반의 게송은 捨에 대해 읊었는데, 大地[譬如大地]의 무심과 같기 때문이며, 나머지 1수 게송은 널리 받아들임을 끝맺었다.

修行布施大欣悅하고　　　護持淨戒無所犯하며
勇猛精進心不動하야　　　廻向如來一切智로다

　　보시 수행으로 크게 기뻐하고

155

계율 잘 지녀 범하지 않고

용맹정진으로 마음 흔들림 없어

여래의 일체 지혜 회향하여라

其心廣大無邊際하야　　**忍力安住不傾動**하며
禪定甚深恒照了하고　　**智慧微妙難思議**로다

그 마음 끝없이 크고 넓어

인욕의 힘으로 안주하여 동하지 않고

깊고 깊은 선정으로 항상 관조하고

지혜 미묘하여 불가사의하다

十方一切世界中에　　**具足修治淸淨行**하고

시방 일체 세계에

청정한 행 닦아 구족하고

● 疏 ●

後二偈半은 明六度라

뒤의 2수 반의 게송은 6바라밀을 밝혔다.

經

如是功德皆廻向하야　　**爲欲安樂諸含識**이로다

이와 같은 공덕 모두 회향하여

모든 중생 안락을 위하셨다

大士勤修諸善業이　　　無量無邊不可數라
如是悉以益衆生하야　　令住難思無上智로다

　　보살이 모든 선업 닦아
　　한량없고 그지없어 셀 수 없어라
　　이처럼 모든 중생 이익 주어
　　불가사의 위없는 지혜에 머물게 하였다

◉ 疏 ◉

後如是下 十九偈半은 頌廻向行이라
分二니 前七偈半은 頌遺相이니 初一偈半은 頌利樂廻向이라

　　뒤의 '如是功德' 이하 19수 반의 게송은 회향의 행을 읊었다.
　　19수 반의 게송은 다시 2부분으로 나뉜다.
　　앞의 7수 반의 게송은 상을 따른 데 대해 읊었다.
　　이의 첫 1수 반의 게송은 중생에게 이익과 즐거움을 주는 회향을 읊었다.

經

普爲一切衆生故로　　　不思議劫處地獄호대
如是曾無厭退心하야　　勇猛決定常廻向이로다

　　일체중생 널리 구제하고자

불가사의 겁, 지옥에 머물면서도
이처럼 일찍이 싫어하는 생각 없어
용맹스러운 결정으로 언제나 회향하였다

不求色聲香與味하며　　亦不希求諸妙觸하고
但爲救度諸群生하야　　常求無上最勝智로다

 빛, 소리, 향기, 맛 구하지 않고
 부드러운 촉각도 바라지 않고
 단 일체중생 구제하고자
 위없는 좋은 지혜 항상 구하였다

智慧淸淨如虛空하야　　修習無邊大士行호대
如佛所行諸行法을　　　彼人如是常修學이로다

 청정한 지혜, 허공 같아
 끝없는 보살행 닦아 익히되
 부처님 행하셨던 모든 행을
 그는 그처럼 항상 배웠다

大士遊行諸世界하야　　悉能安穩諸群生하며
普使一切皆歡喜하야　　修菩薩行無厭足이로다

 보살이 모든 세계 두루 다니며
 모든 중생 모조리 편안케 하고

일체중생으로 하여금 모두 환희하여
보살행 닦는 일 싫어함이 없도록 하였다

除滅一切諸心毒하고　　　**思惟修習最上智**하야
不爲自己求安樂이오　　　**但願衆生得離苦**로다

　모든 독한 마음 없애고
　가장 높은 지혜 항상 닦아
　내 한 몸의 안락 구하지 않고
　오직 중생의 고통을 벗겨주었다

此人廻向得究竟하야　　　**心常淸淨離衆毒**하니
三世如來所付囑으로　　　**住於無上大法城**이로다

　이 사람의 회향, 구경을 얻어
　마음 항상 청정하여 삼독 여의니
　삼세제불 부촉으로
　위없는 큰 법성에 머물렀다

● 疏 ●

後六은 頌代苦廻向이니 餘畧不頌이라【鈔_ 餘畧不頌은 卽不頌受惱廻拔二救護也라】

　뒤의 6수 게송은 중생의 고통을 대신한 회향을 읊었다. 나머지 게송은 생략하여 읊지 않는다.【초_"나머지 게송은 생략하여 읊지

않는다."는 것은 '고통을 대신 받은 救護'와 '廻拔救護'에 관해 읊지 않음을 말한다.】

經

未曾染著於諸色하며　　受想行識亦如是하야
其心永出於三有하고　　所有功德盡廻向이로다

　　모든 빛과 소리 등에 조금도 물들지 않고
　　수상행식도 그와 같아
　　그 마음 영원히 삼계를 벗어나
　　소유한 공덕 모두 회향하였다

佛所知見諸衆生을　　盡皆攝取無有餘하야
誓願皆令得解脫하고　　爲彼修行大歡喜로다

　　부처님이 아시고 마주 보는 일체중생을
　　모두 남김없이 받아들이고
　　서원 세워 중생 해탈 얻게 하고자
　　그들 위해 수행하며 크게 기뻐하였다

其心念念恒安住하야　　智慧廣大無與等하고
離癡正念常寂然하니　　一切諸業皆淸淨이로다

　　그 마음 생각마다 항상 안주하여
　　광대한 지혜 짝할 이 없고

어리석음 여읜 바른 생각 항상 고요하니

일체 모든 업이 모두 청정하여라

彼諸菩薩處於世호대   **不着內外一切法**하니
如風無碍行於空하야   **大士用心亦復然**이로다

저 모든 보살이 세간에 머물면서

안팎의 일체 법에 집착이 없고

바람이 허공에 걸림 없이 불 듯

보살의 마음 또한 그와 같다

所有身業皆淸淨하며   **一切語言無過失**하고
心常歸向於如來하야   **能令諸佛悉歡喜**로다

몸으로 짓는 업 모두 청정하며

일체 말씀 허물이 없고

마음은 언제나 여래께 향하여

모든 부처님 모두 기뻐하신다

● 疏 ●

未曾下 十二偈는 頌前離相이라 於中二니 前五는 頌正明離相이라

'未曾染著' 이하 12수 게송은 앞서 말한 相을 여읜 부분을 읊었다.

12수 게송은 2단락으로 나뉜다.

앞의 5수 게송은 바로 相을 여읜 부분을 밝혀 읊었다.

經

十方無量諸國土의　　　所有佛處皆往詣하야
於中睹見大悲尊하고　　靡不恭敬而瞻奉이로다

시방 한량없이 수많은 국토
부처님 계신 도량 모두 찾아가
그곳에서 대비 세존 만나뵙고
공경하고 우러러 섬겨왔다

心常淸淨離諸失하고　　普入世間無所畏하야
已住如來無上道하고　　復爲三有大法池로다

마음 항상 청정하여 모든 과실 여의었고
널리 세간에 들어가되 두려운 바 없어
위없는 여래의 도에 머물렀고
다시 삼계의 크나큰 법의 연못 되었어라

精勤觀察一切法하며　　隨順思惟有非有하고
如是趣於眞實理하야　　得入甚深無諍處로다

일체 법 부지런히 살펴보고
있는 것과 있지 않은 것 따라 생각하면서
이와 같이 진실한 이치에 나아가

다툼 없는 깊은 곳에 들어갔다

以此修成堅固道하니 **一切衆生莫能壞**라
善能了達諸法性하야 **普於三世無所着**이로다
　이처럼 굳건한 도 닦아 성취하니
　어느 중생도 그를 깨뜨릴 수 없다
　모든 법성 잘도 통달하여
　널리 삼세에 집착한 바 없다

如是廻向到彼岸하야 **普使群生離衆垢**하고
永離一切諸所依하야 **得入究竟無依處**로다
　이처럼 회향하여 피안에 이르러
　널리 중생으로 하여금 모든 때를 버리게 하고
　일체 모든 의지 길이 여의고
　의지할 곳 없는 자리에 들게 하였다

一切衆生語言道가 **隨其種類各差別**이어든
菩薩悉能分別說호대 **而心無著無所碍**로다
　일체중생이 서로 말하는 법이
　그들 부류 따라 각각 다르지만
　보살은 모두 분별하여 말씀하시되
　마음에 집착 없고 걸림도 없다

163

菩薩如是修廻向하니　　功德方便不可說이라
能令十方世界中에　　一切諸佛皆稱歎이로다

　보살이 이와 같이 회향을 닦으니
　공덕과 방편을 말할 수 없다
　시방의 모든 세계
　일체 모든 부처님이 칭찬하게 만들었다

◉ 疏 ◉

後十方下 七偈는 頌前成益이니 文竝可知니라

　뒤의 '十方無量' 이하 7수 게송은 앞서 말한 이익 성취를 읊었다. 이는 설명하지 않아도 알 수 있다.

◉ 論 ◉

已下頌中에 有五十六行頌은 頌此救護衆生호대 離衆生相廻向이니 此一段中엔 明菩薩所行之行이 均調得所라 兩行一頌이 如文自具니 得意以行行之어다

　아래의 게송 가운데, 56항의 28수 게송은 중생을 구제하고 보호하되 중생이라는 상을 여읜 회향을 읊었다.
　이 단락에서는 보살이 행해야 할 바의 행을 고루 균평하게 제자리 얻음에 대해 밝혔다. 두 줄의 한 게송이 경문에서 보는 바와 같이 그 나름 잘 갖춰져 있다. 그 가운데 말한 뜻을 얻어 몸소 행동으로 이를 실행해야 한다.

第二隨文解釋者는 何故로 名爲救護一切衆生호대 離衆生相廻向고 釋此名目이 有二義하니 一은 明隨位修行次第之法이오 二는 明本位名號라

제2. 경문을 따라 해석함에 있어, 무엇 때문에 그 이름을 '일체중생을 구제하고 보호하되 중생이라는 상을 여읜 회향'이라 하는가? 이에 관한 명목을 해석하는 데는 2가지 뜻이 있다.

(1) 지위에 따라 수행하는 차례의 법을 밝혔고,

(2) 본위의 명호를 밝혔다.

一은 明隨位修行次第之法者는 如十住中엔 於初發心住에 求一切智하야 此菩薩所緣十種難得法으로 而發於心이니 所謂處非處等十種如來智力으로 而發於心하야 生佛家爲佛眞子하고 如十行之中엔 行歡喜行에 爲大施主하야 凡所有物을 悉能惠施호대 無有悔吝하야 行菩薩行으로 以爲所緣이어니와 如此十廻向中엔 初廻向이 名救護衆生호대 離衆生相者는 卽以六波羅蜜四無量心으로 以爲所緣이니 明卽以十住十行에 所得大智法身의 無著淨行으로 起廣大願行하야 處於生死하야 以六波羅蜜로 以爲行首하고 慈悲喜捨로 以爲處生死利物之緣일세 是故로 卽名爲救護衆生호대 離衆生相廻向이라 卽以慈悲喜捨로 爲救護하고 以六波羅蜜出世間法으로 爲離衆生相故니 爲六度行門이 是出世行故라 是故로 如是安立次第 總在十住初發心位하야 一時總具언마는 只爲紙素竹帛의 名言次第일세 遂生分段이오 非是法有前後義故니 如十住位中善財童子表法之中에 海門國觀大海에 具有阿修羅等十王供養等이 是廻向義라 然이나 敎門次第升進

을 不可不存이니 若不如斯면 使後學之流로 行沈淪而不進이니라

'(1) 지위에 따라 수행하는 차례의 법을 밝혔다.'는 것은, 예컨대 十住에서는 初發心住 지위에서 일체 지혜를 구하여 보살의 반연 대상인 얻기 어려운 10가지 법으로 마음을 일으키는 것이다. 이른바 處非處 등 10가지 여래의 지혜 힘으로 마음을 일으켜 부처님 집안에 태어나 부처님의 참다운 아들이 됨을 말한다. 예컨대 十行에서는 歡喜行을 행할 때에 큰 시주가 되어 모든 소유물을 모조리 베풀어주되 후회하거나 인색한 마음이 없어 보살행을 행하는 것으로 반연의 대상을 삼는다. 하지만, 이와 같이 십회향에서는 제1 회향에서 중생을 구제하고 보호하되 중생이라는 상을 여의었다고 이름 붙인 것은 6바라밀과 四無量心으로 인하여 반연의 대상을 삼았기 때문이다.

이는 십주와 십행에서 얻은 바 大智 법신의 집착 없는 청정행으로 광대한 서원의 행을 일으켜 생사에 처해서도 6바라밀로 行의 첫머리를 삼고, 慈悲喜捨로 생사에 처해서도 중생에게 이익을 베푸는 반연을 삼는다. 이 때문에 그 이름을 '중생을 구제하고 보호하되 중생이라는 상을 여읜 회향'이라 함을 밝힌 것이다. 이는 자비희사로 중생 구제와 보호를 삼고, 6바라밀의 출세간법으로 중생이라는 상을 여읨을 삼기 때문이다. 6바라밀의 수행 법문이 출세간의 행이 되기 때문이다.

이 때문에 이와 같은 차례를 세운 것이 모두 十住의 초발심주 지위에서 일시에 모두 갖춰져 있다. 그러나 다만 경문에서의 명제

와 언어상의 차례가 있기에 마침내 이러한 구분과 단락이 생겨난 것이지, 법에 전후의 뜻이 있다는 것은 아니기 때문이다.

십주 지위 부분에서 선재동자가 해당 법의 지위를 밝힌 가운데, 海門國에서 큰 바다를 살펴볼 때에 구체적으로 아수라 등 十王에게 올린 공양 등이 회향의 의의이다. 그러나 가르침의 법문에 차례로 올라가는 단계를 마련하지 않을 수 없다. 만일 이와 같이 차례를 말해주지 않으면 후학으로 하여금 행하는 일들이 침체되어 앞으로 나아가게 할 수 없기 때문이다.

二는 明本位之名者는 又以大智法身으로 以爲離體하고 十波羅蜜四無量心으로 以爲處生死救護衆生所緣일세 是故로 名救護衆生호대 離衆生相廻向이니 以智體 無依하며 所救護者 無性하며 衆生이 無相하야 止爲救護호대 而無作者故며 衆生이 自眞하야 無出沒故로 名救護衆生호대 離衆生相廻向이라 成此初廻向法門에 具足五緣이니 一은 具自了法身本自淸淨解脫緣이오 二는 得大智慧解脫緣이오 三은 具大願力으로 奉事諸佛하야 利衆生緣이오 四는 十波羅蜜具足勝行緣이오 五는 慈悲喜捨一切衆生緣이니 具此五法하야사 方能成就此初廻向이라 此之一段은 以檀波羅蜜로 爲主오 九波羅蜜로 爲伴이라 善財 以鬻香長者號靑蓮華로 表所行行之人은 以名下義로 思之하면 可解니 於中所行法則은 鬻香長者는 賣香人也라 能辨諸香하야 和合諸香하야 賣鬻與人일세 用表此位之行이니 前已釋竟하다
第一廻向 竟하다

'(2) 본위의 명호를 밝혔다.'는 것 또한 대지 법신으로 상을 여읜

167

본체를 삼고, 십바라밀과 사무량심으로 생사에 처해서도 중생을 구제하고 보호하는 것으로 반연의 대상을 삼는다. 이 때문에 그 이름을 '중생을 구제하고 보호하되 중생이라는 상을 여읜 회향'이라고 말한다. 지혜의 본체가 의지가 없고, 중생을 구제하고 보호하는 바가 자성이 없으며, 중생이라는 상이 없어 바로 구제하고 보호하되 이를 하는 사람이 없다고 생각한 때문이며, 중생도 스스로 진실하여 나고 죽음이 없기 때문에 그 이름을 '중생을 구제하고 보호하되 중생이라는 상을 여읜 회향'이라고 말한다.

이처럼 제1 회향 법문을 성취하는 데 5가지 반연을 갖춰야 한다.

(1) 스스로 법신이 본래 스스로 청정함을 아는 해탈의 반연을 갖췄고,

(2) 대지혜 해탈의 반연을 얻었으며,

(3) 대원력으로 모든 부처님을 받들어 중생에게 이익을 베푸는 반연을 갖췄고,

(4) 십바라밀이 구족한 훌륭한 행의 반연을 얻었으며,

(5) 자비희사로 일체중생과 반연을 얻었다.

이러한 5가지 법을 갖춰야 비로소 제1 회향을 성취할 수 있다.

이 단락은 단바라밀로 주를 삼고, 나머지 9가지 바라밀로 도반을 삼는다. 선재동자가 청련화라는 법호를 얻은 鬻香長者로 바라밀행을 실행한 인물로 밝힌 것은 그 법호에 담긴 뜻으로 생각하면 이를 알 수 있다. 이 지위에서 행해야 할 법칙은, 육향장자란 향을 파는 사람이다. 그는 모든 향을 분별하여 모든 향을 화합, 조제하

여 팔아 사람들에게 건네주기에, 이 지위에 해당되는 행으로 이를 밝혔다. 앞에서 이미 모두 해석하였다.

제1 회향을 끝마치다.

십회향품 제25-1 十廻向品 第二十五之一

화엄경소론찬요 제47권 華嚴經疏論纂要 卷第四十七

화엄경소론찬요 제48권
華嚴經疏論纂要 卷第四十八

●

십회향품 제25-2
十廻向品 第二十五之二

一

第二 不壞廻向

長行中二니 先은 位行이오 後는 位果라

位行中三이니 謂標·釋·結이라

今初는 標名徵起니라

> 제2. 깨뜨릴 수 없는 회향
>
> 장항은 2부분으로 나뉜다.
>
> [1] 해당 지위의 行이며,
>
> [2] 해당 지위의 果이다.
>
> 앞의 해당 지위 行은 다시 3부분으로 나뉜다.
>
> 1. 표제, 2. 해석, 3. 끝맺음이다.
>
> 이는 1. 명칭의 표제를 물음으로 일으킨 것이다.

經

佛子여 云何爲菩薩摩訶薩의 不壞廻向고

"불자여, 무엇을 보살마하살의 '깨뜨릴 수 없는 회향'이라 하는가?

◉ 疏 ◉

謂於諦寶等 十種勝境에 深信堅固得不壞名이라 然十表無盡이오 信通事理니 故本業에 云觀一切法이 但有用이오 但有名하야 念念不住라 故名不壞라하니 是知善根廻向이 皆通事事無礙라야 方眞不壞耳니

라【鈔_ 故本業云下는 證通事理니 但有名은 用事也오 念念不住故名不壞者는 單取不住면 卽是刹那無常이니 合是壞義오 以無所住故名不住니 則是理不壞義耳라 準下供具等컨대 皆通事事無礙니라】

諦寶 등 10가지 수승한 경계에 깊은 믿음이 견고하기 때문에 '깨뜨릴 수 없는 회향'이라는 이름을 붙인 것이다. 그러나 '10'이란 그지없음을 나타내고, 信이란 事理에 모두 통한다. 따라서 본업경에 이르기를 "일체 법이 작용만 있고 이름만 있어 한 생각 한 생각의 찰나에 머물지 않음을 관조한 까닭에 그 이름을 '깨뜨릴 수 없다.'고 하였다."고 한다. 이는 선근 회향이 모두 事事無礙에 통해야 비로소 진짜 깨뜨릴 수 없는 회향임을 알아야 한다.【초_ "따라서 본업경에 이르기를" 이하는 事理에 모두 통함을 증명한 것이다. "이름만 있다."는 것은 用事이며, "한 생각 한 생각의 찰나에 머물지 않는다."는 것은, '머물지 않는다.'는 부분만을 취하면 이는 찰나의 無常으로, 무너진다[壞]는 의의에 부합하고, 머무는 바가 없기 때문에 그 이름을 '머물지 않는다.'고 말하니, 곧 이치가 무너지지 않는다는 뜻이다. 아래 '供具' 등에 준하여 보면 모두 事事無礙에 통한다.】

● 論 ●

第二不壞廻向은 以戒波羅蜜로 爲體오 餘九로 爲伴이라 善財 以船師號婆施羅로 爲表行行之人은 此云自在니 住樓閣城城門外海岸上하야 修大悲幢行法門은 明此廻向位中에 以大悲로 爲戒體하야 視一切生死之海하고 令得一切大智之海하야 居生死海하야 而得自在일새

故名自在니 廣說如經이며 又表戒體 如海性淨하야 不宿死屍니 明法身이 本淨하야 不宿煩惱染淨死屍也니 廣義如文이라

제2. '깨뜨릴 수 없는 회향'은 계바라밀로 본체를 삼고, 나머지 9가지로 도반을 삼는다.

선재동자가 뱃사공으로 불리는, 婆施羅로 행을 행하는 사람을 나타낸 것은 중국에서는 '自在'하다는 뜻이다. 누각성 성문 밖, 해안에 머물면서 大悲幢行法門을 닦음은 회향 지위 가운데 대비로 계바라밀의 본체를 삼아 일체 생사의 바다를 보고서 일체 대지의 바다를 얻어, 생사의 바다에 살면서도 자재함을 얻었기 때문에 그 명호가 '자재'임을 밝힌 것이다. 자세한 설명은 경문에서 말한 바와 같다.

또한 계바라밀의 본체가 마치 바다의 성품이란 청정하여 죽은 시체를 붙잡아두지 않음과 같음을 나타냈다. 법신이 본래 청정하여 번뇌와 染淨의 죽은 시체를 붙잡아두지 않음과 같음을 밝힌 것이다. 드넓은 의미는 본문에서 말한 바와 같다.

第二. 依徵廣釋中三이니 初는 擧所廻善根이오 二는 辨廻向之行이오 三은 明廻向所爲라
今初分二니 先은 明起不壞信이오 後佛子下는 依信種善이니 今은 初라

2. 물음에 따라 자세히 해석한 부분은 3단락으로 나뉜다.

1) 회향 대상의 선근을 들어 말하였고,

2) 회향행을 논변하였으며,

3) 회향하는 목적을 밝혔다.

1) 회향 대상의 선근은 다시 2부분으로 나뉜다.

(1) 깨뜨릴 수 없는 신심을 일으킴을 밝혔고,

(2) '佛子' 이하는 신심에 의해 선근을 심었다.

이는 앞부분이다.

經

佛子여 此菩薩摩訶薩이
於去來今諸如來所에 得不壞信이니 悉能承事一切佛故며
於諸菩薩의 乃至初發一念之心하야 求一切智에 得不壞信이니 誓修一切菩薩善根하야 無疲厭故며
於一切佛法에 得不壞信이니 發深志樂故며
於一切佛教에 得不壞信이니 守護住持故며
於一切衆生에 得不壞信이니 慈眼等觀하야 善根廻向하야 普利益故며
於一切白淨法에 得不壞信이니 普集無邊諸善根故며
於一切菩薩廻向道에 得不壞信이니 滿足殊勝諸欲解故며
於一切菩薩法師에 得不壞信이니 於諸菩薩에 起佛想故며
於一切佛自在神通에 得不壞信이니 深信諸佛難思議故며
於一切菩薩善巧方便行에 得不壞信이니 攝取種種無量無數行境界故니라

불자여, 보살마하살이 과거·현재·미래의 모든 부처님 계신 도량에서 깨뜨릴 수 없는 신심을 얻었다. 이는 모두 모든 부처님을 잘 받들어 섬겼기 때문이다.

모든 보살에게 내지 처음 한 생각이 일어나는 마음까지 일체 지혜를 구하여 깨뜨릴 수 없는 신심을 얻었다. 이는 일체 보살의 선근을 닦고자 서원하여 고달픔을 몰랐기 때문이다.

일체 부처님 법에 깨뜨릴 수 없는 신심을 얻었다. 이는 깊은 뜻으로 좋아하였기 때문이다.

일체 부처님의 가르침에 깨뜨릴 수 없는 신심을 얻었다. 이는 수호하고 머물러 지녔기 때문이다.

일체중생에게 깨뜨릴 수 없는 신심을 얻었다. 이는 인자한 눈으로 평등하게 관찰하여 신근으로 회향하여 널리 이익 주었기 때문이다.

일체 청정한 법에 깨뜨릴 수 없는 신심을 얻었다. 이는 그지없는 선근을 널리 모았기 때문이다.

일체 보살의 회향하는 도에 깨뜨릴 수 없는 신심을 얻었다. 이는 훌륭한 욕망과 이해를 만족하였기 때문이다.

일체 보살 법사에게 깨뜨릴 수 없는 신심을 얻었다. 이는 모든 보살에게 부처님의 생각을 일으켰기 때문이다.

일체 부처님의 자재신통에 깨뜨릴 수 없는 신심을 얻었다. 이는 모든 부처님의 불가사의함을 깊이 믿었기 때문이다.

일체 보살의 뛰어난 방편행에 깨뜨릴 수 없는 신심을 얻었다.

이는 가지가지 한량없고 수없는 수행 경계를 받아들였기 때문이다.

◉ 疏 ◉

初十句는 不出三寶四信이니 初句는 佛寶오 次句는 僧寶오 餘皆法寶니라 於中에 初句는 是總이니 兼含理法이오 餘七句는 別이니 別中에 初一은 敎法이오 次는 四行法이니 一은 大悲行이오 二는 惡止善行行이니 亦攝於戒오 三은 廻向行이오 四는 近友行이라

次一은 果法이오 後一은 重擧行法이니 意欲總包니 其中理法은 卽信眞如니라【 鈔 不出三寶四信者는 四信은 卽三寶外加一이라 然二文不同이니

若起信論인댄 卽是眞如라 故彼論修行信心分에 云畧說信有四種이니 一者는 信根本이니 所謂樂念眞如法故오 二者는 信佛有無量功德이니 常樂親近하야 供養恭敬하야 發起善根하야 願求一切智故오 三者는 信法有大利益이니 常念修行諸波羅蜜故오 四者는 信僧能正修行自利利他니 常樂親近諸菩薩衆하야 求學如實行故니라 故下疏에 云其中理法은 卽信眞如라하니라

二若準瓔珞下卷이면 四不壞信이니 前三은 是三寶오 四는 是正戒니 云從今時로 盡未來際토록 歸依佛하고 歸依法하고 歸依賢聖僧하고 歸依戒法이라하니 如是言說이라 故疏에 云二惡止善行行이니 亦攝於戒라하니 意取戒爲第四信故니라 四旣不定인댄 爲十인들 何爽가 】

첫 10구는 三寶·四信에서 벗어나지 않는다. 제1구는 佛寶이고, 제2구는 僧寶이며, 나머지 제3~10구는 모두 法寶이다.

제3~10구 가운데 첫 구절은 총체로 理와 法을 겸하였고, 나머지 7구는 개별이다.

개별 가운데 첫째 제4구는 敎法이고, 다음 제5~9구는 行法으로, 제5구는 大悲行이고, 제6구는 악을 멈추고 선을 행한 行이다. 이 또한 경계를 받아들인 것이다. 제7구는 廻向行이고, 제8구는 近友行이며, 제9구는 果法이고, 제10구는 行法을 다시 들어 말한 뜻은 총체로 포괄하고자 함이다. 그 가운데 理法은 곧 진여를 믿음이다.【초_ "三寶·四信에서 벗어나지 않는다."에서 四信은 삼보 외에 한 가지를 더한 것이다. 그러나 두 경전에서 말한 바가 똑같지 않다.

첫째, 기신론으로 말하면 곧 진여이다. 따라서 기신론 修行信心分에서 다음과 같이 말하였다.

"간추려 말하면 신심에는 4가지가 있다.

① 근본을 믿음이다. 이른바 진여의 법을 좋아하고 생각하기 때문이다.

② 부처님에게 한량없는 공덕이 있음을 믿음이다. 항상 좋아하고 가까이하고 공양하고 공경하여 선근을 일으켜 일체 지혜를 원하고 구하기 때문이다.

③ 법에 큰 이익이 있음을 믿음이다. 언제나 모든 바라밀을 수행할 것을 생각하기 때문이다.

④ 스님이 自利利他를 바르게 수행함을 믿음이다. 항상 모든 보살대중을 가까이하여 진여실상의 행을 구하고 배우기 때문이다."

이 때문에 아래의 疏에서 "그 가운데 理法은 곧 진여를 믿음이다."고 말하였다.

둘째, 영락경 하권에 준하여 말하면 4가지 깨뜨릴 수 없는 신심이다. 앞의 3가지는 삼보이고, 네 번째는 正戒이다.

영락경에서 다음과 같이 말하였다.

"지금으로부터 미래의 세월이 다하는 날까지, 부처님께 귀의하고, 불법에 귀의하고, 스님께 귀의하고, 戒法에 귀의할 것이다."

이와 같이 말한 때문에 疏에서 "둘째, 불법에 귀의함은 악을 멈추고 선을 행한 行이다. 이 또한 경계를 받아들인 것이다."고 하였다. 疏에서 말한 바는 '戒가 제4의 신심'이라는 뜻을 취하였기 때문이다. 4가지가 이처럼 정설이 없다면 10가지 법인들 어찌 분명하다 하겠는가.】

第二는 依信種善根이라

(2) 신심에 의해 선근을 심다

經

佛子여 菩薩摩訶薩이 如是安住不壞信時에 於佛菩薩聲聞獨覺과 若諸佛教와 若諸衆生의 如是等種種境界中에 種諸善根을 無量無邊하며

令菩提心으로 轉更增長하며 慈悲廣大하야 平等觀察하며

隨順修學諸佛所作하며 攝取一切淸淨善根하며 入眞實義하며 集福德行하며 行大惠施하며 修諸功德하며 等觀三世하나니

불자여, 보살마하살이 이와 같이 깨뜨릴 수 없는 신심에 안주할 때에, 부처님·보살·성문·독각·부처님의 교법과 중생의 이와 같은 여러 가지 경계에 한량없고 그지없는 선근을 심으며,

보리심을 점점 더욱 자라게 하며,

자비심이 광대하여 평등하게 관찰하며,

모든 부처님이 하신 일을 따라 배우며,

일체 청정한 선근을 받아들이며,

진실한 이치에 들어가며,

복덕의 행을 모으며,

큰 보시를 행하며,

모든 공덕을 닦으며,

삼세를 평등하게 살펴보는 것이다.

◉ 疏 ◉

先種善根이오 後'令菩提'下는 長菩薩道라 有十句하니 初總餘別이니 可知니라
初擧所廻善根 竟하다

앞은 선근을 심고, 뒤의 '令菩提心' 이하는 보살의 도를 길러가는 것이다.

10구이다. 첫 구절은 총체이고, 나머지는 개별이다. 이는 말하지 않아도 알 수 있다.

1) 회향 대상의 선근을 들어 말함을 끝마치다.

第二 明廻向行中二니 先은 將善根廻向이오 後는 將勝報廻向이니 前中에 卽雙向衆生菩提니라

2) 회향행을 논변한 부분은 2단락으로 나뉜다.

⑴ 앞은 선근으로 회향하였고, ⑵ 뒤는 수승한 과보를 들어 회향하였다.

이는 ⑴ 중생과 보리를 모두 회향함이다.

經

菩薩摩訶薩이 以如是等善根功德으로 廻向一切智하야 願常見諸佛하며 親近善友하며 與諸菩薩로 同共止住하며 念一切智하야 心無暫捨하며 受持佛敎하야 勤加守護하며 敎化成熟一切衆生하며 心常廻向出世之道하며 供養瞻侍一切法師하며 解了諸法하야 憶持不忘하며 修行大願하야 悉使滿足이니라
菩薩이 如是積集善根하며 成就善根하며 增長善根하며 思惟善根하며 繫念善根하며 分別善根하며 愛樂善根하며 修習善根하며 安住善根하나니

보살마하살이 이와 같은 선근 공덕으로 일체 지혜에 회향하여, 부처님을 항상 뵈오며, 선지식을 가까이하며, 보살과 함께 머물며, 일체 지혜를 생각하여 잠깐도 마음에서 버리지 않으며, 부처님의 가르침을 받아 지니고서 부지런히 수호하며, 일체중생을 교화하고 성숙하며, 마음으로 항상 출세간의 도에 회향하며, 일체 법사를 공양하고 섬기며, 모든 법을 분명히 알아 기억하고 잊지 않으며, 큰 소원을 수행하여 모두 만족케 하기를 원하는 것이다.

보살이 이처럼 선근을 쌓아 모으며, 선근을 성취하며, 선근을 증장하며, 선근을 생각하며, 선근에 마음을 두며, 선근을 분별하며, 선근을 좋아하며, 선근을 닦아 익히며, 선근에 안주하는 것이다.

◉ 疏 ◉

文二니 初는 正明廻向이오 二는 結成이라
先은 總明廻向菩提之果오 願常下는 別明廻向하야 成得果之因이라
文有十句니 初三은 行緣이오 次二는 行因이오 後五는 所成之行이니
初는 成利他行이니 卽廻向衆生意오 次三은 自利오 後一은 通二利니라
【鈔_ 前中에 卽雙向等者는 以初云廻向一切智라하니 故是菩提오 次下敎化調伏一切衆生'等은 卽向衆生이라 故下疏에 云'卽廻向衆生意'라하니라 】

이 문장은 2단락이다.

제1단락, 바로 회향을 밝혔고,

제2단락, '菩薩如是積集' 이하는 끝맺었다.

제1단락의 첫 구절(菩薩摩訶薩… 廻向一切智)은 보리에 회향한 결과를 총체로 밝혔고, '願常見諸佛' 이하는 회향하여 결과를 성취할 수 있는 원인을 개별로 밝혔다.

이 해당 문장은 10구이다.

앞의 3구는 행의 반연이고, 뒤의 2구는 행의 원인이다. 그 뒤의 5구는 성취한 바의 행으로, 첫 구절은 이타행을 성취함이니, 곧 중생에게 회향한다는 뜻이며, 다음 3구는 自利이고, 뒤의 1구는 자리이타에 모두 통한다. 【초_ 앞부분의 곧 쌍으로 회향한다 등에서 첫째, '일체 지혜에 회향한다.'는 것은 보리 회향이고, 다음으로 아래에 '일체중생을 교화하고 조복한다.' 등은 곧 중생회향이다. 아래의 疏에서 말한 '곧 중생에게 회향한다는 뜻'이다.】

二如是積集下는 結成中九句니 前三은 通顯收攝이오 亦是聞慧니 一은 積一至多오 二는 令至究竟이오 三은 隨一使增이라 次四는 皆思慧오 後二는 修慧니 起行이 爲修習이오 相應이 爲安住니라

제2단락, '菩薩如是積集' 이하는 끝맺은 부분으로, 9구이다.

앞의 3구는 전반적으로 받아들임을 밝혔고, 또한 聞慧이다. 첫 구절은 하나를 쌓아 많은 데 이르고, 제2구는 구경에 이르게 하며, 제3구는 하나를 따라 더욱 더해가는 것이다.

다음 4구는 思慧이고,

마지막 2구는 修慧이다. 행을 일으킴이 修習이고, 상응함이 安住이다.

二,將勝報廻向이니 謂依廻向得報하야 復將廻向하야 通向三處니라

文中二니 先은 明所廻善根이오 二如是修集無量功德下는 顯廻向行이라

今初는 又二니 先은 結前生後라

(2) 수승한 과보를 들어 회향함이다. 회향에 의해 과보를 얻어, 다시 회향을 가지고서 전반적으로 3곳에 회향하였다.

이는 2단락으로 나뉜다.

제1단락, 회향 대상의 선근을 밝혔고,

제2단락, '如是修集無量功德' 이하는 회향행을 밝혔다.

제1단락, 회향 대상의 선근은 또다시 2부분으로 나뉜다.

㈐ 앞 문장을 끝맺으면서 뒤 문상을 일으켰다.

經

菩薩摩訶薩이 如是積集諸善根已에 以此善根 所得依果로 修菩薩行하야

보살마하살이 이처럼 모든 선근을 모으고, 이러한 선근으로 얻은 의보(依報)로 보살의 행을 닦아,

二는 正明供佛善根이라

於中又二니 先은 總標오 後以阿僧祇下는 廣顯이니 今은 初라

⑷ 바로 부처님께 공양 올리는 선근을 밝혔다.
또다시 2부분으로 나뉜다.
앞에서는 총체로 밝혔고,
뒤의 '以阿僧祇' 이하는 자세히 밝혔다.
이는 앞의 총체이다.

經
於念念中에 見無量佛하고 如其所應으로 承事供養호대
　한 생각 한 생각의 찰나에 한량없는 부처님을 뵙고, 부처님에 상응한 바로 잘 받들어 섬기고 공양하되,

● 疏 ●
言如其所應者는 有二義니 一은 隨何所要하야 如應卽供이오 二는 稱佛境界所應之供이니 謂不以稱法界之供이면 不能供稱法界之佛故니라

　'如其所應'이라는 말에는 2가지 뜻이 있다.
　① 그 무엇이 필요한가에 따라 응하듯이 바로 공양함이며,
　② 부처님 경계에 상응하는 공양을 맞추는 것이다. 법계에 알맞은 공양이 아니면 법계에 알맞은 부처님께 공양을 올릴 수 없기 때문이다.

二廣顯中四니 一은 廣列供事요 二는 明供佛이요 三은 顯供意요 四는 結分齊라
今初는 廣列供事有六十七句 爲六이니 初 二十句는 雜門이니 明內外之供이요 下皆純門이라

　뒤의 자세히 밝힌 부분은 다시 4가지가 있다.
　첫째, 공양하여 섬기는 일을 자세히 나열하였고,
　둘째, 부처님께 공양함을 밝혔으며,
　셋째, 공양하는 뜻을 밝혔고,
　넷째, 공양의 구분과 한계를 끝맺었다.
　여기에서 말한 첫째, 공양하여 섬기는 일을 자세히 나열한 대목은 67구인데, 6단락으로 나뉜다.
　① 20구는 이것저것을 뒤섞어 말한 부분이다. 안팎으로 올리는 공양을 밝혔다.
　아래는 모두 한 부분만을 말하였다.

經

以阿僧祇寶와 阿僧祇華와 阿僧祇鬘과 阿僧祇衣와 阿僧祇蓋와 阿僧祇幢과 阿僧祇幡과 阿僧祇莊嚴具와 阿僧祇給侍와 阿僧祇塗飾地와 阿僧祇塗香과 阿僧祇末香과 阿僧祇和香과 阿僧祇燒香과 阿僧祇深信과 阿僧祇愛樂과 阿僧祇淨心과 阿僧祇尊重과 阿僧祇讚歎과 阿僧祇禮敬과

187

아승기 보배, 아승기 꽃, 아승기 화만, 아승기 의복, 아승기 일산, 아승기 당기, 아승기 깃발, 아승기 장엄거리, 아승기 시중, 아승기 장식한 땅, 아승기 바르는 향, 아승기 가루향, 아승기 섞는 향, 아승기 사르는 향, 아승기 신심, 아승기 사랑, 아승기 깨끗한 마음, 아승기 존중, 아승기 찬탄, 아승기 예경.

● 疏 ●

可知라

이에 대해 말하지 않아도 알 수 있다.

二 座

② 법좌

經

阿僧祇寶座와 阿僧祇華座와 阿僧祇香座와 阿僧祇鬘座와 阿僧祇栴檀座와 阿僧祇衣座와 阿僧祇金剛座와 阿僧祇摩尼座와 阿僧祇寶繒座와 阿僧祇寶色座와

아승기 보배 자리, 아승기 꽃자리, 아승기 향 자리, 아승기 화만 자리, 아승기 전단 자리, 아승기 옷 자리, 아승기 금강 자리, 아승기 마니 자리, 아승기 비단 자리, 아승기 보배 빛 자리,

三 經行處

　③ 거니신 도량

經

阿僧祇寶經行處와 **阿僧祇華經行處**와 **阿僧祇香經行處**와 **阿僧祇鬘經行處**와 **阿僧祇衣經行處**와 **阿僧祇寶間錯經行處**와 **阿僧祇一切寶繒綵經行處**와 **阿僧祇一切寶多羅樹經行處**와 **阿僧祇一切寶欄楯經行處**와 **阿僧祇一切寶鈴網彌覆經行處**와

　아승기 보배로 조성된 거니신 도량, 아승기 꽃으로 조성된 거니신 도량, 이승기 향으로 조성된 거니신 도량, 아승기 화만으로 조성된 거니신 도량, 아승기 옷으로 조성된 거니신 도량, 아승기 보배가 사이사이 조성된 거니신 도량, 아승기 일체 보배 채단으로 조성된 거니신 도량, 아승기 일체 보배 다라수로 조성된 거니신 도량, 아승기 보배로 난간 둘러 조성된 거니신 도량, 아승기 보배의 방울 그물 덮어 조성된 거니신 도량,

四 宮殿

　④ 궁전

> 經

阿僧祇一切寶宮殿과 阿僧祇一切華宮殿과 阿僧祇一切香宮殿과 阿僧祇一切鬘宮殿과 阿僧祇一切栴檀宮殿과 阿僧祇一切堅固妙香藏宮殿과 阿僧祇一切金剛宮殿과 阿僧祇一切摩尼宮殿이 皆悉殊妙하야 出過諸天과

아승기 일체 보배 궁전, 아승기 일체 꽃 궁전, 아승기 일체 향 궁전, 아승기 일체 화만 궁전, 아승기 일체 전단 궁전, 아승기 일체 견고묘향장 궁전, 아승기 일체 금강 궁전, 아승기 일체 마니주 궁전이 모두 특별하고 미묘하여 모든 하늘의 궁전보다 뛰어났고,

五樹

⑤ 나무

> 經

阿僧祇諸雜寶樹와 阿僧祇種種香樹와 阿僧祇諸寶衣樹와 阿僧祇諸音樂樹와 阿僧祇寶莊嚴具樹와 阿僧祇妙音聲樹와 阿僧祇無厭寶樹와 阿僧祇寶繒綵樹와 阿僧祇寶瑠樹와 阿僧祇一切華香幢旛鬘蓋로 所嚴飾樹인 如是等樹가 扶疏蔭映하야 莊嚴宮殿과

아승기 모든 보배 나무, 아승기 가지가지 향 나무, 아승기 보배 옷 나무, 아승기 음악 나무, 아승기 보배 장엄거리 나무, 아승기 미

묘한 음성 나무, 아승기 싫증나지 않는 보배 나무, 아승기 보배 채단 나무, 아승기 보배 귀고리 나무, 아승기 일체 꽃·향·당기·깃발·화만·일산으로 장엄한 나무들이 무성하고 그늘 이뤄 궁전을 장엄하였고,

六 嚴宮殿 亦純雜無礙
⑥ 궁전 또한 한 가지와 여러 가지로 장엄하는 데 걸림이 없다.

經

其諸宮殿에 **復有阿僧祇軒檻莊嚴**과 **阿僧祇窓牖莊嚴**과 **阿僧祇門闥莊嚴**과 **阿僧祇樓閣莊嚴**과 **阿僧祇半月莊嚴**과 **阿僧祇帳莊嚴**하야 **阿僧祇金網**이 **彌覆其上**하고 **阿僧祇香**이 **周匝普熏**하고 **阿僧祇衣**가 **敷布其地**하니라

그 모든 궁전에 또한 아승기 난간 장엄, 아승기 창호 장엄, 아승기 문 장엄, 아승기 누각 장엄, 아승기 반달 장엄, 아승기 휘장 장엄이 있는데, 아승기 황금 그물로 그 위를 덮었고, 아승기 향이 두루 풍기며, 아승기 옷이 땅에 깔려 있었다.

● 疏 ●

可知라
上來 廣列供事 竟하다

이에 대해 말하지 않아도 알 수 있다.

위에서 자세히 나열한 공양 올려 섬기는 일을 끝마치다.

● 論 ●

三은 菩薩如是 已下로 至阿僧祇衣敷布其地히 有三十三行經은 明擧依果報嚴分이라

釋義云如是阿僧祇寶는 是本行中以法利生依果也오

阿僧祇華者는 是以行能利自他하야 開敷衆善之依果오

阿僧祇鬘은 是忍所報也오

阿僧祇衣는 從慚愧生也오

阿僧祇蓋는 大慈悲所生也오

阿僧祇幡은 廻向心所生也오

阿僧祇幢은 是隨行不退力所生也오

阿僧祇莊嚴具는 諸助道法所生也오

阿僧祇侍從은 謙敬離慢所生也오

阿僧祇塗飾地는 從戒品生也오

阿僧祇塗香은 以戒徧諸法生也오

阿僧祇末香은 以往昔散華香報所生이니

大略以行知果 如影隨形하야 一一相似하니 准物類하야 以義解之하면 可解라 亦以昔曾以如是物로 供養佛法僧일새 獲得斯果故니 餘는 准此知之니라

3. '菩薩如是' 이하로 '阿僧祇衣敷布其地'까지 33항 경문은 依果

·依報의 장엄을 들어 밝힌 부분이다.

석의에 의하면 다음과 같다.

이와 같이 아승기 보배는 本行 중에 법으로 중생을 이롭게 한 依果이며,

아승기 꽃은 행으로 나와 남을 이롭게 하여 수많은 선을 펼쳐 놓은 의과이며,

아승기 화만은 인욕으로 얻은 依報이며,

아승기 의복은 부끄러워하는 마음에서 생겨남이며,

아승기 일산은 대자비의 마음에서 생겨남이며,

아승기 깃발은 회향의 마음에서 생겨남이며,

아승기 당기는 행의 물러서지 않는 힘에서 생겨남이며,

아승기 장엄거리는 도에 도움 되는 모든 법에서 생겨남이며,

아승기 시중은 겸손하고 공경하여 거만함을 여읜 데서 생겨남이며,

아승기 장식한 땅은 계품에서 생겨남이며,

아승기 바르는 향은 계로 모든 법에 두루 행한 데서 생겨남이며,

아승기 가루향은 예전에 꽃향기를 흩뿌린 데서 생겨난 것이다.

대체로 지난날 행하였던 일을 통하여 얻어지는 과보를 알 수 있다. 마치 그림자가 형체를 따르는 것처럼 하나하나 모두 똑같다. 물체의 類에 준하여 그 의의를 해석하면 말하지 않아도 알 수 있다.

또한 옛적에 일찍이 이와 같은 물건으로 불법승 전에 공양을 올려 이러한 과보를 얻었기 때문이다. 나머지는 이에 준하여 살펴

보면 알 수 있을 것이다.

二는 明供佛이라

둘째, 부처님께 올린 공양을 밝히다

經

佛子여 菩薩摩訶薩이 以如是等諸供養具로 於無量無數不可說不可說劫에 淨心尊重하야 恭敬供養一切諸佛호대 恒不退轉하야 無有休息하며 一一如來滅度之後에 所有舍利도 悉亦如是恭敬供養하나니

불자여, 보살마하살이 이러한 공양거리로, 한량없고 셀 수 없고 말할 수 없이 말할 수 없는 겁에, 청정한 마음으로 존중하여 일체 부처님께 공경하고 공양하되 언제나 물러서지 않고 멈추지도 않았으며, 한 분 한 분 여래께서 열반하신 뒤에 남긴 사리를 모시고 모두 이와 같이 공경한 마음으로 공양하였다.

⦿ 疏 ⦿

先供現佛이오 後一一下는 明供舍利라

앞에서는 현재 부처님께 공양함이며, 뒤의 '한 분 한 분 여래께서 열반하신 뒤' 이하는 사리에 공양함을 밝힌 것이다.

三는 明供意라

셋째, 공양하는 뜻을 밝히다

經

爲令一切衆生으로 生淨信故며 一切衆生으로 攝善根故며 一切衆生으로 離諸苦故며 一切衆生으로 廣大解故며 一切衆生으로 以大莊嚴而莊嚴故며 無量莊嚴으로 而莊嚴故며 諸有所作이 得究竟故며 知諸佛興이 難可值故며 滿足如來無量力故며 莊嚴供養佛塔廟故며 住持一切諸佛法故로

일체중생으로 하여금 청정한 신심을 내게 하기 위함이며,

일체중생으로 하여금 선근을 거두어 지니게 하기 위함이며,

일체중생으로 하여금 고통을 여의게 하기 위함이며,

일체중생으로 하여금 광대하게 알게 하기 위함이며,

일체중생으로 하여금 큰 장엄으로 장엄하게 하기 위함이며,

한량없는 장엄으로 장엄하게 하기 위함이며,

모든 하는 일이 최상의 경지에 이르게 하기 위함이며,

부처님의 출현을 만나기 어려움을 알게 하기 위함이며,

여래의 한량없는 힘을 만족하게 하기 위함이며,

부처님의 탑을 장엄하고 공양하게 하기 위함이며,

모든 부처님의 법에 머물러 지니게 하기 위함이다.

● 疏 ●

有十一句니 可知

　11구이다. 이는 말하지 않아도 알 수 있다.

四는 結供分齊라

　넷째, 공양의 구분과 한계를 끝맺다

經

如是供養現在諸佛과 及滅度後所有舍利하야 其諸供養이 於阿僧祇劫에 說不可盡이니라

　이처럼 현재 계시는 여러 부처님 열반하신 뒤 남기신 사리에 공양하는데, 그 모든 공양이 아승기겁에 모두 다 말할 수 없다.

● 疏 ●

謂非唯如上所列일세 故云不可盡이라

　위에 열거한 바와 같은 정도에 그치지 않기에 "모두 다 말할 수 없다."고 말하였다.

第二 顯廻向行中三이니 初는 廻向之心이오 二는 廻向之相이오 三은 廻向行成이니 今은 初라

제2단락, 회향행을 밝힌 부분은 3단락으로 나뉜다.

㈎ 회향의 마음이고,

㈏ 회향의 모양이고,

㈐ 회향행의 성취이다.

○는 ㈎ 회향의 마음이다.

經

如是修集無○功德이 皆爲成熟一切衆生하야 無有退轉하며 無有休息하며 無有疲厭하며 無有執著하야 離諸心想하며 無有依止하야 永○所依하며 遠離於我와 及以我所하며 如實法印으로 印諸業○하며 得法無生하야 住佛所住하며 觀無生性하야 印諸境界일새 ○佛護念으로 發心廻向하나니

이와 같이 한량없는 공덕을 닦아 모으는 것은 모두 일체중생을 성숙시키기 위해 물러서지 않으며,

멈추거나 쉬는 일도 없으며,

고달파하거나 싫어하는 마음도 없으며,

집착한 바 없어 모든 생각을 여의며,

의지함이 없어 의지할 대상을 영원히 끊으며,

'나'와 '나의 것'을 멀리 여의며,

진여실상의 법인으로 모든 업○을 찍 도장을 찍으며,

생멸이 없는 법을 얻어 부처님께서 머무신 자리에 머물며,

생멸이 없는 성품을 관조하여 모든 경계에 도장을 찍었기에,

여러 부처님의 가호와 염려로 마음을 내어 회향하나니,

● 疏 ●

文中有三이니 初는 不離大悲니 兼廻向衆生之意라 次無有執著下는 離妄契眞이니 卽離相之意라 後諸佛下는 結前生後라

이 경문은 3단락으로 나뉜다.

첫째는 大悲의 마음을 여의지 않음이니, 회향 중생을 겸한 뜻이다.

다음 '無有執著' 이하는 허망함을 여의고 진여에 계합함이니, 곧 相을 여읜 뜻이다.

뒤의 '諸佛' 이하는 위의 경문을 끝맺고 뒤의 문장을 일으킴이다.

二는 廻向之相이라

⑷ 회향의 모양

經

與諸法性으로 相應廻向과 入無作法하야 成就所作方便廻向과 捨離一切諸事想着方便廻向과 住於無量善巧廻向과 永出一切諸有廻向과 修行諸行호대 不住於相善巧廻向과 普攝一切善根廻向과 普淨一切菩薩諸行廣大廻向과 發無上菩提心廻向과 與一切善根同住廻向과 滿足最上信

解心廻向이니라

    모든 법성과 상응하는 회향,

    작위가 없는 법에 들어가 하는 일마다 성취하는 방편 회향,

    일체 모든 일에 집착하는 생각을 버리게 하는 방편 회향,

    한량없이 잘한 데 머무는 회향,

    일체 모든 세계에서 영원히 벗어나는 회향,

    모든 행을 닦되 형상에 머물지 않는 훌륭한 회향,

    일체 선근을 널리 받아들이는 회향,

    일체 보살의 행을 청정하게 하는 광대한 회향,

    위없는 보리심을 일으키는 회향,

    일체 선근과 함께 머무는 회향,

    최상의 믿음과 이해하는 마음을 만족하는 회향이다.

● 疏 ●

兼顯廻向菩提라 於中에 有十一句하니 前六은 離相이오 後五는 隨相이라

    겸하여 회향 보리를 밝혔다.

    이는 11구이다.

    앞의 6구는 相을 여읨이며,

    뒤의 5구는 상을 따름이다.

三. 廻向行成

於中三이니 初는 隨相行成이오 二,以淸淨下는 離相行成이오 三菩薩如是善巧下는 雙結二行無礙라 今은 初라

(다) 회향행 성취

이는 3단락으로 나뉜다.

첫째, 상을 따른 행이 성취되었고,

둘째, '以淸淨' 이하는 상을 여읜 행이 성취되었으며,

셋째, '菩薩如是善巧' 이하는 2가지 행이 걸림 없음을 모두 끝맺었다.

이는 첫째이다.

經

佛子여 菩薩摩訶薩이 以諸善根으로 如是廻向時에 雖隨生死나 而不改變하며 求一切智호대 未曾退轉하며 在於諸有호대 心無動亂하며 悉能度脫一切衆生하며 不染有爲法하며 不失無碍智하며 菩薩行位에 因緣無盡하며 世間諸法이 無能變動하며 具足淸淨諸波羅蜜하며 悉能成就一切智力하나니

菩薩이 如是離諸癡暗하야 成菩提心하며 開示光明하야 增長淨法하며 廻向勝道하야 具足衆行일세

불자여, 보살마하살이 모든 선근으로 이렇게 회향할 때에,

비록 생사를 따르지만 변하지 않으며,

일체 지혜를 구하되 일찍이 물러서지 않으며,

모든 법에 있으면서도 마음이 흔들리지 않으며,
일체중생을 모두 제도하여 해탈케 하며,
세간의 유위법(有爲法)에 물들지 않으며,
걸림 없는 지혜를 잃지 않으며,
보살 수행의 과위(果位)에 인연이 다하지 않으며,
세간 모든 법이 그를 변동하지 못하며,
모든 바라밀이 구족하게 청정하며,
일체 지혜의 힘을 모두 성취하였다.
보살이 이와 같이 어리석음과 어둠을 여의고 보리심을 이루며,
광명을 열어 보이고 청정한 법을 증장하며,
훌륭한 도로 회향하여 모든 행이 구족하였다.

● 疏 ●

有三이니 初는 牒前이니 由前離相하야 非唯不礙隨相이라 亦能成此隨相이라【鈔_ 非唯不礙等者는 不礙者는 如空不礙萬象이오 能成者는 如無水면 卽無可爲波며 亦如無空이면 不能生起雲霞煙霧니 不礙는 卽相徧門이며 能成은 卽相成門이니 卽理成事는 以有空義故로 一切法得成也니라】

이는 3부분으로 나뉜다.

처음에는 앞의 경문을 이어 말하였다. 앞에서 相을 여읨으로 말미암아 오직 상을 따르는 데 걸림이 없을 뿐 아니라, 또한 상을 따라 성취하였다.【초_"오직 상을 따르는 데 걸림이 없을 뿐 아니

라"에서 '걸림이 없다[不礙].'는 것은 허공이 삼라만상에 걸림이 없는 것과 같고, '성취하였다[能成].'는 것은 물이 없으면 물결이 일어날 수 없음과 같으며, 또한 허공이 없으면 구름과 노을, 연기와 안개가 일어날 수 없음과 같다.

'걸림이 없다.'는 相이 두루 한 법문이며, '성취하였다.'는 상이 성취된 법문이다. 본체의 이치와 하나가 되어 현상의 일을 성취함은 허공과 같은 이치가 있기 때문에 일체 법이 성취되는 것이다.】

次雖遶下는 正顯이라 文有十句니
一은 由前法性相應故로 隨生死而不變이오
二는 以入無作成所作故로 求一切智未曾退轉이오
三은 由捨離想著故로 諸有不動이오
四는 住多善巧하야 能度衆生이오
五는 永出諸有故로 不染有爲오
六은 修行不住相故로 不失無礙智오
七은 普攝善根故로 因緣無盡이오
八은 普淨大願故로 世法不動이오
九는 發菩提心故로 具修諸度오
十은 由善根同住故로 具足十力이니 如次配上이라【鈔_ '由前法性'等者는 正辨離相하야 成隨相也니 此句猶與法性相應故로 是離相故니라 法性은 卽是眞如니 眞如隨緣일세 故能成事오 不失不變일세 故而不改니라 下九例然이니 細尋前十하야 一一相對면 可知니라】

다음의 '雖遶生死' 이하는 바로 밝혔다. 이 경문은 10구이다.

① 앞서 말한 법성에 상응한 까닭에 생사의 윤회를 따르면서도 변하지 않고,

② 작위가 없는 자리에 들어가 하는 일마다 성취한 까닭에 일체 지혜를 구하되 일찍이 물러서지 않으며,

③ 생각과 집착을 버린 까닭에 모든 법에 흔들리지 않고,

④ 수많은 훌륭한 방편에 안주하여 중생을 제도하며,

⑤ 모든 법에서 영원히 벗어났기에 세간의 유위법에 물들지 않고,

⑥ 수행하되 상에 머물지 않기에 걸림 없는 지혜를 잃지 않으며,

⑦ 선근을 널리 받아들인 까닭에 인연이 다하지 않고,

⑧ 큰 서원을 널리 청정히 세웠기에 세간법에 흔들리지 않으며,

⑨ 보리심을 일으켰기에 모든 바라밀을 모두 닦고,

⑩ 선근과 함께 머문 까닭에 십력이 모두 넉넉하다.

차례와 같이 위의 경문에 짝하는 바이다.【초_ "앞서 말한 법성에 상응한 까닭" 등이란 바로 상을 여의어[離相] 상을 따름[隨相]을 성취함에 대해 논변한 것이다. 이 구절은 오히려 법성에 상응한 까닭에 상을 여의었음을 말한다. 법성은 진여이다. 진여는 반연을 따르기에 세간의 일을 성취하고, 잃지 않으며 변하지 않기에 바뀌지 않는다. 아래 9가지의 예는 똑같다. 앞서 말한 10가지를 자세히 살펴 하나하나를 짝하면 이는 말하지 않아도 알 수 있다.】

後菩薩如是下는 結前生後니 卽由前最上信解心生이라

뒤의 '菩薩如是' 이하는 앞의 경문을 끝맺고 뒤의 문장을 일으

킴이다. 앞서 말한 최상의 믿음과 이해하는 마음에서 생겨난 것이다.

━

二는 明離相行成이라

둘째, 상을 여읜 회향의 행이 성취됨을 밝히다

經

以淸淨意로 善能分別하야 了一切法이 悉隨心現하며 知業如幻하며 業報如像하며 諸行如化하며 因緣生法이 悉皆如響하며 菩薩諸行이 一切如影하며 出生無著淸淨法眼하며 見於無作廣大境界하며 證寂滅性하야 了法無二하야 得法實相하며 具菩薩行하야 於一切相에 皆無所着하고 善能修行하야 同事諸業하며 於白淨法에 恒無廢捨하야 離一切着하야 住無著行이니라

　청정한 뜻으로 잘 분별하여 일체 모든 법이 모두 마음을 따라 나타나는 줄을 알며,

　　업은 요술과 같고, 업보는 그림자와 같으며,

　　모든 행은 변화와 같으며,

　　인연으로 생기는 법은 메아리와 같으며,

　　보살의 모든 행은 일체 그림자와 같음을 알며,

　　집착이 없는 청정한 법의 눈으로 조작이 없는 광대한 경계를

보며,

적멸의 법성을 증득하여 법에 둘이 없음을 알아 법의 실상을 얻었으며,

보살의 행을 갖춰 일체 형상에 모두 집착한 바 없고,

잘 수행하여 모든 일을 함께하며,

청정한 법을 항상 버리지 않으며,

일체의 집착을 버리고 집착이 없는 행에 안주하는 것이다.

◉ 疏 ◉

由前事不礙理일세 故로 觸境了如라【鈔_ 由前等者는 前之十句 離相成於隨相者는 由理不礙事故오 今成離相은 由前事不礙理니 上總釋意라】

앞서 말한 '事法界가 理法界에 걸림이 없기' 때문에 모든 경계에 진여를 아는 것이다.【초_ '앞서 말한' 등이란, 앞의 10구에서 離相으로 隨相을 성취함은 '이법계가 사법계에 걸림이 없기' 때문이며, 여기에서 離相을 성취함은 앞의 앞서 말한 '사법계가 이법계에 걸림이 없는' 데서 연유한다. 위에서는 총체로 그 뜻을 해석하였다.】

於中에 初一句는 總이오 '了一切'下는 別이니 別中에 初는 唯心觀成이오 次'知業'下는 緣生無性觀成이오 次'出生'下는 法眼了眞이오 '具菩薩'下는 妙行無著이라

이의 첫 구절은 총체이고, '了一切' 이하 구절은 개별이다.

개별 구절 가운데, 첫 구절(了一切法 悉隨心現)은 '唯心觀'의 성취

205

이고,

다음 '知業' 이하(知業如幻, 業報如像, 諸行如化, 因緣生法悉皆如響, 菩薩諸行一切如影)는 '반연으로 생겨나 자성이 없다는 관념[緣生無性觀]'의 성취이며,

다음 '出生' 이하(出生無著淸淨法眼, 見於無作廣大境界, 證寂滅性了法無二得法實相)는 법안으로 진여를 깨달음이고,

끝의 '具菩薩' 이하(具菩薩行於一切相皆無所着, 善能修行同事諸業, 於白淨法恒無廢捨離一切着住無著行)는 집착이 없는 미묘한 행이다.

亦如次配니 前一은 了心性故니라【鈔_ 亦如次配前者는 從頭別釋이니 卽配前與諸法性相應廻向'入無作法成就所作廻向'等 十句라 而前隨相行成은 擧前廻向離相으로 爲能成하고 隨相으로 爲所成이라 故前云由前法性相應이라 故隨生死流而不變等이라하고 今此則擧前隨相不礙하야 成此離相이니 若事礙理면 不卽離故로 近躡前事하고 亦遠躡前離相이니 謂由前廻向에 與法性相應故로 今成了心性之行이라 】

또한 위 차례와 같이 앞 문장에 짝할 수 있다.

① (了一切法 悉隨心現), 마음의 성품을 알기 때문이다.

【초_ "또한 위 차례와 같이 앞 문장에 짝한다."는 것은 첫머리부터 개별로 해석하였다. 이는 앞서 말한 '모든 법성과 상응한 회향[與諸法性相應廻向]'과 '작위가 없는 법에 들어가 하는 일마다 성취한 회향[入無作法成就所作廻向]' 등 10구에 짝한다.

앞서 말한 '상을 따른 행이 성취되었다[隨相行成].'는 것은 앞의

'상을 여읜 회향[離相廻向]'을 들어 성취의 주체를 삼고, '상을 따른 회향[隨相廻向]'으로 성취의 대상을 삼았다. 따라서 앞에서는 "앞서 말한 법성에 상응한 까닭에, 생사의 윤회를 따르면서도 변하지 않는다." 등을 말하였고, 여기에서는 앞의 '상을 따르되 걸림이 없는' 것으로 '상을 여읨'을 성취한 부분을 들어 말하였다.

만일 사법계가 이법계에 걸리면 상을 여의지 못한 까닭에 가까이 앞의 일을 뒤이어 말하였고, 또한 멀리 앞의 '상을 여읜[離相]' 부분을 뒤이어서 말한 것이다. 앞서 말한 회향이 법성과 상응한 까닭에 여기에서는 마음의 성품을 아는 행을 이룬 것이다.】

二는 業無作故오【鈔_ 二는 由前入無所作法하야 成就所作이라 故成此知業如幻等이라】

② (知業如幻 業報如像), 업을 지은 바 없기 때문이다.【초_ ②는 앞서 말한 '작위가 없는 법'에 들어가 하는 일마다 성취한 까닭에 이처럼 '업은 요술과 같음을 안다.' 등을 성취한 것이다.】

三은 不起想故오【鈔_ 三은 由前捨離一切諸事想著故로 成此中出生無著淸淨法眼等이라】

③ (諸行如化), 생각을 일으키지 않은 때문이다.【초_ ③은 앞의 '일체 모든 일에 대한 생각과 집착을 버림'에 따라 여기에 '집착이 없는 청정 법안을 낳는다.' 등을 성취한 것이다.】

四는 行善巧故오【鈔_ 四는 由住於無量善巧故로 成此具菩薩行이라】

④ (諸行如化), 훌륭한 기교의 방편을 행한 때문이다.【초_ ④는 한량없는 좋은 방편에 안주한 때문에 이처럼 구족한 보리행을 성

취한 것이다.】

五는 諸有緣生故오【鈔_ 五는 由前永出一切諸有故로 成此於一切相皆無所著이라】

⑤ (因緣生法 悉皆如響), 모든 법이 반연으로 생겨나기 때문이다. 【초_ ⑤는 앞서 말한 '모든 법에서 영원히 벗어났기' 때문에 여기에서 일체 형상에 모두 집착한 바 없음을 성취한 것이다.】

六은 行無住故오【鈔_ 六은 由前修行諸行不住於相故로 成此善能修行同事諸業이라】

⑥ (菩薩諸行 一切如影), 행이 相에 머문 바 없기 때문이다. 【초_ ⑥은 앞서 말한 '모든 행을 수행하되 상에 머물지 않기' 때문에 여기에서 잘 수행하여 모든 일을 함께함을 성취한 것이다.】

七은 普攝無著故오【鈔_ 七은 由前普攝一切善根故로 成此於白淨法에 恒無廢捨니라】

⑦ (出生無著淸淨法眼), 널리 집착이 없음을 받아들였기 때문이다. 【초_ ⑦은 앞서 말한 '일체 선근을 널리 받아들인' 까닭에 여기에서 청정한 법을 항상 버리지 않음을 성취한 것이다.】

八은 諸行廣大故오【鈔_ 八은 由前普淨一切菩薩諸行廣大廻向故로 成此離一切著이라】

⑧ (見於無作廣大境界), 모든 행이 광대한 때문이다. 【초_ ⑧은 앞서 말한 '일체 보살의 모든 행의 광대함을 널리 청정케 한 회향' 때문에 여기에서 일체의 집착을 여읠 수 있음을 성취한 것이다.】

九는 了菩提性無有二이오 唯一實故오【鈔_ 九는 由前發無上菩提

心故로 成此離一切著이니 此句難解라 故疏에 云 了菩提性無有二 唯一實故'라하니라 】

⑨ (證寂滅性 了法無二 得法實相), 보리의 자성은 둘이 없고 오직 하나의 실상임을 깨달았기 때문이다.【초_ ⑨는 앞서 말한 '위없는 보리심을 일으킴'에 따라 일체의 집착을 여읠 수 있음을 성취한 것이다. 이 구절은 해석하기 어려운 까닭에 청량소에서 "보리의 자성은 둘이 없고 오직 하나의 실상일 뿐이다."고 말하였다.】

十은 由與善根同住故로 能具菩薩行이오【 鈔_ 十은 由前與一切善根同住故로 住無著行이라 】

⑩ (具菩薩行 於一切相 皆無所着, 善能修行 同事諸業), 선근과 함께 머문 까닭에 보살행이 구족한 것이다.【초_ ⑩은 앞서 말한 '일체 선근과 힘께 머문' 까닭에 집착이 없는 행에 안주한 것이다.】

十一 由最上信解故로 於無漏白法에 無有廢捨니 若通由前이면 則易可知니라【 鈔_ 十一은 由最上信解等은 卽前第十一句라 此中에 對前文小不次니 而白淨法을 兩重用之니 第七에 已用故일세니라 】

⑪ (於白淨法 恒無廢捨 離一切着 住無著行), '가장 으뜸인 믿음과 이해'에서 연유한 까닭에 무루의 청정한 법을 버림이 없다. 앞의 연유한 바를 전반적으로 살펴보면, 말하지 않아도 쉽게 알 수 있다.【초_ ⑪의 '가장 으뜸인 믿음과 이해에서 연유한다.' 등은 앞서 말한 제11구이다. 여기에서 말한 부분은 앞 문장에서 말한 차례를 상대로 살펴보면 조금 차이가 있다. 청정한 법을 중복하여 쓰고 있다. ⑦에서 이미 사용하였기 때문이다.】

三은 雙結二行無礙하야 以成廻向이라

셋째, 걸림 없는 2가지 행으로 회향한 성취를 모두 끝맺다

經

菩薩이 如是善巧思惟하야 無有迷惑하야 不違諸法하고 不壞業因하며 明見眞實하야 善巧廻向하며 知法自性하야 以方便力으로 成就業報하야 到於彼岸하며 智慧觀察一切諸法하야 獲神通智하며 諸業善根을 無作而行하야 隨心自在하나니

보살이 이와 같이 잘 생각하여 미혹이 없기에 모든 법을 어기지 않고 업의 원인을 무너뜨리지 않으며,

진실한 이치를 분명히 보고서 잘 회향하며,

법의 자성을 알고 방편의 힘으로 업보를 성취하여 피안에 이르며,

지혜로 일체 모든 법을 관찰하여 신통의 지혜를 얻으며,

모든 업의 선근을 조작하는 일 없이 행하여 마음대로 자재하였다.

● 疏 ●

初는 總明이니 不迷理惑事라 故名善巧思惟요 後不違下는 別이니 皆事理無礙니 可知니라

第二_는 辨廻向之行 竟_{하다}

첫 구절은 총체로 밝혔다. 이법계와 사법계에 미혹하지 않기 때문에 '잘 생각하였다.'고 말하였고, 뒤의 '不違' 이하는 개별로 말하였다. 모두 사법계와 이법계에 걸림이 없다. 이는 말하지 않아도 알 수 있다.

2) 회향행에 대한 논변을 끝마치다.

第三_은 廻向所爲_라

3) 회향하는 목적을 밝히다

經

菩薩摩訶薩이 **以諸善根**으로 **如是廻向**은 **爲欲度脫一切衆生**하야 **不斷佛種**하고 **永離魔業**하며 **見一切智**가 **無有邊際**하야 **信樂不捨**하며 **離世境界**하야 **斷諸雜染**하고 **亦願衆生**이 **得淸淨智**하며 **入深方便**하야 **出生死法**하며 **獲佛善根**하야 **永斷一切諸魔事業**하며 **以平等印**으로 **普印諸業**하며 **發心趣入一切種智**하며 **成就一切出世間法**이니
佛子여 **是爲菩薩摩訶薩**의 **第二不壞廻向**이니라

보살마하살이 여러 선근으로 이처럼 회향하는 것은, 일체중생을 제도하여 부처님 종자가 끊어지지 않고 마군의 업을 영원히 여의며,

일체 지혜가 끝이 없음을 보고서 믿고 좋아하여 버리지 않으며,

세간의 경계를 떠나 여러 가지 잡염을 끊기 위함이며,

또한 중생이 청정한 지혜를 얻고 깊은 방편에 들어가 생사의 법에서 벗어나며,

부처님의 선근을 얻어 일체 마군의 일을 영원히 끊으며,

평등한 도장으로 모든 업에 널리 도장 찍으며,

마음을 내어 일체종지에 들어가며,

일체 출세간의 법을 성취하고자 함이다.

불자여, 이를 보살마하살의 제2 '깨뜨릴 수 없는 회향'이라 한다.

◉ 疏 ◉

初句는 總明이오 後不斷下는 別顯이라 於中에 前離魔業이니 通一切惡이오 後는 魔事業이니 通一切相이니 但違法印이면 皆魔事故니라 故下釋에 云'以平等印으로 普印諸業이라하니 則離魔也라 餘句는 可知니라

첫 구절은 총체로 밝혔고, 뒤의 '不斷' 이하는 개별로 밝혔다. 그 가운데 앞은 마군의 업을 여읨이니 일체 악에 통하고, 뒤는 마군의 일이니 일체 相에 통한다. 단 법인을 어기면 모두 마군의 일이기 때문이다. 따라서 아래에 해석하기를 "평등한 도장으로 모든 업에 널리 도장 찍는다."고 하였다. 이는 곧 마군의 업을 여읜 것이다. 나머지 구절은 말하지 않아도 알 수 있다.

第二位果

[2] 해당 지위의 果

經

菩薩摩訶薩이 住此廻向時에 得見一切無數諸佛하고 成就無量淸淨妙法하야 普於衆生에 得平等心하고 於一切法에 無有疑惑하며 一切諸佛神力所加로 降伏衆魔하야 永離其業하며 成就生貴하야 滿菩提心하며 得無碍智호대 不由他解하며 善能開闡一切法義하며 能隨想力하야 入一切刹하야 普照衆生하야 悉使淸淨하나니 菩薩摩訶薩이 以此不壞廻向之力으로 攝諸善根하야 如是廻向이니라

보살마하살이 이런 회향에 머물 때에는 일체 무수한 부처님을 뵈옵고 한량없이 청정하고 미묘한 법을 성취하여, 널리 중생에게 평등한 마음을 얻으며,

일체 법에 의혹이 없으며,

일체 모든 부처님의 위신력 가피로 수많은 마군에게서 항복받아 마군의 업을 영원히 여의며,

고귀한 집안에 태어나 보리심이 원만하며,

걸림 없는 지혜를 얻되 다른 이의 힘에 의하지 않으며,

일체 법과 그 뜻을 잘 열어 밝히며,

생각을 따르는 힘으로 일체 세계에 들어가 중생을 널리 비춰

모두 청정하게 한다.

　　보살마하살은 이처럼 깨뜨릴 수 없는 회향의 힘으로 모든 선근을 거두어 이처럼 회향하는 것이다."

◉ 疏 ◉

亦如十地調柔等果라 文中에 初는 牒得時오 次得見下는 正辯果相이오 後菩薩下는 總結所屬이라

　　또한 十地에 調柔 등의 果位와 같다.

　　경문의 첫 부분은 때를 얻음을 이어 말하였고,

　　다음 '得見' 이하는 바로 果位의 형상을 논변하였고,

　　뒤의 '菩薩' 이하는 회향의 소속을 총체적으로 끝맺었다.

第二 偈頌

　　제2. 게송

經

爾時에 金剛幢菩薩이 承佛神力하사 普觀十方하고 即說頌言하사대

　　그때 금강당보살이 부처님이 지닌 헤아릴 수 없는 영묘하고도 불가사의한 힘을 받들어 널리 시방세계 중생을 살펴보고 게송으로 말하였다.

菩薩已得不壞意하야　　修行一切諸善業일세
是故能令佛歡喜니　　　智者以此而廻向이로다

　　보살이 깨뜨릴 수 없는 회향을 얻어
　　일체 모든 선업을 닦았기에
　　부처님을 기쁘게 해드렸다
　　지혜 있는 이는 이렇게 회향한다

供養無量無邊佛하야　　布施持戒伏諸根하고
爲欲利益諸衆生하야　　普使一切皆淸淨이로다

　　한량없고 그지없는 부처님 공양하여
　　보시와 계행으로 모든 몸을 조복하고
　　모든 중생에게 이익을 베풀기 위해
　　널리 일체중생을 모두 청정하게 하고자 하였다

● 疏 ●

二十五偈는 分三이니 初二는 頌所廻善根과 及第一節廻向이오 次
十八偈는 頌所成供行을 復將廻向이오 後五偈는 頌廻向所爲니라

　　25수 게송은 3단락으로 나뉜다.
　　앞의 2수 게송은 회향 대상의 선근 및 제1 회향을 읊었고,
　　다음 18수 게송은 성취 대상의 공양 행을 다시 들어 회향함을 읊었으며,
　　마지막 5수 게송은 회향의 목적을 읊었다.

一切上妙諸香華와　　　無量差別勝衣服과
寶蓋及以莊嚴具로　　　供養一切諸如來로다

　　가장 아름다운 모든 향과 꽃
　　한량없는 각기 다른 좋은 의복
　　보배 일산과 장엄거리로
　　일체 모든 부처님 전 공양 올린다

如是供養於諸佛을　　　無量無數難思劫호대
恭敬尊重常歡喜하야　　未曾一念生疲厭이로다

　　이처럼 부처님 전 공양하기를
　　한량없고 수없는 오랜 겁 동안
　　공경하고 존중하며 항상 기쁜 마음으로
　　잠깐 사이도 싫은 생각 내지 않는다

專心想念於諸佛　　　　一切世間大明燈하니
十方所有諸如來가　　　靡不現前如目睹로다

　　오롯한 마음으로 부처님 생각하니
　　일체 세간의 밝고 큰 등불
　　시방세계 계시는 모든 부처님
　　눈앞에 나타나 뵙는 듯하다

不可思議無量劫에　　　種種布施心無厭하며
百千萬億衆劫中에　　　修諸善法悉如是로다
　　　불가사의 한량없는 세월
　　　가지가지 보시, 싫어하는 마음 없고
　　　백천만억 수없는 겁 동안
　　　선한 법 닦는 일 또한 그와 같았다

彼諸如來滅度已에　　　供養舍利無厭足하야
悉以種種妙莊嚴으로　　建立難思衆塔廟로다
　　　저 수많은 부처님 열반하신 뒤
　　　사리에 공양하는 마음 싫은 줄 몰라
　　　가지각색 미묘한 모든 장엄거리로
　　　불가사의 수많은 사리탑 세웠어라

造立無等最勝形하야　　寶藏淨金爲莊嚴하니
巍巍高大如山王이라　　其數無量百千億이로다
　　　짝 없는 가장 훌륭한 형상 조성하여
　　　보배와 황금으로 장엄하니
　　　수미산처럼 우람하고 드높아
　　　그 수효 한량없는 백천억 탑이여

淨心尊重供養已에　　　復生歡喜利益意하고

不思議劫處世間하야 　　救護衆生令解脫이로다
　　청정한 마음으로 부처님 존중하고 공양하여
　　다시 환희심으로 중생의 이익 생각하고
　　불가사의 겁, 세간에 살면서
　　중생 구제하여 해탈케 하리라

了知衆生皆妄想하야 　　於彼一切無分別호대
而能善別衆生根하야 　　普爲群生作饒益이로다
　　중생이 모두 망상인 줄 분명히 알기에
　　그들에 대해 일체 분별심이 없지만
　　중생의 근기 잘 분별하여
　　널리 중생 위해 이익을 베푼다

● 疏 ●

二中 亦二니 前八은 頌所廻善根이라
　　다음 18수 게송은 또 2부분으로 나뉜다.
　　앞의 8수 게송은 회향 대상의 선근을 읊었다.

經

菩薩修集諸功德이 　　廣大最勝無與比라
了達體性悉非有하고 　　如是決定皆廻向이로다
　　보살이 모든 공덕 닦고 모아

광대함이 가장 훌륭하여 짝이 없어라
그 성품 모두 없는 줄 잘 알고
이처럼 결정하여 모두 회향하여라

以最勝智觀諸法하니 **其中無有一法生**이라
如是方便修廻向이여 **功德無量不可盡**이로다

가장 훌륭한 지혜로 모든 법 살펴보니
그 가운데 하나의 법도 생겨남이 없다
이러한 방편으로 회향 닦으니
그 공덕 한량없고 다함없어라

以是方便令心淨하야 **悉與一切如來等**하니
此方便力不可盡일세 **是故福報無盡極**이로다

이런 방편으로 마음 청정케 하여
일체 부처님과 모두 평등하니
이러한 방편의 힘 그지없기에
따라서 복덕 과보 끝이 없어라

發起無上菩提心하야 **一切世間無所依**라
普至十方諸世界호대 **而於一切無所礙**로다

위없는 보리심 일으켜
일체 세간에 의지한 바 없다

널리 시방 모든 세계 두루 가시되

그 어디에도 걸린 바 없어라

◉ 疏 ◉

後十은 頌迴向之行이라 文中 三이니 初四는 頌迴向之心이라

다음 18수 게송 가운데, 뒤의 10수 게송은 회향의 행을 읊었다.
10수 게송은 3단락이다.
앞의 4수 게송은 회향의 마음을 읊었다.

經

一切如來出世間은　　爲欲啓導衆生心이시니
如其心性而觀察하야　　畢竟推求不可得이로다

일체 여래께서 세간에 오신 뜻은
중생 마음 깨우쳐 이끌어주려는 것이지만
그들의 마음 본성대로 살펴보니
끝까지 찾아봐도 찾을 길 없다

一切諸法無有餘하야　　悉入於如無體性이라
以是淨眼而迴向하야　　開彼世間生死獄이로다

일체 모든 법 하나도 남김없이
모두 진여에 들어가 체성 없나니
청정한 이 눈으로 회향하여

세간의 생사 지옥 깨부쉈다

● 疏 ●

次二는 頌廻向之相이라

다음 2수 게송은 회향의 양상을 읊었다.

經

雖令諸有悉淸淨이나　　亦不分別於諸有하며
知諸有性無所有니　　而令歡喜意淸淨이로다

　모든 오염의 법 청정케 하셨지만
　모든 법을 분별하는 일 없고
　모든 법의 체성이 없는 줄 알고서
　중생의 마음 환희하고 청정케 하였다

於一佛土無所依하고　　一切佛土悉如是하며
亦不染著有爲法하야　　知彼法性無依處로다

　그 어떤 국토에도 의지한 바 없고
　일체 불국토 모두 그러하며
　또한 세간의 유위법 물들지 않아
　그 법성 의지처 없는 줄 아네

以是修成一切智하야　　以是無上智莊嚴일세

以是諸佛皆歡喜시니　　　是爲菩薩廻向業이로다

　　이것으로 일체 지혜 닦아 이루고
　　이것으로 위없는 지혜를 장엄하여
　　이것으로 모든 부처님 기뻐하시니
　　이는 보살의 회향하는 일

菩薩專心念諸佛의　　　無上智慧巧方便하고
如佛一切無所依하야　　　願我修成此功德이로다

　　보살이 오롯한 마음으로 모든 부처님
　　위없는 지혜와 훌륭한 방편 생각하고
　　부처님께 일체 의지한 바 없듯이
　　나도 이와 같은 공덕 닦아 성취하리라

● 疏 ●

後四는 頌廻向行成이라

　　뒤의 4수 게송은 회향의 행이 성취됨을 읊었다.

經

專心救護於一切하야　　　令其遠離衆惡業하나니
如是饒益諸群生을　　　繫念思惟未曾捨로다

　　오롯한 마음으로 일체중생 구제하여
　　수많은 악업 멀리 여의게 하니

이처럼 중생에게 이익 주고자
마음 두고 생각하여 버릴 적 없었다

住於智地守護法하야　　不以餘乘取涅槃하고
唯願得佛無上道하나니　菩薩如是善廻向이로다

　지혜에 머물면서 법 수호하여
　이승 등으로 열반을 취하지 않고
　부처님의 위없는 도 얻기 원하니
　보살이 이와 같이 회향하여라

不取衆生所言說과　　　一切有爲虛妄事하나니
雖復不依言語道나　　　亦復不着無言說이로다

　중생들이 하는 말과
　세간의 허망한 유위법에 집착하지 않는다
　비록 언어에 의지하지 않지만
　말 없는 것에도 집착하지 않는다

十方所有諸如來가　　　了達諸法無有餘하시니
雖知一切皆空寂이나　　而不於空起心念이로다

　시방세계 계시는 모든 부처님
　모든 법 남김없이 모두 아신다
　비록 일체가 모두 공적한 줄 알지만

공적하다는 마음도 내지 않는다

以一莊嚴嚴一切호대   **亦不於法生分別**이라
如是開悟諸群生하야   **一切無性無所觀**이로다

   하나의 장엄으로 모든 것 장엄하지만
   법에 대한 분별심을 내지도 않는다
   이처럼 모든 중생 깨우쳐주지만
   일체 자성이 없는 터라, 볼 대상도 없다

● 疏 ●

頌廻向所爲니 可知니라

   회향하는 목적을 읊은 것으로, 설명하지 않아도 알 수 있다.

● 論 ●

已上頌이 有五十行은 兩行一頌이 皆頌當位之中廻向所行之行이라 如文自具일세 不煩更釋이로니 如文行之어다

   위 게송의 50항은 2줄이 하나의 게송으로 이뤄져 모두 해당 지위에 있어 회향으로 행해야 할 바의 행을 읊었다. 게송에서 말한 바와 같이 그 나름 모두 갖추고 있기에 번거롭게 다시 해석하지 않으니 경문처럼 행해야 할 것이다.

第二隨文解義者는 云何爲不壞廻向고 雖遶生死海나 不壞法身하며 雖遶分別이나 而不壞無作하며 雖遶諸見이나 而不壞法眼하며 雖遶順

諸行이나 而不壞菩提心하며 雖敎化成熟衆生하야 皆至佛果나 不壞身心無依住門하며 雖遁一切衆生하야 知根同事나 而不壞戒體恒自白淨일세 是故로 名爲不壞廻向이라

제2. 경문을 따라 그 의의를 해석함에 있어, 무엇을 '깨뜨릴 수 없는 회향'이라고 말하는가?

비록 생사윤회의 바다를 따라 몸을 나타내지만 법신을 깨뜨리지 않으며,

비록 분별을 따르지만 작위 없는 것을 깨뜨리지 않으며,

비록 여러 견해를 따르지만 법안을 깨뜨리지 않으며,

비록 여러 행위를 따르지만 보리심을 깨뜨리지 않으며,

비록 중생을 교화, 성숙시켜 모두 불과에 이르게 하지만 의지와 머묾이 없는 몸과 마음의 법문을 깨뜨리지 않으며,

비록 일체중생에 따라 근기를 알고서 함께 일을 하지만 계율을 지키는 몸은 언제나 그 나름 청정함을 깨뜨리지 않는다.

이런 까닭에 그 이름을 '깨뜨릴 수 없는 회향'이라고 말하였다.

又一切世間出世間法의 無成壞體 此廻向體니 如經에 云如實法印으로 印諸業門하며 得法無生하야 住佛所住하며 觀無生性하야 印諸境界일세 諸佛護念으로 發心廻向하나니 與諸法性으로 相應廻向과 入無作法하야 成就所作方便廻向이 此是不壞廻向之大體也니 智不壞하며 生死不壞하며 大願不壞하며 大悲不壞하야 皆如實故라 如十住位엔 以離染大悲로 爲戒體일세 卽以海門國海雲比丘로 爲所表오 十行位中엔 卽以工巧算術로 以爲戒體일세 卽以釋天童子의 於河渚中算印

法으로 以爲所表니 爲明行爲河流歸海故어니와 十廻向中엔 以處俗
大悲로 爲戒體일세 卽以海師自在로 爲所表니라
第二廻向 竟하다

　　또한 일체 세간과 출세간 법의 이뤄지거나 무너짐이 없는 본체
가 회향의 본체이다. 경문에 이르기를 "진여실상의 법인으로 모든
업의 문에 도장을 찍으며, 생멸이 없는 법을 얻어 부처님이 머무신
자리에 머물며, 생멸이 없는 성품을 관조하여 모든 경계에 도장을
찍었기에 여러 부처님의 가호와 염려로 발심하여 회향하나니, 모
든 법성과 상응하는 회향과 작위가 없는 법에 들어가 하는 일마다
성취하는 방편 회향"이라는 것이 '깨뜨릴 수 없는 회향'의 大體
다. 지혜가 무너지지 않으며, 생사가 무너지지 않으며, 大願이 무
너지지 않으며, 大悲가 무너지지 아니하여 모두 진여실상이기 때
문이다.

　　십주의 지위에서는 雜染을 여읜 大悲로 戒의 체성을 삼기에,
해문국 海雲比丘로 이의 표상을 삼았고, 십행의 지위에서는 정교
한 算術로 계의 체성을 삼기에, 釋天童子의 河渚 가운데 算印法으
로 표상을 삼았다. 이는 십행으로 마치 강물이 흘러 바다에 돌아가
는 것과 같음을 밝힌 때문이지만, 십회향에서는 세속에서 중생과
함께하는 大悲로 계의 체성을 삼기에, 海師의 자재로 표상을 삼은
것이다.

　　제2 회향을 끝마치다.

第三 等一切佛廻向

長行亦二니 先은 位行이오 後는 位果라

前中亦三이니 初는 標名이라

> 제3. 일체 부처님과 똑같이 행한 회향
>
> 장항 또한 2단락으로 나뉜다.
>
> [1] 해당 지위의 행이며,
>
> [2] 해당 지위의 과이다.
>
> 앞의 해당 지위 행은 다시 3부분으로 나뉜다.
>
> 이는 1. 회향의 명제를 밝힘이다.

經

佛子여 云何爲菩薩摩訶薩의 等一切佛廻向고

"불자여, 무엇을 보살마하살의 '일체 부처님과 똑같이 행한 회향'이라 하는가?

● 疏 ●

標名者는 若準次文인댄 但等三世諸佛廻向之道어니와 準上인댄 亦等善根이라 故文云 如過去佛所行 一切善根하야 我亦如是라하니 故로 本業에 亦云 三世諸佛善을 一切時行이라하니 兼顯無間이라 故下文에 云 與妻子俱라도 未曾暫捨菩提之心이라하니 此從所等立名일세 卽等一切佛之廻向이니 以深入法性하야 行普門善而爲其性이라【鈔_ 兼

顯無間者는 上引本業은 但證等善根이니 以云一切時行이라 故云無間이라 '此從所等'下는 結得名이오 從以深入下는 出體性이라】

회향의 명제를 밝혔다는 것은 다음 경문에 준하면 단 삼세제불 회향의 도와 같을 뿐이지만, 위의 경문에 준하면 또한 선근과 같다. 이 때문에 경문에 이르기를 "과거불의 행한 바 일체 선근처럼 나 역시도 이와 같다."고 하였다. 따라서 본업경에 또한 이르기를 "삼세제불의 선을 일체 모든 시간에 행한다."고 하였다. 이는 모두 간단이 없음을 밝힌 것이다.

이 때문에 아래 단락에서 말하기를 "처자식과 함께해도 일찍이 잠시도 보리의 마음을 버리지 않았다."고 하였다. 이는 똑같은 바로 명제를 세운 까닭에 곧 일체 제불의 회향과 같다. 이는 깊이 법성에 들어가 보문선을 행하는 것으로 자성을 삼는다.【초_ "모두 간단이 없음을 밝혔다."는 것은, 위에서 본업경을 인용함은 선근이 똑같음을 증명했을 뿐이다. '一切時行'이라 말하였기 때문에 '간단이 없음[無間]'을 말한다. '此從所等' 이하는 명칭을 얻게 된 부분을 끝맺음이며, '從以深入' 이하는 體性을 말한 것이다.】

● 論 ●

第三에 等一切佛廻向은 以忍波羅蜜로 爲體오 餘九로 爲伴이니 表法中에 以善財童子의 所見可樂城東大莊嚴幢無憂林中無上勝長者是也라 爲城名可樂은 依主所行之行하야 立其名故니 爲明得法成忍에 人見可樂이오 住城東者는 爲明忍爲覺行之首니 爲表東方角亢

氏房之位 主衆善之首라 房爲靑龍하야 主吉慶位故로 以東方이 爲陽이며 爲生萬物之首니 明忍爲萬行之首하야 生衆福故라 故居城東也오 大莊嚴幢者는 忍隨違境不動이니 是幢義오 無憂林者는 明忍成行滿에 如林廣蔭也오 無上勝者는 衆行之中에 不勝忍也니 以無忍이면 不成行故라 餘는 廣如經說이라

제3. '일체 부처님과 똑같이 행한 회향'은 인바라밀로 체성을 삼고, 나머지 9가지로 도반을 삼는다. 법을 나타내는 가운데, 선재동자가 '可樂城 동편, 대장엄당 無憂林'에 주석한 無上勝長者를 친견함이 바로 그것이다.

성의 명칭을 '可樂'이라 한 것은 그곳의 法主가 행한 바의 행을 따라 그 이름을 세웠기 때문이다. 이는 법을 얻어 忍辱을 성취하였기에 사람들이 그를 보면 좋아함을 밝힌 것이다.

'성의 동편'에 주석했다는 것은 忍辱이 각행의 으뜸임을 밝히기 위함이다. 동방의 角·亢·氐·房의 별자리가 모든 선의 으뜸임을 주관한다는 점을 나타낸 것이다. 房의 별자리는 靑龍으로 吉慶을 주관하는 지위이기에 동방이 陽이며, 만물을 낳아주는 으뜸자리이다. 인욕이란 모든 행의 으뜸으로 많은 복을 내어줌을 밝힌 때문이다. 이런 이유에서 '성의 동편'에 주석한 것이다.

'대장엄당'이란 인욕으로 역경에 따라 흔들리지 않음이니 이는 幢의 뜻이다.

'無憂林'이란 인욕이 성취되고 행이 원만함이 마치 나무숲의 드넓은 그늘과 같음을 밝혔다.

'無上勝'이라 명명한 것은 수많은 행 가운데 인욕보다 더 좋은 것은 없다. 인욕이 없으면 행을 이루지 못하기 때문이다.

나머지는 널리 경문에서 말한 바와 같다.

二 依徵廣釋中二니 先總標舉니라

2. 물음에 따라 자세히 해석한 가운데 2단락이 있다.

앞에서는 모두 명제를 내세워 밝혔다.

經

佛子여 此菩薩摩訶薩이 隨順修學去來現在諸佛世尊의 廻向之道하나니

불자여, 보살마하살이 과거·미래·현재의 여러 부처님 세존의 회향하는 도를 따라 배우는 것이다.

◉ 疏 ◉

卽釋名也라

이는 회향의 명제에 대한 해석이다.

後 廣釋亦二니 先顯廻向이오 後明成益이라
前中에 又二니 先은 等隨相이오 後는 等離相이라

前中에 復二니 先은 明對境善根하야 以將廻向이오 後는 總攝萬善하야 以將廻向이라

前中에 又二니 初는 所廻善根이오 後는 正顯廻向이니 今은 初라

뒤의 널리 해석함 또한 2단락이다.

1) 앞에서는 회향을 밝혔고,

2) 뒤에서는 회향 성취의 이익을 밝혔다.

앞서 말한 회향은 다시 2부분으로 나뉜다.

⑴ 相을 따르는 것과 같고,

⑵ 相을 여의는 것과 같다.

앞의 상을 따름은 다시 2단락으로 나뉜다.

제1단락, 경계를 상대로 한 선근을 밝혀 장차 회향함이고,

제2단락, 모든 신을 총체로 받아들여 장차 회향함이다.

앞의 경계를 상대로 한 선근은 다시 2부분으로 나뉜다.

㈎ 회향 대상의 선근이고,

㈏ '佛子' 이하는 바로 회향을 밝혔다.

이는 ㈎ 회향 대상의 선근이다.

經

如是修學廻向道時에 見一切色과 乃至觸法의 若美若惡호대 不生愛憎하야 心得自在하며 無諸過失하야 廣大淸淨하며 歡喜悅樂하야 離諸憂惱하며 心意柔軟하야 諸根淸涼이니라

이처럼 회향하는 도를 배울 때에, 일체 색진(色塵: 五塵 등) 내지

촉진(觸塵), 법진(法塵)의 아름다운 것이나 추악함을 보더라도 사랑하거나 미워하는 마음을 내지 않고 마음에 자재함을 얻으며, 숱한 허물이 없어 넓고 크고 청정하며, 기쁘고 즐거워서 근심과 고뇌가 없으며, 마음이 부드러워 모든 근이 청정하고 시원하게 된다.

● 疏 ●

謂學佛修時에 於六境違順에 成四淨心하나니 一은 於順違에 成就行捨하야 不爲境牽을 名心自在오 二는 異於凡小니 以悲智廣大로 淨諸惑故오 三은 離憂過故로 有喜樂捨하고 無憂苦惱오 四는 禪定輕安故로 心意柔軟하야 不妄取境이라 故諸根淸涼이니라

부처님의 도를 배워 수양할 때에 六塵의 역경과 순경에 4가지 청정한 마음을 성취한다.

① 순경과 역경에 집착하거나 치우치지 않는 행[行捨]을 성취하여 경계에 이끌리지 않음을 '마음의 자재'라 말한다.

② 범부 소인과 다르다. 大悲大智가 광대하여 모든 미혹을 청정하게 하기 때문이다.

③ 근심과 허물을 여읜 까닭에 기쁨과 보시가 있고, 근심과 고뇌가 없다.

④ 선정으로 편안한 까닭에 마음이 부드러워 경계를 잘못 취하지 않기에 모든 근이 청정하고 시원하게 된다.

第二는 正廻向中에 廻向五乘之境이라

文分五段이니 一 佛이오 二 菩薩이오 三 有善衆生이오 四 二乘이오 五 有惡衆生이니 今은 初라

(나) 바로 회향을 밝힌 가운데, 다섯 부류의 경계에 회향함이다. 이는 5단락으로 나뉜다.

첫째 부처님께 회향, 둘째 보살에게 회향, 셋째 선근이 있는 중생에게 회향, 넷째 이승에 회향, 다섯째 삼악도에 있는 중생에게 회향함이다.

이는 첫째, 부처님께 회향함이다.

經

佛子여 菩薩摩訶薩이 獲得如是安樂之時에 復更發心하야 廻向諸佛하야 作如是念호대 願以我今所種善根으로 令諸佛樂으로 轉更增勝이니 所謂不可思議佛所住樂과 無有等比佛三昧樂과 不可限量大慈悲樂과 一切諸佛解脫之樂과 無有邊際大神通樂과 最極尊重大自在樂과 廣大究竟無量力樂과 離諸知覺寂靜之樂과 住無碍住恒正定樂과 行無二行不變異樂이니라

불자여, 보살마하살이 이처럼 안락을 얻었을 때, 다시 마음을 내어 부처님께 회향하여 이런 생각을 한다.

'원컨대 내가 지금 심은 선근이 모든 부처님으로 하여금 그 즐

233

거움이 더욱 커나가게 하여지이다.'

　　이른바 불가사의한 부처님이 머무시는 즐거움,

　　짝할 수 없는 부처님 삼매의 즐거움,

　　한량할 수 없는 대자비의 즐거움,

　　모든 부처님의 해탈 즐거움,

　　끝이 없는 큰 신통의 즐거움,

　　가장 존중하고 크게 자재한 즐거움,

　　광대하고 끝까지 이르는 한량없는 힘의 즐거움,

　　모든 깨달아 아는 것을 여의는 고요한 즐거움,

　　걸림 없이 머무를 데 머무는 바른 선정의 즐거움,

　　둘이 없는 행을 행하여 변하지 않는 즐거움이다.

● 疏 ●

文二니 先은 牒前起後오 後願以我下는 正顯所願이라
初는 總願樂增이라 然佛德已圓이어늘 今願增者는 尊重荷恩하야 展誠敬故니 亦猶獻芹於上하야 香華奉佛이 非彼須待니라【鈔_ 然佛德已圓下는 顯文意오 亦是通難이니 先은 出難이오 從'尊重荷恩'下는 釋이라 '亦猶獻芹'者는 即外典中事니 野老美之而獻於君이로되 君豈美之리오】

　　이 경문은 2단락이다.

　　앞은 위의 경문을 이어서 뒤의 경문을 일으켰다.

　　뒤의 '願以我' 이하는 바로 원하는 바를 밝혔는데, 첫 구절은 즐거움이 더하기를 총체로 원함이다. 그러나 부처님의 공덕이 이미 원만했음에도 여기에서 더하기를 원한 것은 입은 은혜를 존중하여 성의와 공경의 마음을 펼친 때문이다. 또한 이는 서민이 맛있다고 생각하는 미나리를 임금에게 바치는 것처럼, 향과 꽃으로 부처님을 받드는 것은 그런 물건이 필요해서가 아니다. 【초_ "그러나 부처님의 공덕이 이미 원만했다." 이하는 경문의 뜻을 밝힌 것이며, 또한 전반적으로 논란한 것으로, 앞에서는 논란을 제기했고, '從尊重荷恩' 이하는 해석하였다.

"또한 임금에게 미나리를 바쳤다."는 것은 유가 경전에서 나온 고사이다. 초야의 한 늙은이가 미나리가 맛있다고 생각한 나머지 임금에게 바쳤지만, 산해진미가 넘쳐나는 임금이 어떻게 미나리가 맛있다고 생각하겠는가.】

所謂下는 別이라 文有十句니 初句 望九면 亦是總句니 具下諸住故니 由此名不思議라 二는 卽天住니 謂海印等이오 三은 卽梵住오 四는 卽聖住니 謂無邊解脫等이오 五는 種類俱生이니 無作行通이라【鈔_ 卽天住等者는 智論에 云天住는 謂四禪이오 聖住는 謂三解脫이오 梵住는 謂四無量이라하니 皆通三乘이어니와 今皆約一乘果位일새 故皆無量이라 五種類等者는 卽三種意生身中에 第三이니 從十地得하야 至佛亦同이로되 但增勝耳언정 而非生死니 但取變化身耳라 三種之義는 第六廻向에 當辨호리라 】

'所謂' 이하는 개별로 말하였는데, 이 경문은 10구이다.

제1구는 아래 9구절과 대조하여 보면 이는 또한 총체로 말한 구절이다. 아래의 모든 住를 갖추고 있기 때문이다. 이러한 이유에서 '불가사의'라고 말한다.

제2구는 天住이다. 海印 등을 말한다.

제3구는 梵住이다.

제4구는 聖住이다. 그지없는 해탈 등을 말한다.

제5구는 종류에 따라 모두 태어남이니, 작위가 없이 모든 데에 가는 것이다.【초_ '天住' 등이란 지도론에 이르기를 "天住는 四禪을 이르고, 聖住는 三解脫을 이르고, 梵住는 四無量을 이른다."고 하였다. 이는 삼승에 모두 통하지만, 여기에서는 一乘果位로 말하였기 때문에 모두 '無量'이라 말한다.

"제5구는 종류에 따라 모두 태어난다." 등이란 3가지 意生身 가운데 제3 의생신이다. 十地로부터 佛에 이르기까지 또한 똑같지만, 단 더욱 훌륭할 뿐, 생사가 아니다. 그저 변화신만을 취했을 뿐이다. 3가지 의생신에 대한 뜻은 제6 회향에서 논변할 것이다.】

六은 十自在樂이며 或八自在我이며【鈔_ 或八自在我者는 卽涅槃二十三經에 云一은 能示一身으로 以爲多身等이오 二는 示一塵身이 滿三千界오 三은 能以滿三千界身으로 飛擧過二十恒河沙等世界로되 而無障礙오 四는 心自在故而得自在니 云何自在오 如來 一心安住不動이나 身化無量類形等이오 五는 根自在니 一根見色聞聲等이오 六은 以自在故로 得一切法이니 謂無得而得等이라】

제6구는 10가지의 자재락, 혹은 8가지의 自在我이다.【초_ "혹은 8가지의 自在我"란 열반경 23에서 말하였다.

"① 하나의 몸으로 많은 몸을 보여주는 등이며,

② 한 티끌의 몸이 삼천대천세계에 가득함을 보임이며,

③ 삼천대천세계에 가득한 몸으로 20곳 恒河沙 등의 세계를 날아 지내되 장애가 없음이며,

④ 마음이 자재한 때문에 자재함을 얻음이다. 무엇을 자재함이라 말하는가? 여래께서 한결같은 마음이 안주하여 움직이지 않으나 몸은 한량없는 유의 형상으로 변화하는 등이며,

⑤ 근이 자재함이니, 하나의 근이 색을 보거나 소리를 듣는 등이며,

⑥ 자재하기 때문에 일체 법을 얻음이니, 얻음이 없이 얻음 등을 말한다."】

七은 智用無邊이며【鈔_ 七說自在故니 謂說一偈義를 經無量劫等이라】

제7구는 지혜의 작용이 끝없음이다.【초_ 제7구는 설법이 자재하기 때문이다. 한 게송의 의의를 설하되 한량없는 겁을 거쳐야 하는 등을 말한다.】

八은 離覺圓寂이며【鈔_ 八如來徧滿一切諸處호되 猶如虛空之性하야 不可得見이니 廣釋如彼라 皆明無得無作이로되 而有所成일세 故云 自在니 今但畧列而已라】

제8구는 깨달았다는 것마저 여읜 원적이다.【초_ 제8구는 여래께서 일체 모든 곳에 두루 가득 계시지만, 마치 허공 자체처럼 볼 수 없다. 자세한 해석은 그 부분에서 말한 바와 같다. 이는 모두 얻음도 없고 작위도 없지만, 성취한 바가 있기에 자재하다고 말한다.

여기에서는 간추려 나열했을 뿐이다.】

九는 大用恒湛이며

제9구는 큰 작용이 항상 담담함이다.

十은 二行永亡이라【鈔_ 二行永亡者는 卽上二十一種功德 第一이니 已如前辨이라】

제10구는 2가지 行이 길이 사라짐이다.【초_ "2가지 行이 길이 사라짐"이란 위에서 말한 21가지 공덕 가운데 제1 공덕이다. 이미 앞에서 논변한 바와 같다.】

二. 廻向菩薩

둘째, 보살에게 회향하다

經

佛子여 菩薩摩訶薩이 以諸善根으로 廻向佛已코 復以此善根으로 廻向菩薩하나니
所謂願未滿者로 令得圓滿하며 心未淨者로 令得淸淨하며 諸波羅蜜未滿足者로 令得滿足하며 安住金剛菩提之心하며 於一切智에 得不退轉하며 不捨大精進하야 守護菩提門一切善根하며 能令衆生으로 捨離我慢하고 發菩提心하며 所願成滿하야 安住一切菩薩所住하며 獲得菩薩明利諸根하며 修習善根하야 證薩婆若니라

불자여, 보살마하살이 모든 선근으로 부처님께 회향하고, 다시 이러한 선근으로 보살에게 회향한다.

이른바 서원이 원만하지 못한 자는 원만케 하며,

마음이 청정하지 못한 자는 청정케 하며,

바라밀이 만족하지 못한 자는 만족케 하며,

금강 보리심에 편히 머물며,

일체 지혜에 물러서지 않으며,

큰 정진을 버리지 아니하여 보리법문인 일체 선근을 수호하며,

중생으로 하여금 '나'라는 교만을 버리고 보리심을 내게 하며,

소원을 성취하여 일체 보살의 머문 곳에 편히 머물게 하며,

보살의 밝고 영리한 근기를 얻게 하며,

신근을 닦아 모든 법을 깨닫는 지혜를 증득케 한다.

◉ 疏 ◉

亦二라 初는 結前生後요 後所謂下는 正顯有十이니 前六은 自行이오 後四는 利他라
前中에 通有三義니 一은 通相辯이니 隨願行等而滿故요 二는 究竟滿故요 三은 從次滿이라【鈔_ 從次滿者는 此義該下諸句니 卽次第滿義니라】

이 또한 2부분이다.

앞부분은 위의 경문을 끝맺으면서 뒤의 문장을 일으켰고,

뒤의 '所謂願未滿' 이하는 바로 10가지를 밝혔다. 앞의 6구는

자리행이고, 뒤의 4구는 이타행이다.

앞의 6구는 전반적으로 3가지 뜻이 있다.

① 공통의 상으로 말하였다. 願行 등을 따라 원만한 때문이며,

② 究竟에 원만한 때문이며,

③ 차례대로 원만함이다. 【초_ "차례대로 원만함"이란, 이 뜻은 아래의 모든 구절에서 말한 뜻을 갖추고 있다. 이는 차례대로 원만하다는 뜻이다.】

初信中 隨緣之願이니 如淨行品이오 二는 淨十住解心이라 故晉經에 云未淨直心者오 三은 成十行이오 四는 成十向이라 故菩薩戒에 名十金剛이오 五는 得初地已上에 證不退故오 六은 得八地已上에 無功用行을 名大精進이오 任運了一切法을 名護菩提門善根이라【鈔_ 初句는 信滿이오 二는 十住滿이라 故晉經에 云未淨直心은 證成此句是住義니 十住에 直心增故니라 故云心未得淨者로 令得淸淨이라하니라】

제1구는 십신 가운데 반연에 따른 서원이니 제11 정행품에서 말한 바와 같다.

제2구는 십주의 이해하는 마음을 청정케 함이다. 따라서 晉經에 이르기를 "청정하지 못한 直心이다."고 하였다.

제3구는 십행을 성취하였다.

제4구는 십회향을 성취하였다. 이 때문에 보살계에서 '十金剛'이라 말하였다.

제5구는 初地 이상에서 증득하여 물러서지 않음을 얻은 때문이다.

제6구는 八地 이상에서 작용이 없는 행을 얻음을 '大精進'이라 말하고, 마음 따라 모든 법을 깨달은 것을 보리법문인 일체 선근을 수호한다고 말한다. 【초_ 제1구는 신심 원만이며, 제2구는 십주가 원만한 때문이다. 진경에서 "청정하지 못한 直心" 운운한 것은 이 구절이 십주의 뜻임을 증명한 것으로, 십주에서 直心이 더해지기 때문이다. 이 때문에 "마음이 청정하지 못한 자는 청정케 한다."고 하였다.】

後能令衆生下는 四利他中에 初는 令證發心이니 離二我故오 二는 徧安諸地오 三은 通得地中之德이오 四는 令證佛果니라

뒤의 '能令衆生' 이하 4구의 이타행 가운데, 첫 구절은 중생으로 하여금 발심을 증득케 하는 것으로 人我와 法我를 여읜 때문이며, 제2구는 모든 지위에 두루 안주함이며, 제3구는 지위의 덕을 전반적으로 얻음이며, 제4구는 佛果를 증득하도록 함이다.

三은 廻向有善衆生이라

셋째, 선근을 지닌 중생에게 회향하다

經

佛子여 菩薩摩訶薩이 以諸善根으로 如是廻向菩薩已하고 復以廻向一切衆生호대 願一切衆生의 所有善根이 乃至極少하야 一彈指頃을 見佛聞法하고 恭敬聖僧이라도 彼諸善

根이 皆離障碍하야 念佛圓滿하며 念法方便하며 念僧尊重하며 不離見佛하야 心得淸淨하며 獲諸佛法하야 集無量德하며 淨諸神通하야 捨法疑念하고 依敎而住니

　불자여, 보살마하살이 모든 선근으로 이처럼 보살에게 회향하고, 다시 일체중생에게 회향하되,

　일체중생이 심은 선근이 극히 적더라도 손가락 한 번 튀기는 동안에 부처님을 보고 법을 듣고 스님을 공경할지라도 저 모든 선근이 모두 장애를 여의고서,

　부처님의 원만함을 생각하고, 법의 방편을 생각하고, 스님들의 존중함을 생각하며,

　부처님 친견을 여의지 않고서 마음에 청정함을 얻고, 부처님의 법을 얻어 한량없는 공덕을 모으며, 모든 신통을 청정하게 하여 법에 대한 의심을 여의고 가르침을 따라 머물기를 원하였다.

◉ 疏 ◉

亦是迷眞實義愚衆生이 有於少善이로되 但爲求有하야 處人天乘일새 今令住佛乘하야 以成十益이라
初三은 令念三寶오 次三은 念已成德이오 後三은 由德成益이니 各如次配佛法僧寶니 念佛三昧로 能發通故니라【鈔_ 各如次配者는 如云不離見佛은 卽由前念佛圓滿所成等이오 淨諸神通은 卽是常見佛益이니 由此句似隱이라 故疏釋에 云念佛三昧能發通故라하니라】

　또한 진실한 이치에 혼미한 어리석은 중생이 적은 선이 있을지

라도 다만 有를 구하여 人天乘에 거처함이 되기에, 여기에서는 佛乘에 머물러 10가지 이익을 성취하도록 하였다.

앞의 3구절은 삼보를 생각하도록 하였고,

다음 3구절은 삼보를 생각하고서 덕을 성취하도록 하였으며,

뒤의 3구절은 덕의 성취를 통하여 이익을 성취하도록 한 것이다.

각각 차례와 같이 불법승 삼보에 짝하니, 이는 염불삼매로 신통을 일으키기 때문이다. 【초_ "각각 차례와 같다."는 것은, 예컨대 "부처님 친견을 여의지 않고서"라고 운운한 것은 앞의 염불 원만을 통하여 성취한 바의 등에서 연유함이며, "모든 신통을 청정하게" 함은 항상 부처님을 친견한 이익에 의함이다. 이 구절은 그 의의가 보이지 않는 듯하기에, 청량소에서 해석하기를 "염불삼매로 신통을 일으키기 때문이다."고 하였다.】

四는 廻向二乘이라

넷째, 이승에 회향하다

經
如爲衆生如是廻向하야 爲聲聞辟支佛廻向도 亦復如是니라

중생을 위해 이와 같이 회향하여 성문과 벽지불에게 회향함 또한 그와 같다.

◉ 疏 ◉

然이나 衆生은 於佛法에 易反復이라 故先廻向之오 二乘은 終竟廻心일새 故亦不捨니 例前成益이라【鈔_ 於佛法易反復者는 卽淨名第二에 '凡夫는 於佛法에 有反復이나 而聲聞無也'라하니 以聲聞斷結이라 故下云終竟廻心'은 揀異定性이니 下當廣引이라】

그러나 중생은 불법에 대해 쉽사리 번복하기에 먼저 회향하고, 이승은 마침내 마음으로 회향하기에 또한 버리지 않는다. 앞서 말한 성취의 이익에 준한다.【초_ "불법에 대해 쉽사리 번복한다."는 것은 유마경 제2에 이르기를 "범부는 불법에 대해 번복함이 있으나 성문은 없다."고 하니, 성문은 세간의 모든 번뇌를 끊었기 때문이다. 그러므로 아래에서 "마침내 마음으로 회향한다." 운운한 것은 定性과 다름을 구별한 것이다. 아래 해당 부분에서 자세히 인용하고자 한다.】

五는 爲於有惡이라

다섯째, 삼악도에 있는 중생을 위해 회향하다

經

又願一切衆生이 永離地獄餓鬼畜生과 閻羅王等一切惡處하고 增長無上菩提之心하야 專意勤求一切種智하며 永不毁謗諸佛正法하고 得佛安樂하야 身心淸淨하야 證一切

智니라

또한 일체중생이 지옥·아귀·축생·염라왕 등 모든 나쁜 곳을 영원히 여의고, 위없는 보리심을 더욱 키워나가면서 오롯한 마음으로 일체 지혜를 구하며, 부처님의 바른 법을 영원히 훼방하지 않고, 부처님의 안락을 얻어 몸과 마음이 청정하여 일체 지혜를 증득하기를 원하였다.

◉ 疏 ◉

謂不遺闡提니 亦是迷異熟愚衆生이 不見苦果故니라
初는 令離苦果하고 成因善이오 後'永不'下는 令離惡因하고 成當果니라
【鈔_ '亦是迷異熟愚衆生'者는 對前迷勝義愚니 亦如前釋이라】

전혀 성불할 수 없는 闡提까지도 버리지 않음을 말하니, 또한 이는 異熟을 모르는 어리석은 중생이 고통의 과보를 보지 못한 때문이다.

첫 단락은 고통의 과보를 여의고 선업의 원인[因善]을 성취하도록 하였고, 뒤의 '永不毁謗' 이하는 악업의 원인을 여의고 앞으로 언젠가 부처의 지위에 오름[當果]을 성취하도록 하였다.【초_ "또한 이는 異熟을 모르는 어리석은 중생"이란 앞서 말한 훌륭한 진리를 모르는 어리석음을 상대로 말한 것이다. 이 또한 앞의 해석과 같다.】

上來五段에 初一은 廻向菩提오 餘四는 廻向衆生이라

위의 5단락 가운데, 첫 단락은 보리에 회향함이며, 나머지 4단

락은 중생에 회향함이다.

第二 總攝萬善廻向中二니 先은 總顯其相이오 後는 歷事別陳이니 今은 初라

제2단락, 모든 선을 총체로 받아들여 회향함은 2부분으로 나뉜다.

㈎ 그 형상을 모두 밝혔고,
㈏ 일을 차례대로 나열하여 개별로 말하였다.
이는 ㈎ 그 형상을 모두 밝혔다.

經

佛子여 菩薩摩訶薩의 所有善根이 皆以大願으로 發起正發起하며 積集正積集하며 增長正增長하야 悉令廣大하야 具足充滿이니라

불자여, 보살마하살이 지닌 선근이 모두 큰 서원으로 일으켰고 바르게 일으켰으며, 쌓았고 바르게 쌓았으며, 더욱 키우고 바르게 더욱 키워서, 모든 것을 넓고 크게 하고 구족하고 충만하게 하였다.

● 疏 ●

'所有善根'은 卽所發起等也오 '皆以大願'은 卽能發起等也라

別有三句니 一은 未生善根을 以大願方便으로 發起令生이라 故晉經에 以發起爲行이라 二는 亦以大願으로 積集令多요 三은 隨已生善하야 一一增勝하야 令充佛地라 而皆有重句하야 云正發起等者는 謂隨發起積集增進하야 必向三處하고 不餘趣求하야 離諸過失을 名之爲正이라 '悉令'已下는 總結成益이니 由正發等故로 令稱悲智니 故名廣大라하고 由發起積集故로 諸善具足이오 由增長故로 一一充滿法界이오 等於如來하야 無善不爾라 故云悉令이니라

'所有善根'이란 일으켰던 대상 등을 말하고, '모두 큰 서원'이란 일으켰던 주체 등을 말한다.

개별로 3구가 있다.

① 생겨나지 않은 선근을 큰 서원의 방편으로 일으켜 생겨나도록 하였기에 晉經에서는 일으키는 것으로 행을 삼았다.

② 또한 큰 서원으로 쌓아가고 모아서 보다 많도록 만들어 나가는 것이다.

③ 이미 생겨난 선을 따라 하나하나 더욱 훌륭하게 키워나가 부처의 지위에 충만하도록 하는 것이다.

그러나 이는 모두 중복의 의미를 지닌 구절로 '正發起' 등이라 말한 것은 일으킨 것과 쌓아 모으는 것과 더욱 키워나감에 따라 반드시 3곳만을 향할 뿐, 나머지 다른 부분을 구하지 아니하여 모든 과실을 여읜 것을 '바르다[正]'고 말한다.

'悉令' 이하는 이익의 성취를 총체로 끝맺었다. 바르게 일으키고 바르게 쌓아가고 바르게 키워나가 大悲大智에 부합하도록 한

까닭에 '廣大'라 말하고, 일으키고 쌓아감으로 연유하여 모든 선이 구족하고, 더욱 키워나감으로 연유하여 하나하나가 법계에 충만하고, 여래와 똑같아 모든 선이 다 그러하기에 '모두 그렇게 만든다[悉令].'고 말하였다.

─

第二는 歷事別陳이니 諸善非一이라 畧擧一兩하야 以顯隨緣攝善이 皆成廻向이라 文中二니 初는 顯增長廻向이오 後佛子菩薩爾時下는 明積集廻向이라 其發起廻向은 通在二處니 前段은 亦是大悲隨順이오 後段은 以明大悲深重이니 此約善根이어니와 若據廻向인댄 前明廻向菩提는 爲衆生故오 後廻向衆生은 令得菩提라 皆是綺互니 欲顯一時廻向三處耳라

今初增長中 分二니 先은 別明이오 後菩薩如是下는 總結이라

前中三이니 初는 明隨染無汙廻向이라

　(나) 일을 차례대로 나열하여 개별로 말하였다. 모든 선이 하나가 아니기에 단 한두 개만을 대충 들어 반연에 따라 선을 받아들임이 모두 회향의 성취임을 밝힌 것이다.

　이 경문은 2부분으로 나뉜다.

　첫째, 더욱 키워나가는 회향을 밝혔고,

　둘째, '佛子菩薩爾時' 이하는 쌓아가고 모아가는 회향을 밝혔다.

　'서원을 일으키는 회향'은 2부분에 모두 담겨 있다. 앞부분은 또한 大悲를 따름이며, 뒷부분은 대비가 깊고 중대함을 밝혔다. 이

는 선근으로 말하였지만, 회향에 근거하여 보면 앞에서 보리 회향을 밝힌 것은 중생을 위한 때문이며, 뒤에서 중생회향을 밝힌 것은 보리를 얻게 하기 위함이다. 이의 전후 문장은 모두 그 뜻을 서로 밝혀주는 것으로, 3곳을 일시에 회향함을 밝히고자 함이다.

첫째, 더욱 키워나가는 회향은 다시 2부분으로 나뉜다.

앞은 개별로 밝혔고, 뒤의 '菩薩如是' 이하는 총체로 끝맺었다.

'앞의 개별 부분'은 다시 3부분으로 나뉜다.

① 오염을 따르면서도 더럽혀짐이 없는 회향을 밝혔다.

經

佛子여 菩薩摩訶薩이 在家宅中하야 與妻子俱호대 未曾暫捨菩提之心하고 正念思惟薩婆若境하야 自度度彼하야 令得究竟하며 以善方便으로 化己眷屬하야 令入菩薩智하야 令成熟解脫하고 雖與同止나 心無所着하며 以本大悲로 處於居家하야 以慈心故로 隨順妻子나 於菩薩淸淨道에 無所障碍하며

불자여, 보살마하살이 집에서 처자와 함께 살면서도 보리의 마음을 잠깐도 버리지 않고, 일체 지혜의 경계를 바른 마음으로 생각하여 자신도 제도하고 남들도 제도하여 마지막 자리까지 이르게 하며, 좋은 방편으로 자신의 권속을 교화하여 보살의 지혜에 들어가 성숙하여 해탈케 하며, 비록 함께하면서도 집착하는 마음이 없고, 본래의 대비의 마음으로 집에 살면서 자비의 마음으로 처자를

따르지만 보살의 청정한 도에 장애가 없으며,

● 疏 ●

以慈故隨染이오 以智故居淸淨道하야 念薩婆若니라

자비의 마음 때문에 오염을 따르고, 大智 때문에 청정한 도에 거처하면서 일체 지혜를 생각한다.

二는 動與道合廻向이니 徧而無間이라

② 움직이는 일마다 도에 부합하는 회향이다. 모든 곳에 두루 간단이 없음이다.

經

菩薩摩訶薩이 雖在居家하야 作諸事業이나 未曾暫捨一切智心하나니 所謂若着衣裳과 若噉滋味와 若服湯藥과 澡漱塗摩와 廻旋顧視와 行住坐臥와 身語意業과 若睡若寤하는 如是一切諸有所作에 心常廻向薩婆若道하야 繫念思惟하야 無時捨離하고

보살마하살이 비록 집에 거처하면서 모든 일을 하지만, 일체 지혜의 마음을 잠깐도 버린 적이 없다.

이른바 옷을 입거나, 맛있는 음식을 먹거나, 약을 먹거나, 몸을 씻고 양치하고 바르고 만지거나, 몸을 돌리거나, 돌아보거나, 걷고

서고 앉고 눕거나, 몸과 언어와 생각하는 일이나, 자거나 깨거나 이처럼 모든 일을 행할 때에도, 마음은 항상 일체 지혜의 도에 회향하여 마음 두어 생각하기에 잠깐도 버리지 않는다.

三은 總顯迴向之相이니 正顯前文大願發起增長之義라

③ 회향의 형상을 총체로 밝혔다. 바로 앞부분에서 말한 "큰 서원을 일으켜 더욱 키워나간다."는 뜻을 밝혔다.

經

爲欲饒益一切衆生하야 安住菩提無量大願하며 攝取無數廣大善根히야 勤修諸善하야 普救一切하며 永離一切憍慢放逸하며 決定趣於一切智地하며 終不發意하야 向於餘道하며 常觀一切諸佛菩提하며 永捨一切諸雜染法하며 修行一切菩薩所學하며 於一切智道에 無所障碍하며 住於智地하야 愛樂誦習하며 以無量智로 集諸善根하며 心不戀樂一切世間하고 亦不染著所行之行하야 專心受持諸佛教法하나니

일체중생에게 이익을 주기 위해, 보리의 한량없는 큰 서원에 안주하고,

수없이 광대한 선근을 거두어 선한 모든 일을 부지런히 닦아 모든 이들을 널리 구제하고 보호하며,

일체 교만과 방일을 길이 여의고,

결정코 일체 지혜의 자리에 나아가며,

끝까지 다른 길에 향하려는 생각을 내지 않고,

언제나 일체 부처님의 보리를 살펴보며,

영원히 일체 잡되고 물드는 법을 버리고,

일체 보살이 배웠던 바를 닦아 행하며,

일체 지혜의 도에 장애되는 바가 없고,

일체 지혜의 자리에 안주하여 좋아하고 외우고 익히며,

한량없는 지혜로 선근을 모으고,

마음에 일체 세간의 일을 그리워하지도 않으며,

또한 행해야 할 행을 더럽히지 않고 오롯한 마음으로 부처님의 가르침을 받아 지니는 것이다.

● 疏 ●

文中二니 先은 總明이니 初句는 標意오 '安住'下는 卽能發起願이오 攝取下는 所起所增善根이오 普救一切는 卽結成正義라

二 '永離'下는 別顯이라 文有十句니 一은 離惑故오 二는 正趣向故오 三은 不取餘道故오 四는 正觀故오 五는 捨離染故오 六은 具修因故오 七은 於菩提因에 捨二障故오 八은 持誦智地오 九는 以智習善이오 十은 不染世行하고 受出世法이라 十皆自德으로 能向菩提어니와 若以上 '普救一切' 貫之면 則十皆爲生하야 令得此善이니라 【鈔_ 謂離惑故者는 卽永離一切憍慢放逸이니 放逸은 衆惑之根이오 憍는 爲染法所依며

慢은 能長淪生死라 故離此二면 諸惑皆離라 餘可思準이라 】

이 경문은 2부분으로 나뉜다.

앞에서는 총체로 밝혔다.

제1구는 주된 뜻을 내세웠고,

제2구 '安住' 이하는 곧 서원을 일으킴이며,

제3구 '攝取' 이하는 일으키는 바와 더욱 키워나가는 선근이고,

제4구의 "모든 이들을 널리 구제한다."는 것은 곧 바른 뜻을 끝맺음이다.

뒤의 '永離一切憍慢' 이하는 개별로 밝혔다.

이의 해당 경문은 10구이다.

제1구(永離一切憍慢放逸)는 미혹을 여의었기 때문이며,

제2구(決定趣於一切智地)는 바르게 나아가기 때문이며,

제3구(終不發意 向於餘道)는 그 밖의 도를 취하지 않기 때문이며,

제4구(常觀一切諸佛菩提)는 바른 觀을 지녔기 때문이며,

제5구(永捨一切諸雜染法)는 오염을 버렸기 때문이며,

제6구(修行一切菩薩所學)는 원인을 닦아 구족하였기 때문이며,

제7구(於一切智道 無所障碍)는 보리 인연에 번뇌장과 소지장을 버렸기 때문이며,

제8구(住於智地 愛樂誦習)는 일체 지혜 자리를 지니고 외웠기 때문이며,

제9구(以無量智 集諸善根)는 지혜로 선을 익혔기 때문이며,

제10구(心不戀樂… 受持諸佛敎法)는 세간의 행에 물들지 않고 출세

253

간의 법을 받은 것이다.

10구는 모두 자신의 공덕으로 보리에 향한 일이지만, 위에서 말한 "모든 이들을 널리 구제한다."는 구절로 관통하여 보면, 10구는 모두 중생을 위해 이와 같은 선을 얻도록 함이다. 【초_ "미혹을 여의었기 때문"이란 곧 일체 교만과 방일을 영원히 여읜 것이다. 방일은 수많은 미혹의 뿌리이고, '나'라고 내세우는 憍는 오염된 법이 의지하는 대상이며, 거만(慢)함은 생사고해에 길이 빠지게 만드는 것이다. 따라서 이 2가지(憍·慢)를 여의면 모든 의혹을 다 여의게 된다. 나머지는 이에 준하여 생각하면 알 수 있다.】

二는 總結이라

뒤는 총체로 끝맺음이다

經

菩薩이 如是 處在居家에 普攝善根하야 令其增長하야 廻向諸佛無上菩提니라

보살이 이처럼 집에 살면서도 선근을 두루 거두어 더욱 키워나가 부처님의 위없는 보리에 회향하는 것이다.

● 疏 ●

結中에 以此文證인댄 釋增長義 理甚分明이라

끝맺는 가운데, 이 문장으로 증명하면 더욱 키워나가는 뜻을 해석한 이치가 매우 분명하다.

―

第二 明積集廻向中二니 初는 別明이오 後는 總結이라
前中二니 初는 明微細積集이오 後는 長時積集이니 今은 初라

둘째, 쌓아가고 모으는 회향을 밝힌 부분은 2단락으로 나뉜다.
앞은 개별로 밝혔고,
뒤는 총괄하여 끝맺었다.
'앞의 개별' 또한 2부분으로 나뉜다.
① 미세하게 쌓아가고 모음을 밝혔고,
② 장시간 쌓아가고 모음을 밝혔다.
이는 ① 미세하게 쌓아가고 모음이다.

經

佛子여 菩薩이 爾時에 乃至施與畜生之食을 一搏一粒이라도 咸作是願호대 當令此等으로 捨畜生道하고 利益安樂하야 究竟解脫하야 永度苦海하며 永滅苦受하며 永除苦蘊하며 永斷苦覺하며 苦聚苦行과 苦因苦本과 及諸苦處를 願彼衆生이 皆得捨離니 菩薩이 如是專心繫念一切衆生하야 以彼善根으로 而爲上首하야 爲其廻向一切種智니라

불자여, 보살이 그때, 심지어 축생까지 한 술의 밥과 한 톨의

곡식을 주면서도 모두 이러한 소원을 세웠다.

'이들이 축생의 길을 버리고, 이익과 안락으로 마침내 해탈하여 영원히 고통의 바다에서 벗어나며, 영원히 괴로운 느낌을 없애며, 영원히 괴로운 오온을 버리며, 영원히 괴로운 감각을 끊고, 괴로운 모임·괴로운 행·괴로운 원인·괴로운 근본·수많은 괴로운 곳을 저 중생들이 모두 여의게 하소서.'

보살이 이처럼 오롯한 마음으로 일체중생을 생각하여, 그들이 닦아야 할 선근을 으뜸으로 삼아 일체 지혜에 회향하도록 하는 것이다.

● 疏 ●

前中亦二니 先은 明所積善根이라 下至一搏一粒은 其福至微오 施與畜生은 其田至劣하니 積此微善호되 亦以大願으로 令正發起하야 成廻向行이오 二는 明廻向行이니 先은 總明離苦得樂이오 次永度已下는 別彰離苦니라 文有九句하니 初는 總顯深廣이오 次八은 別明苦相이니 受는 卽苦之自性이오 蘊은 卽苦依니 謂五盛陰苦오 覺은 謂苦相이니 亦攝冤會愛離等覺이오 聚는 謂生老病死·三苦·八苦오 行은 卽罪業이오 因은 卽諸惑이오 本은 卽貪欲이오 處는 卽三塗와 乃至變易所依니 皆得捨離는 通後五句니라 後菩薩如是下는 總結하야 令得菩提니라 【鈔_ 初總顯深廣者는 爲苦海故라 餘可思準이라 本卽貪欲者는 法華第二에 云諸苦所因이 貪欲爲本이라하니라 】

앞부분은 또한 2단락으로 나뉜다.

㉠ 쌓아가야 할 선근을 밝혔다. 아래로 '한 술의 밥과 한 톨의 곡식'까지는 그 복덕이 지극히 미세하고, 축생에게 보시하는 것은 그 복전이 지극히 용렬하다. 하지만 이처럼 하찮은 선을 쌓아가되, 또한 큰 서원을 바르게 일으켜 회향의 수행을 성취하도록 하는 것이다.

㉡ 회향의 행을 밝혔다. 앞에서는 고통에서 벗어나 즐거움을 얻음에 대해 총체로 밝혔고, 다음 '永度' 이하는 고통에서 벗어남을 개별로 밝혔다.

이의 해당 경문은 9구이다.

제1구는 심오하고 광대함을 총체로 밝혔고, 다음 8구는 고통의 양상을 개별로 밝혔다.

受는 고통의 자성이며,

蘊은 고통의 의지처니, 五盛陰의 고통을 말한다.

覺은 고통의 형상을 말하니, 또한 원수와의 만남, 사랑하면서 이별하는 고통 등의 감각을 총체로 포괄하여 말한다.

聚는 생로병사와 三苦八苦를 말하며,

行은 죄업이고,

因은 모든 미혹이며,

本은 탐욕이고,

處는 삼악도 내지 變易의 의지 대상이다.

이를 모두 버린다는 것은 전반적으로 뒤의 5구에 통한다.

맨 끝의 '菩薩如是' 이하는 총체로 끝맺음인 바, 보리를 얻도록 함이다.【초_ "제1구는 심오하고 광대함을 총체로 밝혔다."는 것은 고해이기 때문이다. 나머지는 이에 준하여 생각하면 된다.

'本은 탐욕'이라는 것은 법화경 제2에 이르기를 "모든 고통의 원인이 되는 바는 탐욕이 근본이다."고 하였다.】

第二는 長時積集이라
② 장시간 쌓아가고 모음이다

經

菩薩이 初發菩提之心에 普攝衆生하야 修諸善根하야 悉以廻向은 欲令永離生死曠野하고 得諸如來無碍快樂하며 出煩惱海하고 修佛法道하며 慈心徧滿하고 悲力廣大하야 普使一切로 得淸淨樂하며 守護善根하고 親近佛法하며 出魔境界하고 入佛境界하며 斷世間種하고 植如來種하며 住於三世平等法中이니

보살이 처음 보리심을 일으킬 때에 널리 중생을 받아들여 모든 선근을 닦아 모두 회향하도록 하는 것은, 중생으로 하여금 영원히 생사의 거친 벌판을 여의고 여래의 걸림 없는 즐거움을 얻게 하며,

번뇌의 바다에서 벗어나 불법의 도를 닦게 하며,

사랑의 마음이 두루 가득하고 가엾이 여기는 힘이 광대하여,

널리 일체중생으로 하여금 청정한 즐거움을 얻게 하며,
　　선근을 수호하고 불법을 가까이하게 하며,
　　마군의 경계에서 벗어나 부처님의 경계에 들게 하며,
　　세간의 종자를 끊고 여래의 종자를 심게 하며,
　　삼세의 평등한 법에 머물게 하고자 함이다.

● 疏 ●

長時積集者는 從初發心으로 卽積集故니라
文中二니 先은 總標善根廻向이오 後欲令下는 明廻向意니 卽是廻向之相이니 以欲令之言이 是心願故니라
文有十三句하니 前十二는 爲六對니 得隨相益이오 後一句는 入平等理益이리 前中에 一은 離苦果得滅樂이오 二는 出集因修正道오 三은 具悲智하야 成上修道오 四는 護善近佛이니 則出煩惱海오 餘二對는 共成初對니라

'장시간 쌓아가고 모음'이란 처음 발심할 때부터 곧 쌓아가고 모았기 때문이다.
　이 경문은 2부분으로 나뉜다.
　앞은 선근 회향을 총괄하여 밝혔고,
　뒤의 '欲令' 이하는 회향의 뜻을 밝혔다. 이는 곧 회향의 양상이다. '欲令'이라는 말은 마음의 서원이기 때문이다.
　이의 해당 경문은 13구이다.
　앞의 12구는 6가지 對句로, 相을 따르는 이익을 얻음이며, 끝

의 1구는 평등한 이치에 들어간 이익이다.

앞 12구의 6가지 대구는 다음과 같다.

제1대, 고통의 과보를 여의고 滅의 즐거움을 얻음이며,

제2대, 集의 원인에 벗어나 바른 도를 닦음이며,

제3대, 悲智를 갖춰 위에서 말한 修道를 성취함이며,

제4대, 선을 보호하고 부처님을 가까이함이니, 번뇌의 바다에서 벗어남이며,

나머지 2가지 대구는 함께 제1대구를 성취한 것이다.

―

第二는 總結이라

뒤는 총체로 끝맺음이다

經

菩薩摩訶薩이 如是所有已集當集現集善根으로 悉以廻向이니라

보살마하살이 이와 같이 이미 모았고 장차 모으고 현재 모든 선근으로 모두 회향하였다.

● 疏 ●

結中에 一搏一粒等은 卽現集也오 初發心來는 卽已集也오 當集之善은 雖則未起나 願力逆要일세 起必任運하야 注向三處은 況依此敎하

야 九世圓融가
先等隨相廻向 竟하다

끝맺음 부분 가운데, '한 술의 밥과 한 톨의 곡식' 등은 현재의 모음이며, '처음 발심한 이후'는 이전의 모음이며, 현재 모으는 선은 비록 일으키지 않았으나 원력으로 미리 맞이한 까닭에 일으키면 반드시 마음을 따라 3곳으로 향하게 된다. 하물며 이 가르침에 의하여 九世가 원융함이야!

앞서 상을 따르는 회향을 끝마치다.

第二 等佛離相廻向은 卽向實際하야 統於前二니 說有前後로되 行在一心이라
文二니 初는 等過去오 後佛子下는 等現未라
前中二니 先은 擧所等이오 後는 顯於能等이니 今은 初라

(2) 부처님의 相을 여읜 회향과 같다는 것은 실제 진여에 나아가 앞의 2가지를 통합한 것이다. 말한 데에는 선후가 있으나 行은 하나의 마음에 있다.

이의 해당 경문은 2부분이다.

제1단락, 과거 제불과 같고,

제2단락, '佛子' 이하는 현재와 미래의 제불과 같다.

제1단락의 과거 제불은 다시 2부분으로 나뉜다.

㈎ 대상이 똑같음을 들어 말하였고,

⑷ 주체와 똑같음을 밝혔다.

이는 ㈎ 과거 제불과 똑같은 대상을 들어 말하였다.

經

復作是念호대 如過去諸佛菩薩所行이 恭敬供養一切諸佛하며 度諸衆生하야 令永出離하며 勤加修習一切善根하며 悉以廻向하야 而無所着하시니
所謂不依色하고 不着受하고 無倒想하고 不作行하고 不取識하며 捨離六處하며 不住世法하며 樂出世間하며 知一切法이 皆如虛空하야 無所從來며 不生不滅이며 無有眞實이며 無所染著하야 遠離一切諸分別見하야 不動不轉하며 不失不壞하며 住於實際하사 無相離相하야 唯是一相이라 如是深入一切法性하야 常樂習行普門善根하사 悉見一切諸佛衆會하시나니

또한 이렇게 생각한다.

'과거 제불 보살이 일체 모든 부처님께 공경하고 공양하며, 모든 중생을 제도하여 영원히 벗어나게 하며, 일체 선근을 더욱 부지런히 닦아 모두 회향하여 집착한 바가 없다.

이른바 색을 의지하지 않고, 느낌에 집착하지 않고, 상(想)을 전도함이 없고, 행을 짓지 않고, 식(識)을 취하지 않으며, 육처(六處: 六根)를 버리고, 세간의 법에 머물지 않으며, 출세간의 법을 좋아하는 것이다. 일체 법이 모두 허공 같아서 오는 곳이 없고 생겨나지도

않고 사라지지도 않으며 진실함도 없고 물든 바도 없음을 알고서, 일체 분별하는 모든 소견을 여의고서 움직이지도 않고 흔들리지도 않으며, 잃지도 않고 깨뜨리지 않으며, 실제 근본자리에 머물면서 모양이 없고 모양을 여의어 오직 하나의 모양일 뿐이다.'

이와 같이 일체 법성에 깊이 들어가 언제나 넓은 문의 선근을 기쁜 마음으로 닦아 행하여 일체 제불의 대중법회를 모두 찾아뵙는 것이다.

● 疏 ●

前中三이니 初는 標遁相이니 卽有離相이라 故末句에 云而無所著이라
次所謂下는 別顯離相之相이오
三如是深入下는 結其無礙니라

앞의 단락은 다시 3부분으로 나뉜다.

첫째, 相을 따름을 밝혔다. 곧 相을 여의었기에 끝 구절에서 "집착한 바가 없다."고 말하였다.

둘째, '所謂' 이하는 相을 여읨을 개별로 밝혔다.

셋째, '如是深入' 이하는 걸림이 없음을 끝맺었다.

二中에 先은 離妄契止라 初는 蘊이오 次는 處오 不住世法은 卽十八界니 有根境識은 是世間故오 不依不著은 卽是出世니라
後知一切下는 釋前不著이니 所以不著者는 由見實成觀故니라 初句는 是喩오 '無所從下는 文含法喩니 但觀所喩면 能喩可知니라 皆由從緣無性故로 無來等이라 五句 展轉相釋일새 故上文에 云 一切法無來

263

라 是故無有生'等이라

遠離已下는 結其成觀이니 心無分別故로 寂然不動이오 外緣不轉하고 不失於照하며 不壞於止라 故與實際相應이라 實際는 謂何오 卽是無相이라 何名無相고 體離十相일세 唯是一相이라 一相은 謂何오 卽是無相이라 又無相은 約理니 本自無故오 離相은 約智니 離取相故오 唯是一相은 心境冥故니라【鈔_ '一切法無來'等者는 此上半은 以無來로 釋無生이어니와 而言'等'者는 等取下半云'以生無有故 滅亦不可得'이니 此는 以無生으로 釋無滅也라 不滅故로 無有眞實이니 有實이면 則有可滅故오 無實故로 無染이니 譬如雲霧 不能染空이라 故云'五句展轉相釋'이라

'何名無相'等者는 涅槃三十一에 云'大般涅槃은 名爲無相이라 師子吼問호되 何名無相고 善男子여 無十相故니라 何等爲十고 所謂色相 聲相 香相 味相 觸相 生住壞相 男相 女相이 是名十相이니 無如是相일세 故名無相이니라'

'又無相約理'下는 上之四義 展轉相承하야 唯明一體오 此下는 分能所證하야 以爲無相離相이니 能所契合하야 以爲一相이니 則實際爲總이오 下三은 別明이라】

둘째, '所謂' 이하 가운데, 앞부분은 허망함을 여의고 止에 계합함인데, 이의 첫 부분(不依色, 不着受, 無倒想, 不作行, 不取識)은 오온이며, 다음은 六處(六根)이며, '세간의 법에 머물지 않음[不住世法]'은 十八界이다. 根·境·識이 있음은 세간이기 때문이다. '의지하지도 집착하지도 않음[不依不著]'은 곧 출세간의 법이다.

뒤의 '知一切法' 이하는 앞서 말한 '집착하지 않음'을 해석하였다. 집착하지 않는 바는 실제의 근본자리를 보아 觀을 성취한 때문이다. 첫 구절(皆如虛空)은 비유이며, '無所從來' 이하의 경문은 법과 비유를 포괄하였다. 단 비유의 대상만을 살펴보면 비유는 주체란 말하지 않아도 알 수 있다. 이는 모두 반연에 따라 자성이 없음을 연유한 까닭에 "오는 곳도 없다." 등이다. 5구(皆如虛空, 無所從來, 不生不滅, 無有眞實, 無所染著)가 전전하여 서로 해석하고 있다. 따라서 위의 경문에서 "일체 법이 오는 곳이 없기에 생겨남이 없다." 등이라고 말하였다.

'遠離一切' 이하는 그 성취의 觀을 끝맺음이다. 마음에 분별의 식이 없기에 고요하여 움직임이 없고, 밖의 인연에 전변하지 않으며, 觀을 잃지 않고 止를 무너뜨리지 않기에 실제 근본자리와 상응하는 것이다.

실제 근본자리는 무엇을 말하는가? 곧 모양이 없는 것이다.

무엇을 모양이 없는 것이라 말하는가? 그 자체가 10가지 모양을 여의었기에 오직 하나의 모양일 뿐이다.

하나의 모양이란 무엇을 말하는가? 곧 모양이 없는 것이다.

또한 모양이 없다는 것은 이치로 말한다. 본래 그 자체가 없기 때문이다.

상을 여의었다는 것은 지혜로 말한다. 상을 여의었기 때문이다.

오직 하나의 모양이란 마음과 경계가 보이지 않게 합하였기 때문이다. 【초_ "일체 법이 오는 곳이 없다."는 것은 위의 절반 부분에서 옴이 없다[無來]는 것으로 '생겨남이 없음[無生]'을 해석하였지만, '等[是故無有生等]'이라 말한 것은 아래 절반 부분에서 말하기를 "생겨남이 없기에 사라짐 또한 없다[不生不滅]."는 것을 대등하게 취하여 말한 것이다. 이는 '無生'으로 '無滅'을 해석하였다. 사라짐이 없기 때문에 진실 자체도 없다. 진실 자체가 있다고 하면 이는 곧 사라질 존재가 있기 때문이다. 진실 자체가 없기 때문에 오염될 것도 없다. 이를 비유하면 구름과 안개가 허공을 물들이지 못하는 것과 같다. 이 때문에 "5구가 전전하여 서로 해석하였다."고 말하였다.

"무엇을 모양이 없는 것이라 말하는가?" 등이란 열반경 31에 이르기를 "大般涅槃은 모양이 없다고 말한다. 사자후보살이 물었다.

'무엇을 모양이 없는 것이라 말하는가?'

'선남자여, 열 가지 모양이 없기 때문이다.'

'무엇을 열 가지 모양이라 말하는가?'

'이른바 色相, 聲相, 香相, 味相, 觸相, 생겨나고, 머물고, 무너지는 모양, 남자의 모양, 여자의 모양을 열 가지 모양이라 말한다. 이와 같이 모양이 없기에 모양이 없다고 말한다.'"고 하였다.

"또한 모양이 없다는 것은 이치로 말한다." 이하는 위의 4가지 뜻이 전전하여 서로 이어져 오직 하나임을 밝힌 것이며, 이 아래는 주체와 객관의 증득을 구분 지어 모양이 없음과 모양을 여의었음을 말하였다. 주관과 객관이 하나로 부합되어야 하나의 모양이 된다. 실제 근본자리는 총체이고, 아래 3가지는 개별로 밝힘이다.}

'三如是深入下 結無礙'者는 旣稱法性하야 修隨相故니 一攝一切를

名普門善이오 悉見諸佛은 畧辨成益이라

'셋째, 如是深入 이하는 걸림이 없음을 끝맺었다.'는 것은 이미 법성과 하나가 되어 相을 따름을 닦았기 때문이다. 하나가 일체를 받아들이는 것을 普門善이라 말하고, "일체 제불의 대중법회를 모두 찾아뵙다."는 것은 간단히 성취의 이익을 말한 것이다.

二. 顯能等

(나) 과거 제불의 주체와 똑같음을 밝히다

經

如彼過去一切如來의 善根廻向하야 我亦如是而爲廻向이니 解如是法하며 證如是法하며 依如是法하야 發心修習호대 不違法相하야 知所修行이 如幻如影하며 如水中月하며 如鏡中像이라 因緣和合之所顯現하야 乃至如來究竟之地니라

저 과거 일체 부처님이 선근으로 회향한 것처럼, 나 역시 이와 같이 회향하니, 이와 같은 법을 알고, 이와 같은 법을 증득하며, 이와 같은 법을 의지하여 마음을 일으켜 닦고 익히되 법의 모양을 어기지 않으며, 수행하는 바가 환술처럼 그림자처럼 물속의 달처럼 거울 속의 영상처럼 직간접의 인·연 화합으로 나타나는 것임을 알고서, 마침내 여래의 최고 자리에 이르는 것이다.

● 疏 ●

此顯能等中二니 先은 牒所等하야 總顯能等이오
二解如是下는 別顯等相이니 初二句는 願等佛解證이오 次二句는 依
之修行이오 不違已下는 顯修行相이오 至究竟地는 卽是修果니라

이는 과거 제불의 주체와 똑같음을 밝힌 가운데 2단락으로 나뉜다.

① 과거 제불의 대상과 똑같음을 이어서 주체가 똑같음을 총체로 밝혔다.

② '解如是法' 이하는 똑같은 모양을 개별로 밝혔다. 이의 첫 2구절은 부처님의 아는 바와 증득함이 똑같기를 원하고, 다음 2구절은 부처님의 법에 의지하여 수행하기를 원하고, '不違' 이하는 수행의 모습을 밝혔고, '여래의 최고 자리에 이름'은 곧 佛果를 닦음이다.

第二는 等現未라

제2단락, 현재와 미래의 제불과 같다

經

佛子여 菩薩摩訶薩이 復作是念호대 如過去諸佛이 修菩
薩行時에 以諸善根으로 如是廻向하야 未來現在도 悉亦如
是하시니 我今亦應如彼諸佛하야 如是發心하야 以諸善根으

로 而爲廻向이니 第一廻向과 勝廻向과 最勝廻向과 上廻向과 無上廻向과 無等廻向과 無等等廻向과 無比廻向과 無對廻向과 尊廻向과 妙廻向과 平等廻向과 正直廻向과 大功德廻向과 廣大廻向과 善廻向과 淸淨廻向과 離惡廻向과 不隨惡廻向이니라

불자여, 보살마하살이 또한 이런 생각을 한다.

'과거의 부처님이 보살행을 닦을 때에 모든 선근으로 이와 같이 회향한 것처럼, 미래와 현재의 부처님 또한 모두 이와 같을 것이다. 나도 이제 저 부처님들처럼 이와 같이 발심하여 모든 선근으로 회향할 것이다.

제일가는 회향, 수승한 회향, 가장 수승한 회향, 최상의 회향, 위없는 회향, 같을 이 없는 회향, 같을 이 없으면서도 같은 회향, 비길 이 없는 회향, 대적할 이 없는 회향, 존중한 회향, 미묘한 회향, 평등한 회향, 정직한 회향, 큰 공덕 회향, 광대한 회향, 선한 회향, 청정한 회향, 악을 여읜 회향, 악을 따르지 않는 회향이다.'

● 疏 ●

分三이니 初는 牒所等이니 卽擧過去하야 例於現未오 次我今下는 總顯能等이오 三第一下는 別明等相이니 通能所等이라

前過去章中에 已廣顯離相일세 今此文內에 直歎殊勝이니 義存影畧하야 不欲繁文이라

有十九句하니 晉經에 具二十句는 謂廣大下에 有明淨廻向이어니와 今

269

譯에 謂同淸淨이라 故闕此一이니라

於中에 初九는 形對辨勝이니 初는 總明首出일새 故名第一이오 二는 越凡小故오 三은 超因位故오 四는 獨出故오 五는 無加過故오 六은 無與齊故오 七은 唯至極無二者라야 可齊等故오 八은 無匹故오 九는 無敵故니라

後十은 約自體顯勝이니 一은 尊可貴重故오 二는 妙者는 言思不及故오 三은 稱理無差故오 四는 不餘趣向故오 五는 攝德故오 六은 周法界故니 舊云大願이오 七은 離無記故오 八은 離垢染故오 九는 自無惡行故오 十은 不隨惡緣故니라

上來正顯廻向 竟하다

이 경문은 3부분으로 나뉜다.

① 과거 제불의 대상과 똑같음을 이어서 말하였다. 이는 과거 제불을 들어 현재와 미래의 제불을 나열하였다.

② '我今亦應' 이하는 일체 제불의 주체가 똑같음을 총체로 밝혔다.

③ '第一廻向' 이하는 일체 제불과 똑같은 모양을 개별로 밝혔는데, 주체와 대상이 똑같음을 총괄하여 말하였다.

앞서 말한 '과거 제불' 章에서 이미 離相을 자세히 밝혔기에, 이 단락에서는 수승한 부분만을 찬탄했을 뿐이다. 그 뜻은 한 부분을 생략하여 밝힘으로써 번잡한 문장을 원하지 않았다.

이의 해당 경문은 19구이다. 晉經에는 20구로, '廣大' 아랫부분에 별도로 '明淨廻向'이 있기 때문이다. 그러나 현재 통행본의 번

역에서는 제17의 '淸淨廻向'과 같다고 말하였다. 이 때문에 晉經의 '明淨廻向'을 뺀 것이다.

 19구 가운데 앞의 9구는 남들을 상대로 보살의 수승한 부분을 말하였다.

 제1구(第一廻向), 가장 뛰어남을 총체로 밝힌 까닭에 '제일'이라 말하였다.

 제2구(勝廻向), 범부 소인을 초탈한 때문이며,

 제3구(最勝廻向), 因位를 초탈한 때문이며,

 제4구(上廻向), 유독 특출한 때문이며,

 제5구(無上廻向), 더 이상 뛰어날 수 없기 때문이며,

 제6구(無等廻向), 그와 나란히 할 수 없기 때문이며,

 제7구(無等等廻向), 오직 가장 지극하여 둘이 없는 자민이 함께 할 수 있기 때문이며,

 제8구(無比廻向), 짝할 자가 없기 때문이며,

 제9구(無對廻向), 대적할 자가 없기 때문이다.

 뒤의 10구는 보살 자체를 들어 그 수승함을 밝혔다.

 제1구(尊廻向), 존귀하고 중대한 때문이며,

 제2구(妙廻向), 미묘란 언어와 생각으로 미칠 수 없기 때문이며,

 제3구(平等廻向), 진리와 하나가 되어 차이가 없기 때문이며,

 제4구(正直廻向), 나머지 다른 길에 나가지 않기 때문이며,

 제5구(大功德廻向), 모든 공덕을 받아들인 때문이며,

 제6구(廣大廻向), 법계에 두루 한 때문이다. 옛 책에서는 '大願'이

라 말하였다.

제7구(善廻向), 無記를 여읜 때문이며,

제8구(淸淨廻向), 때와 더러움을 여읜 때문이며,

제9구(離惡廻向), 절로 악행이 없기 때문이며,

제10구(不隨惡廻向), 악연을 따르지 않기 때문이다.

위의 '바로 회향을 밝힌 부분'을 끝마치다.

第二는 明廻向成益이라

2) 회향 성취의 이익을 밝히다

經

菩薩이 如是以諸善根으로 正廻向已에 成就淸淨身語意業하야 住菩薩住하며 無諸過失하야 修習善業하며 離身語惡하야 心無瑕穢하며 修一切智하야 住廣大心하며 知一切法 無有所作하며 住出世法하야 世法不染하며 分別了知無量諸業하며 成就廻向善巧方便하며 永拔一切取着根本이니 佛子여 是爲菩薩摩訶薩의 第三等一切佛廻向이니라

보살이 이와 같이 선근으로 올바르게 회향한 후에,

몸과 말과 뜻의 청정한 업을 성취하여 보살이 머문 자리에 머물며,

모든 허물이 없어 선한 업을 닦으며,

몸과 말의 악행을 여의어 마음에 하자가 없으며,

일체 지혜를 닦아 광대한 마음에 머물며,

일체 법이 작위한 바 없음을 알며,

출세간법에 안주하여 세간법이 물들지 않으며,

한량없는 모든 업을 분별하여 알며,

회향하는 좋은 방편을 성취하며,

일체 집착하는 근본을 영원히 뽑아버리는 것이다.

불자여, 이것이 보살마하살의 제3 '일체 부처님과 똑같이 행한 회향'이다.

● 疏 ●

文顯이미知니라

경문의 뜻은 또렷하기에 말하지 않아도 알 수 있다.

第二는 位果라

[2] 해당 지위의 果

經

菩薩摩訶薩이 住此廻向하야 深入一切諸如來業하며 趣向如來勝妙功德하며 入深淸淨智慧境界하며 不離一切諸菩薩業하며 善能分別巧妙方便하며 入深法界하며 善知菩薩

修行次第하며 入佛種性하며 以巧方便으로 分別了知無量無邊一切諸法하며 雖復現身하야 於世中生이나 而於世法에 心無所着이니라

　　보살마하살이 이러한 회향에 안주하여
　　일체 여래께서 행하신 일에 깊이 들어가며,
　　여래의 수승하고 미묘한 공덕에 나아가며,
　　깊고 청정한 지혜의 경계에 들어가며,
　　일체 보살의 업을 여의지 아니하며,
　　미묘한 방편을 잘 분별하며,
　　깊은 법계에 들어가며,
　　보살이 수행했던 차례를 잘 알며,
　　부처님의 종성에 들어가며,
　　뛰어난 방편으로 한량없고 그지없는 모든 법을 분별하여 알며,
　　비록 세간에 몸을 나타내셨지만 세간법에 마음이 집착한 바 없다."

◉ 疏 ◉

畧辨十種勝德이라
一은 因修佛業이니 以等佛廻向故로 廻向衆生이 是佛業故니 又如離世間品 十種佛業이오
二는 趣佛果德이니 向菩提故오
三은 智入深理이니 向實際故니라 餘는 可知라【鈔_ 又如離世者는 卽

五十八經에 云所謂隨時開導 是佛業이니 令正修行故며 夢中令見이 是佛業이니 覺昔善根故며 爲他演說所未聞經이 是佛業이니 令生智 斷疑故等이니 恐繁且止니라 】

10가지 수승한 공덕을 간단히 논변하였다.

제1구(深入一切諸如來業), 因地에서 부처님이 행하셨던 일을 닦았다. 부처님처럼 회향한 까닭에 중생에게 회향함이 부처님이 행하셨던 일이기 때문이다. 또한 제38 이세간품에서 말한 '부처님이 행하셨던 10가지 일'과 같다.

제2구(趣向如來勝妙功德), 佛果의 공덕으로 나아감이니, 보리지혜를 향하기 때문이다.

제3구(入深淸淨智慧境界), 지혜가 심오한 이치를 증득하여 들어감이니, 실제 근본자리를 향하기 때문이다.

나머지 구절은 말하지 않아도 알 수 있다. 【초_ "또한 제38 이세간품에서 말한 바와 같다."는 것은 58經에 "이른바 때에 따라 열어주고 인도하심이 부처님이 행하셨던 일이다. 바로 중생으로 하여금 수행하게 하기 위함이다.

꿈속에서 보여줌이 부처님이 행하셨던 일이다. 옛 선근을 깨닫게 하기 위함이다.

중생을 위해 일찍이 듣지 못했던 경을 연설함이 부처님이 행하셨던 일이다. 지혜를 내고 의심을 끊게 하기 위한 때문이다." 등 10가지가 있다. 그러나 문장의 번잡함을 피하여 이처럼 간단히 말한 데 그친 것이다.】

第二 偈頌

제2. 게송

經

爾時에 金剛幢菩薩이 承佛神力하사 普觀十方하고 卽說頌言하사대

그때 금강당보살이 부처님이 지닌 헤아릴 수 없는 영묘하고도 불가사의한 힘을 받들어 시방을 관찰하고 게송으로 말하였다.

彼諸菩薩摩訶薩이　　修過去佛廻向法하며
亦學未來現在世에　　一切導師之所行이로다

그 모든 보살마하살이
과거 제불의 회향한 법을 닦고
또한 미래와 현재 세계의
일체 부처님이 행하셨던 회향을 배웠다

◉ 疏 ◉

二十四偈는 分三이니 初 二十一頌은 頌前位行이오 次二는 位果오 後一은 結歎이라
前中二니 初一은 頌總標釋名이라

24수 게송은 3단락으로 나뉜다.

(1) 21수 게송은 앞서 말한 해당 지위의 行을 읊었고,
(2) 2수 게송은 해당 지위의 결과를 읊었으며,
(3) 1수 게송은 찬탄으로 끝맺었다.
'(1) 21수 게송'은 다시 2부분으로 나뉜다.
① 명제의 해석을 총체로 밝혀 읊었다.

經

於諸境界得安樂하니　　　諸佛如來所稱讚이라
廣大光明淸淨眼으로　　　悉以廻向大聰哲이로다

　모든 경계에 안락 얻으니
　모든 부처님 여래 찬탄하시네
　광대하고 빛나고 청정한 눈으로
　모두 큰 총명에 회향하였다

菩薩身根種種樂이요　　　眼耳鼻舌亦復然이라
如是無量上妙樂으로　　　悉以廻向諸最勝이로다

　보살의 몸 갖가지 안락하고
　눈과 귀, 코와 혀 또한 그러하다
　이처럼 한량없이 미묘한 즐거움으로
　모두 가장 수승한 데 회향하였다

● 疏 ●

後二十偈는 頌上廣釋이니 亦二라 先 十九頌은 正明廻向이오 後 一頌
은 成益이라 前中에 隨相離相雙頌이라

文中亦二니 初六은 頌對境所生善根廻向이오

於中初二偈는 頌所廻善根과 兼廻向佛樂이라

'(1) 21수 게송' 가운데 뒤의 20수 게송은 위에서 말한 자세한 해석을 읊었다.

뒤의 20수 게송은 다시 2부분으로 나뉜다.

앞의 19수 게송은 바로 회향을 밝혔고,

뒤의 1수 게송은 성취의 이익이다.

앞의 19수 게송에서는 隨相과 離相을 모두 읊었다.

앞의 19수 게송은 다시 2부분으로 나뉜다.

앞의 6수 게송은 경계를 상대로 생겨나는 선근 회향을 읊었는데, 이 가운데 첫 2수 게송은 회향 대상의 선근과 겸하여 부처님의 안락으로 회향함을 읊었다.

經

一切世間衆善法과 及諸如來所成就를
於彼悉攝無有餘하야 盡以隨喜益衆生이로다

일체 세간 수많은 선한 법과
여래께서 성취하신 모든 공덕을
보살은 모두 남김없이 받아들여

모조리 기쁜 마음으로 중생에게 이익 베푼다

世間隨喜無量種이라　　　令此廻向爲衆生하며
人中師子所有樂을　　　　願使群萌悉圓滿이로다

　　세간에 한량없는 기쁨 따라
　　이러한 회향으로 중생 위하고
　　사람 중에 사자이신 부처님의 낙을
　　중생이 모두 원만하게 얻기를 원한다

一切國土諸如來의　　　　凡所知見種種樂을
願令衆生皆悉得하야　　　而爲照世大明燈이로다

　　일체 시방국토 모든 여래의
　　아시고 보셨던 가지가지 낙을
　　원컨대 일체중생 모두 다 얻어
　　세간을 비춰주는 등불 되소서

菩薩所得勝妙樂을　　　　悉以廻向諸群生하니
雖爲群生故廻向이나　　　而於廻向無所着이로다

　　보살이 얻었던 미묘한 즐거움
　　모두 중생에게 회향하나니
　　비록 중생 위해 회향하지만
　　회향에 집착하는 바 없다

● **疏** ●

後四는 頌廻向衆生하야 令得佛安樂이라

    뒤의 4수 게송은 중생에게 회향하여, 부처님의 안락을 얻도록 함을 읊었다.

經

菩薩修行此廻向에 　　興起無量大悲心호대
如佛所修廻向德하야 　　願我修行悉成滿이로다

    보살이 이러한 회향을 닦을 때에
    한량없는 대비심을 일으키되
    부처님이 닦으셨던 회향의 공덕처럼
    나도 닦아 만족하길 원하였다

如諸最勝所成就한 　　一切智乘微妙樂과
及我在世之所行과 　　諸菩薩行無量樂과

    이처럼 가장 수승한 분이 성취하신
    일체 지혜 미묘한 즐거움
    세간에 살면서 내가 행해야 할 일
    모든 보살행의 수없는 즐거움

示入衆趣安穩樂과 　　恒守諸根寂靜樂을
悉以廻向諸群生하야 　　普使修成無上智로다

많은 세계 들어가 편안한 즐거움

언제나 모든 근을 잘 지킨 고요한 즐거움을

모두 일체중생에게 회향하여

널리 위없는 지혜를 이루게 하였다

非身語意卽是業이나   **亦不離此而別有**니
但以方便滅癡冥하야   **如是修成無上智**로다

몸과 말과 마음도 업이 아니며

또한 이런 것을 떠나서 별도로 있지 않지만

방편으로 어리석음 없애어

이처럼 위없는 지혜 닦아 이룰 뿐이다

◉ 疏 ◉

二有十三偈는 頌總攝萬善廻向이라

分三이니 初四는 頌增長廻向이라

    19수 게송 가운데, 둘째 13수 게송은 모든 선에 회향함을 총체로 포괄하여 읊었다.

    13수 게송은 3부분으로 나뉜다.

    첫 4수 게송은 증장 회향을 읊었다.

菩薩所修諸行業이   **積集無量勝功德**하야

隨順如來生佛家호대　　　寂然不亂正廻向이로다

　　보살이 닦았던 모든 행과 업이

　　한량없이 좋은 공덕 쌓고 모아

　　여래 따라 부처님 집안에 태어나지만

　　고요하고 산란치 않은 올바른 회향일세

十方一切諸世界에　　　所有衆生咸攝受하고
悉以善根廻向彼하야　　願令具足安穩樂이로다

　　일체 시방 모든 세계에

　　사는 중생 모두 받아들여

　　모두 선근으로 그들에게 회향하여

　　바라건대 편안한 즐거움 구족하소서

不爲自身求利益이요　　欲令一切悉安樂호대
未曾暫起戱論心하고　　但觀諸法空無我로다

　　나를 위해 이익 구하지 않고

　　일체중생 모두 안락케 하고자

　　잠깐도 쓸모없는 말 하지 않고

　　단 모든 법이 공하여 '자아'가 없음을 볼 뿐이다

● 疏 ●

二有三偈는 頌積集廻向이라

13수 게송 가운데, 둘째 3수 게송은 쌓아 모아가는 회향을 읊었다.

經

十方無量諸最勝의　　　所見一切眞佛子를
悉以善根廻向彼하야　　願使速成無上覺이로다

　　시방에 한량없이 가장 수승한
　　친견 대상의 일체 진실한 불자를
　　모두 선근으로 중생에게 회향하여
　　하루빨리 위없는 깨달음 이뤄주소서

一切世間含識類를　　　等心攝取無有餘하야
以我所行諸善業으로　　令彼衆生速成佛이로다

　　일체 세간 수많은 중생을
　　평등한 마음으로 남김없이 받아들여
　　내가 닦은 모든 선업으로
　　저 중생을 속히 성불케 하소서

無量無邊諸大願이　　　無上導師所演說이니
願諸佛子皆淸淨하야　　隨其心樂悉成滿이로다

　　한량없고 그지없는 모든 큰 서원
　　위없는 부처님께서 말씀하신 것

바라건대 모든 불자 모두 청정하여
좋아하는 마음 따라 모두 원만성취하여지이다

普觀十方諸世界하고　　悉以功德施於彼하야
願令皆具妙莊嚴하니　　菩薩如是學廻向이로다

시방의 모든 세계 널리 보시고
모두 그들에게 공덕 베푸시니
모두 미묘한 장엄 구족하길 원했듯이
보살도 이와 같이 회향 배웠다

心不稱量諸二法하고　　但恒了達法無二나
諸法若二若不二에　　　於中畢竟無所着이로다

마음에 두 가지 법 말하지 않고
언제나 둘 아닌 법 통달했지만
모든 법 둘이든 둘 아니든
그런 속에서 끝까지 집착한 바 없다

十方一切諸世間이　　　悉是衆生想分別이라
於想非想無所得하야　　如是了達於諸想이로다

시방 일체 모든 세간에
중생이 모두 분별심으로 생각한다
생각이든 생각이 아니든 얻을 바 없어

이처럼 모든 생각을 밝게 알고 있다

● 疏 ●

三 六偈는 卻頌上對境善根廻向菩薩이니 廻文前卻이라 初四는 隨相이오 後二는 離相이라

於中에 初偈는 達法際니 二與不二 相待皆寂이오 後偈는 了妄源이니 以想遣境에 境盡想亡하고 非想遣想에 相待俱寂이니 寂而常照라야 方名了想이라

13수 게송 가운데, 셋째 6수 게송은 도리어 위에서 말한, 경계를 상대로 한 선근 회향 보살을 읊었다. 廻文으로 전후 진퇴가 있다.

앞의 4수 게송은 相을 따름이며,

뒤의 2수 게송은 相을 여읨이다. 이의 첫 게송은 법의 근본자리를 통달한 것으로, 둘이라는 것과 둘이 아니라는 것을 상대로 모두 고요함을 읊었다. 뒤의 게송은 허망함이 생겨나는 근원을 아는 것으로, 생각으로 경계를 떨쳐버려 경계가 다하면 생각이 사라지고, 생각이 아닌 것으로 생각을 떨쳐버려 상대의 차별이 모두 고요함이니, 고요하되 언제나 관조해야만 바야흐로 '생각을 밝게 알았다.'고 말할 수 있다.

經

彼諸菩薩身淨已에 則意淸淨無瑕穢하며

語業已淨無諸過하니　　　當知意淨無所着이로다

　　저 모든 보살의 신업이 이미 청정하면
　　의업이 청정하여 하자가 없으며
　　구업이 청정하여 허물없으니
　　의업이 청정하여 집착이 없는 바를 알아야 한다

一心正念過去佛하고　　　亦憶未來諸導師와
及以現在天人尊하야　　　悉學於其所說法이로다

　　일심으로 과거 부처님 바르게 생각하고
　　또한 미래 세계 모든 부처님과
　　현재 천상 인간에 높으신 부처님 기억하여
　　삼세제불이 말씀하신 법 모두 배웠다

三世一切諸如來가　　　智慧明達心無碍하사대
爲欲利益衆生故로　　　廻向菩提集衆業이로다

　　삼세 일체 모든 부처님
　　지혜가 밝으시고 마음에 걸림 없으시되
　　중생의 이익 위한 까닭에
　　보리에 회향하는 모든 업을 모으셨다

彼第一慧廣大慧와　　　不虛妄慧無倒慧와
平等實慧淸淨慧와　　　最勝慧者如是說이로다

제일가는 지혜, 광대한 지혜
허망하지 않은 지혜, 올바른 지혜
평등한 진실 지혜, 청정한 지혜
최상의 지혜 지닌 분이 이처럼 말씀하셨다

◉ 疏 ◉

此四偈에 一偈는 頌成益이오 兩偈는 頌位果오 後頌는 結歎이니 可知니라

이 4수 게송 가운데, 첫 게송은 성취의 이익을, 2수 게송은 佛位의 果를 읊었고, 맨 뒤의 게송은 찬탄으로 끝맺었다. 이는 설명하지 않아도 알 수 있다.

◉ 論 ◉

已上에 有四十八行頌은 兩行一頌이니 所頌前法이 如文具明일세 不煩更解이로라

위의 48항 게송은 2줄이 하나의 게송으로 24수 게송이다.

앞서 말한 법을 읊은 바가 게송의 문장과 같이 구체적으로 명백하기에 번거롭게 다시 해석하지 않는다.

第二隨文釋義者는 何故名爲等一切佛廻向고 爲此第三廻向이 成其忍門이니 明無貪瞋癡하야 三業如佛하야 佛所行願을 皆悉願爲일세 故로 云等一切佛廻向이니 令願行으로 一如佛故며 又前云不壞廻向일세 以次等一切諸佛廻向이니 明次第合然이라

第三廻向 竟하다

제2. 경문을 따라 그 의의를 해석함에 있어, 무엇 때문에 그 이름을 '일체 부처님과 똑같이 행한 회향[等一切佛廻向]'이라 말하는가? 이는 제3 회향으로 인욕바라밀의 법문 성취이기 때문이다. 탐진치 삼독이 없어 신구의 삼업이 부처님과 똑같아, 부처님이 행하셨던 서원을 다할 것을 원한 까닭에 이를 '일체 부처님과 똑같이 행한 회향'이라 밝혔다. 서원과 수행으로 하나같이 부처님과 똑같이 하고자 한 때문이다.

또한 앞에서 '깨뜨릴 수 없는 회향'을 말했기에, 다음으로 '일체 부처님과 똑같이 행한 회향'을 말한 것이다. 이는 십회향의 차례에 있어 이와 같을 수밖에 없음을 밝혔다.

제3 '일체 부처님과 똑같이 행한 회향'을 끝마치다.

━━

第四 至一切處廻向

長行亦二니 先은 位行이오 後는 位果라

前中에 亦三이니 謂牒·釋·結이라

今은 初니 牒名徵起니라

    제4. 일체 모든 곳에 찾아가는 회향

    장항은 2부분으로 나뉜다.

    [1] 해당 지위의 行이며,

    [2] 해당 지위의 果이다.

    앞의 해당 지위 行은 다시 3부분으로 나뉜다.

1. 윗글을 이어 쓰고, 2. 해석하고, 3. 끝맺음이다.

이는 1. 윗글을 이어 씀이니, 명제를 이어서 물음을 일으킨 것이다.

經

佛子여 云何爲菩薩摩訶薩의 至一切處廻向고

"불자여, 무엇을 보살마하살의 '일체 모든 곳에 찾아가는 회향'이라 하는가?

● **疏** ●

至는 是能至善根과 及其供具요 一切處는 卽所至供境이니 謂以大願으로 令此善根·供具로 徧至一切時處하야 隨所應供하야 供諸福田이니 本業에 云 以大願力으로 入一切佛國中하야 供養一切佛故니라 然準下文이면 若因若果 皆至一切니 畧擧十事라

一은 法身至一切處니 如來藏身이 普周徧故요

二는 法身至故로 智身至요

三은 智身至故로 大願至요

四는 大願至故로 供具善根至요

五는 則見佛聽聞至요

六은 則現身開悟至요

七은 則無來無去至요

八은 則不出一毛孔而能至요

九는則一身一毛 等一切身毛至오

十은則一念 等一切劫至니

若剋陳別體면 則以供佛善根과 及勝解心으로 爲體오 通則該於法界니라

至는 이르러 갈 수 있는 주체의 선근 및 그 공양거리이며, 一切處는 이르러야 할 대상으로서의 공양 경계이다. 큰 원력으로 이러한 선근과 공양거리로 하여금 모든 시간과 공간에 두루 이르러 당연히 공양할 바를 따라 모든 복전에 공양함을 말한다. 본업경에 이르기를 "큰 원력으로 일체 불국토에 들어가 일체 부처님께 공양하기 때문이다."고 하였다.

그러나 아래 문장에 준하여 보면, 인·과가 모두 일체에 이른다. 10가지 일을 간단히 들었다.

(1) 법신이 일체 모든 곳에 이른다. 여래장신이 널리 두루 한 때문이며,

(2) 법신이 이르기에 智身이 이르고,

(3) 지신이 이르기에 큰 원력이 이르며,

(4) 큰 원력이 이르기에 공양거리와 선근이 이르고,

(5) 부처님을 친견하고 법문을 들음이 이르며,

(6) 몸을 나타내어 깨우쳐줌이 이르고,

(7) 오는 것도 없고 떠남도 없음이 이르며,

(8) 하나의 모공에서 벗어나지 않고 이르고,

(9) 하나의 몸과 하나의 털이 일체의 몸과 털과 같은 데 이르며,

⑩ 한 생각 찰나가 일체 겁과 같은 데 이른다.

만일 개별의 체성을 지극히 말하면 부처님께 공양하는 선근 및 수승한 이해의 마음으로 본체를 삼고, 전반적으로 말하면 법계를 모두 갖추고 있다.

● 論 ●

第四至一切處廻向者는 以精進波羅蜜로 爲體오 餘九로 爲伴이니 以善財所見比丘尼名師子嚬伸이 住輸那國은 此曰勇猛이오 城名迦陵迦林은 此云鬪諍時也니 明此比丘尼 能和斷鬪諍이라 此는 表第四廻向行精進業利物之相이니 表比丘者는 明離染淸淨이며 尼者는 慈音이니 明此精進行門이 離染慈悲로 以爲行體오 號師子嚬伸者는 明已得四無礙智하고 已得四種無畏故라 師子者는 明智無畏也오 嚬伸者는 卷舒自在也니 明以淸淨大智로 勇猛自在卷舒하야 說法利生에 善和斷鬪諍하야 皆悉從伏無量諸衆生의 見聞不同이니 廣如經說이라 意表此第四廻向中行精進之行에 表智悲之相故로 無染慈悲로 說法自在니 表悲常隨苦流호대 智常無染이 是摩尼義니라 四無礙智者는 一은 義無礙智오 二는 法無礙智오 三은 辭無礙智오 四는 樂說無礙智며 四無畏者는 一은 一切智無畏오 二는 漏盡無畏오 三은 說障道無畏오 四는 說盡苦道無畏라

제4, '일체 모든 곳에 찾아가는 회향'이란 정진바라밀로 본체를 삼고, 나머지 9바라밀로 도반을 삼는다.

선재동자가 친견한 비구니의 이름은 師子嚬伸인데 輸那國에

주석하고 있었다. '수나국'이란 중국 말로는 '용맹'이라는 뜻이다. 성곽의 명칭이 迦陵迦林인데 중국 말로는 '싸우고 다툴 때[鬪諍時]'라는 뜻이다. 사자빈신 비구니가 남들의 싸움을 말리고 멈추게 함을 밝힌 것이다.

이는 제4 회향에 정진행으로 중생에게 이익을 베푸는 모양을 나타낸 것이다. 비구를 나타낸 것은 오염을 여읜 청정을 밝혔고, 여승[尼]이란 자비의 음성이다. 이러한 정진행의 법문이 오염을 여읜 자비로 행의 본체가 됨을 밝힌 것이며, 호를 師子嚬伸이라 함은 이미 막힘이 없는 4가지 지혜[四無礙智]를 얻었고, 이미 두려움이 없는 4가지[四無畏]를 얻었음을 밝힌 때문이다.

師子는 지혜로 두려움이 없음을 상징하며, 嚬伸은 처신이 자재함이다. 청정한 큰 지혜로 용맹하고 처신이 자재하여, 설법으로 중생에게 이익을 줌에 다투는 일을 잘 말리고 멈추게 하여, 모두 한량없는 중생들의 각기 다른 견문에 따라 조복함을 밝힌 것으로, 경문에서 자세히 말한 바와 같다.

여기에서 말한 뜻은 제4 회향 가운데 정진의 행을 행하는 것으로, 大智大悲의 모양을 나타낸 까닭에 오염이 없는 자비로 설법이 자재함을 밝혔다. 大悲의 마음으로 언제나 고통받는 중생을 따르지만, 大智는 언제나 오염됨이 없다는 것이 '비구니'라는 뜻임을 밝히기 위함이다.

막힘이 없는 4가지 지혜[四無礙智]란 (1) 일체 뜻에 걸림 없는 지혜, (2) 일체 법에 걸림 없는 지혜, (3) 설법에 아무 어려움이 없는 지혜, (4) 설법하여 듣는 중생을 기쁘게 하는 지혜이다.

두려움이 없는 4가지[四無畏]란 (1) 일체 법을 깨달았다는 두려움 없는 자신, (2) 일체 번뇌를 모두 끊었다는 두려움 없는 자신, (3) 깨달음에 장애가 되는 것을 모두 말했다는 두려움 없는 자신, (4) 괴로움의 세계에서 벗어나 해탈에 이르는 길을 모두 말했다는 두려움 없는 자신이다.

第二 依徵廣釋中三이니 初는 廻向衆生菩提오 二는 廻向實際오 三은 結歎成益이라 前中二니 初는 畧明이오 後는 廣顯이니 今은 初라

2. 물음에 따라 자세히 해석한 부분은 3단락으로 나뉜다.

1) 중생과 보리에 회향하고,

2) 실제 근본자리에 회향하며,

3) 이익 성취를 찬탄으로 끝맺음이다.

1) 중생과 보리에 회향하는 것은 다시 2부분으로 나뉜다.

(1) 간단히 밝혔고,

(2) 자세히 밝혔다.

이는 (1) 간단히 밝힌 부분이다.

經

佛子여 此菩薩摩訶薩이 修習一切諸善根時에 作是念言호대 願此善根功德之力으로 至一切處니 譬如實際가 無處不

至하야 至一切物하며 至一切世間하며 至一切衆生하며 至一切國土하며 至一切法하며 至一切虛空하며 至一切三世하며 至一切有爲無爲하며 至一切語言音聲인달하야 願此善根도 亦復如是하야 徧至一切諸如來所하야 供養三世一切諸佛호대 過去諸佛이 所願悉滿하시며 未來諸佛이 具足莊嚴하시며 現在諸佛 及其國土와 道場衆會가 徧滿一切虛空法界하시니

願以信解大威力故며 廣大智慧無障碍故며 一切善根悉廻向故로 以如諸天諸供養具로 而爲供養하야 充滿無量無邊世界니라

불자여, 보살마하살이 일체 모든 선근을 닦을 때에 이런 생각을 한다.

'바라건대 이러한 선근 공덕의 힘으로 일체 모든 곳에 이르게 하소서.

실제 근본자리에 이르지 않은 데가 없어, 일체 존재에 이르고, 일체 세간에 이르며, 일체중생에게 이르고, 일체 국토에 이르며, 일체 법에 이르고, 일체 허공에 이르며, 일체 삼세에 이르고, 일체 작위 있는 법과 작위 없는 법에 이르며, 일체 언어와 음성에 이르는 것처럼 이 선근 또한 그처럼 일체 모든 여래가 계신 도량에 두루 이르러 삼세 일체 모든 부처님께 공양하되, 과거 부처님이 원했던 바를 모두 원만케 하고, 미래 부처님의 장엄이 구족하고, 현재 부처님과 그 국토와 도량에 모인 대중이 일체 허공 법계에 두루 충

만케 하소서.

바라건대 신심과 이해하는 큰 위신력 때문이며, 광대한 지혜가 장애함이 없기 때문이며, 일체 선근이 모두 회향한 때문에 모든 하늘에 있는 공양거리와 같은 것으로 공양을 삼아 한량없고 그지없는 세계에 충만하소서.'

◉ 疏 ◉

前中三이니 謂法·喩·合이라

法中에 謂以願力及善根力이니 此二相資라 故能徧至오

次譬如下는 喩況中에 實際者는 即一切法眞實之際니 故無不在니라 '一切物者는 謂凡是有形이라 故晉經中에 名一切有라하니 餘竝可知니라 此與如相及法界廻向으로 有差別者는 此據善根廻向이 成供具하야 至一切處오 第八은 約善根廻向이 同如體相業用이오 第十은 約所廻向行이 廣多無量일세 故無濫也니라

第三以法合中에 先은 總이오 後過去下는 別明이라 於中二니 先擧三世니 合所至處라 能事已畢일세 過云願滿이오 修因已圓일세 未云具足이오 現成正化일세 故云國土道場이라

後願以信下는 明能至供이니 於中에 先成供因이라 因有三種하니 一은 以勝解니 則隨心轉變이오 二는 以大智니 了無障礙오 三은 以善根廻向이니 稱願而成이라 '以如諸下는 辨所成供이니 可知니라

(1) 간단히 밝힌 부분은 3단락으로 나뉜다. 법, 비유, 종합을 말한다.

295

첫째, 법을 말한 부분은 원력과 선근의 힘을 말한다. 이 2가지가 서로 힘입기에 두루 이를 수 있다.

둘째, '譬如' 이하는 비유에서 말한 '실제 근본자리'란 일체 법의 진실한 자리이다. 따라서 어느 곳이나 존재하지 않음이 없다. '일체 사물'이란 형상이 있는 모든 것을 말하기에 晉經에서는 '一切有'라고 말한다. 나머지는 말하지 않아도 알 수 있다.

이것이 제8 진여상 회향 및 제10 법계와 같은 한량없는 회향과 차별이 있다는 것은 여기에서는 선근 회향이 공양거리를 성취하여 일체 모든 곳에 이름을 따른 것이며, 제8 진여상 회향은 선근 회향이 진여 體相의 業用과 같은 것으로 말하였고, 제10 법계와 같은 한량없는 회향은 회향해야 할 행이 광대하고 많아서 한량없는 것으로 말하였다. 이 때문에 서로 뒤섞이지 않는다.

셋째, 법으로 종합한 가운데, 앞은 총체이며,

뒤의 '過去' 이하는 개별로 밝혔다. 이는 다시 2부분으로 나뉜다.

앞에서는 삼세를 들어 말하였다. 이는 모든 곳에 이르는 데 부합한 부분이다. 할 수 있는 일을 이미 끝마쳤기에 과거는 '원만'이라 말하고, 因地를 닦음이 이미 원만한 까닭에 미래는 '具足'이라 말하고, 현재는 바로 교화를 이루기에 '국토 도량'이라 말하였다.

뒤의 '願以信解' 이하는 이를 수 있는 주체의 공양을 밝혔다. 여기에 먼저 공양의 원인을 성취하였다. 원인에는 3가지가 있다.

① 수승한 이해이다. 이는 마음에 따라 전변하는 것이다.

② 큰 지혜로 한다. 걸림 없이 잘 아는 것이다.

③ 선근으로 회향한다. 원력에 맞게 성취한 것이다.

'以如諸天' 이하는 성취한 바의 공양을 말한 것으로, 설명하지 않아도 알 수 있다.

第二는 廣明이라 於中二니 先은 約十方佛하야 明其徧至오 後는 約常住佛하야 明其徧至니라

前中分三이니 初는 總明供處오 二는 別明供養이오 三은 通顯廻向之心이니 今은 初라

(2) 자세히 밝힌 부분이다. 이는 2단락으로 나뉜다.

제1단락, 시방 제불을 들어 두루 이르리 감을 밝혔고,

제2단락, 상주하는 부처님을 들어 두루 이르러 감을 밝혔다.

'앞의 시방 제불'은 다시 3부분으로 나뉜다.

㈎ 총체로 공양하는 곳을 밝혔고,

㈏ 개별로 공양을 밝혔으며,

㈐ 회향의 마음을 전반적으로 밝혔다.

이는 ㈎ 총체로 공양하는 곳을 밝힌 부분이다.

經

佛子여 菩薩摩訶薩이 復作是念호대 諸佛世尊이 普徧一切虛空法界와 種種業所起인 十方不可說一切世界種世界와

不可說佛國土와 **佛境界**와 **種種世界**와 **無量世界**와 **無分齊世界**와 **轉世界**와 **側世界**와 **仰世界**와 **覆世界**하사

불자여, 보살마하살이 또 이런 생각을 한다.

'여러 부처님 세존이 일체 허공 법계,

가지가지 업으로 일으킨 시방의 말할 수 없는 일체 세계의 각기 다른 세계,

말할 수 없는 부처님의 국토,

부처님의 경계,

가지가지 세계,

한량없는 세계,

구분이나 제한이 없는 세계,

굴러가는 세계,

모로 선 세계,

위로 젖혀진 세계,

엎어진 세계에 두루 이르시어,

● 疏 ●

先은 約處顯多요 次種種業所起는 約因顯多요 十方已下는 約數顯多요 種種世界는 約形類顯多니 義通受用及變化土니라

앞은 공간을 들어 많음을 밝혔고,

다음 '가지가지 업으로 일으킨 시방'은 원인을 들어 많음을 밝혔으며,

'十方不可說' 이하는 수효를 들어 많음을 밝혔고,

'種種世界'는 형태의 유를 들어 많음을 밝혔다. 이 뜻은 수용토와 변화토에 통한다.

二는 別明供養이라

(나) 개별로 공양을 밝히다

經

如是一切諸世界中에 現住於壽하사 示現種種神通變化어시든 彼有菩薩이 以勝解力으로 爲諸衆生의 堪受化者하야 於彼一切諸世界中에 現爲如來하야 出興於世하야 以至一切處智로 普徧開示如來의 無量自在神力호대 法身徧往하야 無有差別하며 平等普入一切法界하며 如來藏身이 不生不滅일세 善巧方便으로 普現世間하나니 證法實性하야 超一切故며 得不退轉無碍力故며 生於如來無障碍見廣大威德種性中故니라

佛子여 菩薩摩訶薩이 以其所種一切善根으로 願於如是諸如來所에 以衆妙華와 及衆妙香과 鬘蓋幢旛과 衣服燈燭과 及餘一切諸莊嚴具로 以爲供養하며 若佛形像과 若佛塔廟에도 悉亦如是하야

이러한 일체 세계에 현재 장수를 누리며 머물면서 가지가지 신

통 변화를 나타내시면, 어떤 보살은 훌륭하게 이해하는 힘으로 교화를 받아들일 만한 중생을 위해 저 일체 세계에서 여래로 화현하여 세간에 몸을 나타내, 모든 곳에 이르는 지혜로 여래의 한량없이 자재한 신통력을 널리 열어 보여주되, 법신이 두루 찾아가 차별이 없으며, 일체 법계에 평등하게 널리 들어가며, 여래장신이 생겨나지도 않고 사라지지도 않기에 뛰어난 방편으로 세간에 널리 나타나니, 여실한 법성을 증득하여 일체를 초월한 때문이며, 뒤로 물러서지 않고 걸림 없는 힘을 얻은 때문이며, 여래의 장애 없는 지견과 광대한 위신력 공덕의 종성에서 태어난 때문이다.'

불자여, 보살마하살이 그가 심은 바의 일체 선근으로 이처럼 모든 여래가 계신 도량에 수많은 미묘한 꽃, 수많은 미묘한 향, 화만, 일산, 당기, 깃발, 의복, 등불 그리고 나머지 일체 수많은 장엄거리로 공양 올리기를 원하며, 부처님의 형상, 부처님의 탑에도 모두 공양을 올려,

● 疏 ●

文二니 初는 供現在佛이오 後若佛形像下는 供住持佛이라
前中二니 先은 所供田이오 後佛子下는 明能供行이라
前中二니 初는 實報田이오 二彼有下는 辨權應田이라
於中三이니 初는 現身이오 次는 說法이니 言以至一切處智者는 意明今此位菩薩도 亦能爾也니 此卽本下迹高어니와 若佛爲菩薩이면 則本高迹下오 或俱高俱下하야 因果交徹이니 思之어다【鈔_ 或俱高俱下

者는 畧成四句니 佛化爲佛이면 本迹俱高오 菩薩이 化爲菩薩이면 本迹俱下오 就菩薩中 以位相望이면 亦有高下니 可知니라】

이 경문은 2단락이다.

앞은 현재 세계의 부처님께 공양함이며,

뒤의 '若佛形像' 이하는 住持佛께 공양함이다.

'앞의 현재 세계 부처님' 부분은 다시 2부분으로 나뉜다.

앞은 공양 대상의 터전이며,

뒤의 '佛子' 이하는 공양 주체의 行을 밝혔다.

'앞의 공양 대상 터전' 부분은 다시 2부분으로 나뉜다.

앞은 實報土의 터전이며,

뒤의 '彼有菩薩' 이하는 應身土[權應]의 터전을 말하였다. 여기에는 3부분이 있다.

첫째, 현신이며,

둘째, 설법이다. '모든 곳에 이르는 지혜[至一切處智]'라고 말한 뜻은 여기에서 말한 이 지위에 있는 보살 또한 그처럼 할 수 있음을 밝힌 것이다. 이는 本地는 낮으나 현신한 자취는 높은 것이지만, 만일 부처님이 보살이 되면 본지는 높고 현신의 자취는 낮은 것이며, 혹은 본지와 현신의 자취가 모두 높거나 모두 낮기도 하여 인과가 서로 통한다. 이 점을 생각해야 한다.【초_ "혹은 본지와 현신의 자취가 모두 높거나 모두 낮다."는 것은 간단히 4구를 이루고 있다. 부처님께서 화현하여 부처님이 되면 본지와 자취가 모두 높고, 보살이 화현하여 보살이 되면 본지와 자취가 모두 낮으며, 보

301

살 중에서도 지위로 서로 대조하여 보면 또한 고하가 있다. 이는 말하지 않아도 알 수 있다.】

三法身下는 釋權佛所由니 初之三句는 顯與果佛平等이니 同性起故니라 一은 得法性身이니 同徧往故오 二는 等有智身이니 入法界故오 三은 普賢自體 如來藏身이니 不生滅故라 由上三義라 故能善巧로 普現世間이라 若爾인댄 衆生이 豈無如來藏身이리오 故下三句는 復釋成前義니 一은 證法實故로 得同法身이오 二는 有無礙智力故로 普入法界오 三은 佛種中生故로 得如來藏身之用이니 謂絶二障하야 權實無礙 是如來見이오 廣大威德이 是如來用이오 菩薩隨順悟入이 是生彼種性之中이라 故出現品에 云若得聞此如來無量不思議無障礙智慧法門하고 聞已信解하야 隨順悟入이면 當知하라 此人은 生如來家라하니 廣如彼說이라 得斯後三이면 因位도 尙卽爲果은 況應現耶아 上亦供行所因이라【鈔_ '上亦供行所因'者는 卽上釋權化所由니 以如來藏等力故로 令供行至라 故爲所因이라】

셋째, '法身' 이하는 방편의 응신불[權佛]이 유래하는 바를 해석하였다. 앞의 3구는 果佛과 평등함을 밝혔는데, 똑같은 법성으로 일어났기 때문이다.

제1구는 법성신을 얻음이니, 똑같이 두루 찾아가기 때문이며,
제2구는 평등하게 智身을 지님이니, 법계에 들어간 때문이며,
제3구는 보현 자체가 여래장신이니, 생멸이 없기 때문이다.

위의 3가지 뜻을 지닌 까닭에 뛰어난 방편으로 세간에 널리 몸을 나타내는 것이다.

만일 그렇다면 중생인들 어찌 여래장신이 없겠는가. 이 때문에 아래 3구에서 다시 앞의 뜻을 해석하여 끝맺고 있다.

제1구(證法實性 超一切故)는 여실한 법성을 증득한 까닭에 법신과 똑같이 얻었고,

제2구(得不退轉無碍力故)는 걸림 없는 지혜의 힘이 있기에 법계에 널리 들어가며,

제3구(生於如來無障碍見廣大威德種性中故)는 부처님의 종성에서 태어난 까닭에 여래장신의 작용을 얻은 것이다. 번뇌장과 소지장을 끊어 방편과 실체에 걸림이 없는 것이 여래의 현신이며, 광대한 위신력의 공덕이 여래의 작용이며, 보살이 따라서 깨달음을 얻은 것으로 '부처님의 종성에서 태어났다.'고 말한다.

따라서 제37 여래출현품에 이르기를 "만일 여래의 한량없이 불가사의한, 걸림 없는 지혜법문을 듣고, 들은 후에 믿고 이해하여 법문을 따라 깨달음을 얻으면, 이 사람은 여래의 집안에 태어나게 됨을 알아야 한다."고 하였다. 출현품에서 자세히 말한 바와 같다. 이처럼 뒤 3구의 뜻을 얻으면 因位에서도 오히려 果가 되는데, 하물며 응신으로 몸을 나타냄이야! 위에서 말한바 또한 공양행의 원인이 된다. 【초_"위에서 말한바 또한 공양행의 원인이 된다."는 것은 위에서 해석한 '중생 교화를 위해 몸을 나타내는 權化身'의 유래이다. 여래장 등의 힘 때문에 공양행에 이르게 한 까닭에 원인이 되는 것이다.】

二는 明供行과 及供住持佛等이니 文並可知니라

뒤(若佛形像 이하)는 공양행과 住持佛께 공양하는 등을 밝힌 것으로, 이 경문은 설명하지 않아도 알 수 있다.

三은 通顯廻向之心이라

㈐ 회향의 마음을 전반적으로 밝히다

經

以此善根으로 如是廻向하나니 所謂不亂廻向과 一心廻向과 自意廻向과 尊敬廻向과 不動廻向과 無住廻向과 無依廻向과 無衆生心廻向과 無躁競心廻向과 寂靜心廻向이니라

이러한 선근으로 이처럼 회향하나니,

이른바 산란하지 않은 회향, 일심으로 하는 회향, 자신의 뜻으로 하는 회향, 존경하는 회향, 흔들리지 않는 회향, 머물지 않는 회향, 의지함이 없는 회향, 중생의 마음이 없는 회향, 조급한 마음이 없는 회향, 고요한 마음의 회향이다.

● 疏 ●

初句는 總牒善根廻向이오 後所謂下는 別顯行相이니 謂前以善根廻向으로 成供하야 供諸田時에 如是用心이라

文有十句니 一은 不生妄念이오 二는 專注正境이오 三은 不由他悟오 四는 於田殷重이오 五는 違順不動이오 六은 不住於法이오 七은 不依於境

이오 八은 知我空이오 九는 心行安審이오 十은 正順涅槃이라

　첫 구절은 총체로 선근 회향을 이어서 말하였고, 뒤의 '所謂' 이하는 개별로 회향행의 양상을 밝혔다. 앞에서 선근 회향으로 공양을 성취하여 여러 터전에 공양할 때에 이처럼 마음을 쓰는 것이다.

　이 경문은 10구이다.
　① 망념을 내지 않고,
　② 오롯한 마음으로 바른 경계에 안주하며,
　③ 남의 힘을 빌려 깨닫지 않고,
　④ 實報土 등의 터전에 존중을 더하며,
　⑤ 역경과 순경에 흔들리지 않고,
　⑥ 법에 머물지 않으며,
　⑦ 경계에 의지하지 않고,
　⑧ 我空을 알며,
　⑨ 마음이 평안하고,
　⑩ 바르게 열반을 따르는 것이다.

第二 約常住佛明徧至者는 謂三世住壽하야 盡未來際일세 應亦常也니 三身·十身이 融無礙故로 不同前文有塔廟等이라
文中有三이니 初는 以善根廻向供佛이오 二願令一切下는 以供佛善으로 廻向衆生이오 三譬如下는 總願善根하야 普攝廻向이라

初中二니 先은 所供境이오 後는 顯能供行이니 今은 初라【鈔_ 三身十身融故者는 出應亦常所以니 若法相說인댄 應雖名常이나 是不斷常이어니와 今法性宗은 同是一常이라 若別說者인댄 法身은 無始無終이오 報身은 有始無終이오 化身은 有始有終이어니와 今化卽法일새 故無始終이온 況報同法하야 亦無有始아 十身融義를 居然可知니라 】

제2단락, 常住佛을 들어 두루 이르러 감을 밝힌 것은 삼세에 오래 머물면서 미래 세계를 다하기에, 응신 또한 常住라 말한다. 三身과 十身이 원융하게 서로 통하여 걸림이 없기 때문에 앞 단락에서 말한 塔廟 등과 똑같지 않다.

이 경문은 3부분으로 나뉜다.

㈎ 선근 회향으로 부처님께 공양하고,

㈏ '願令一切' 이하는 부처님께 공양하는 선으로 중생에게 회향함이며,

㈐ '譬如' 이하는 선근으로 널리 회향을 포괄하여 총체로 원한 것임을 밝혔다.

㈎ 선근 회향은 다시 2부분으로 나뉜다.

첫째, 공양 대상의 경계이고,

둘째, 공양 주체의 行을 밝혔다.

이는 첫째, 공양 대상이다.【초_ "三身과 十身이 원융한 때문" 이란 응신불 또한 상주불이라는 그 이유를 밝힌 것이다. 法相으로 말하면 응신불을 비록 상주불이라 말할 수 있으나 간단이 없는 것을 常住라 말한다. 하지만 여기에서 말한 法性宗은 똑같이 하나의

상주이다. 만일 별개로 말하면 法身은 시작도 없고 끝도 없으며, 報身은 시작은 있으나 끝이 없고, 化身은 시작도 있고 끝도 있지만, 여기에서는 화신이 곧 법신이기 때문에 곧 시작과 끝이 없다. 하물며 보신이 법신처럼 또한 시작도 없는 것이야! 十身이 서로 원융하게 통하는 뜻은 까다롭지 않은 부분이기에 설명하지 않아도 알 수 있다.】

經

復作是念호대 盡法界虛空界에 去來現在一切劫中諸佛世尊이 得一切智하사 成菩提道하사 無量名字가 各各差別하야 於種種時에 現成正覺하사 悉皆住壽하사 盡未來際토록 一一各以法界莊嚴으로 而嚴其身하시며 道場衆會가 周徧法界하야 一切國土에 隨時出興하사 而作佛事하시나니

또한 이런 생각을 한다.

'온 법계 허공계에 과거·미래·현재 일체 겁의 제불세존께서 일체 지혜를 얻어 보리를 이루시어, 한량없는 이름이 각각 다른데, 숱한 여러 시기에 몸을 나타내어 정각을 이루고 모두 오래 계시면서 미래의 세월이 다하도록 하나하나 각각 법계의 장엄거리로 그 몸을 장엄하시며, 도량에 모인 대중이 법계에 가득하여 일체 국토에 때를 따라 나오시어 불사를 일으켰다.

● 疏 ●

盡空法界는 明處無不徧이오 去來現劫은 時無不窮이오 諸佛世尊은 總該眞應이오 '得一切'下는 明眞極之成이오 '於種種時'下는 明應現成이니 成卽有始나 應乃無終이라 故皆住壽하야 盡未來際오 眞應無二라 故一一各以法界莊嚴이오 主伴圓通이라 故道場衆會 皆周法界오 出非在我라 故曰隨時오 興必利生일새 名作佛事니라

'허공 법계에 다한다.'는 것은 어느 곳이든 두루 존재하지 않음이 없는 것을 밝혔고,

'과거·미래·현재 일체 겁'이란 어느 때이든 다하지 않음이 없는 것이며,

'제불세존'은 진신과 응신을 총체로 모두 말하였고,

'得一切智' 이하는 진리의 근본자리[眞極] 성취를 밝혔으며,

'於種種時' 이하는 應現의 성취를 밝혔다.

'성취'는 곧 시작이 있는 것이나 중생 구제를 위해 몸을 나타내는 응현은 끝이 없다. 이 때문에 오래 머물면서 미래 세계가 다하는 날까지 이어지는 것이다.

진신과 응신은 둘이 없기 때문에 하나하나 각기 다른 법계로 장엄하고,

주체와 도반이 원만하게 상통한 까닭에 도량에 모인 대중이 법계에 두루 충만하고,

몸을 나타내는 것은 나에게 있는 게 아니기에 '때를 따른다.'고 말하고,

나오시면 반드시 중생에게 이익을 주기에 '불사를 일으킨다.'고 말하였다.

二는 顯能供行이라

둘째, 공양 주체의 행을 밝히다

經

如是一切諸佛如來에 我以善根으로 普皆廻向호대
願以無數香蓋와 無數香幢과 無數香旛과 無數香帳과 無數香網과 無數香像과 無數香光과 無數香焰과 無數香雲과 無數香座와 無數香經行地와 無數香所住處와 無數香世界와 無數香山과 無數香海와 無數香河와 無數香樹와 無數香衣服과 無數香蓮華와 無數香宮殿과
無量華蓋와 廣說乃至無量華宮殿과 無邊鬘蓋와 廣說乃至無邊鬘宮殿과 無等塗香蓋와 廣說乃至無等塗香宮殿과 不可數末香蓋와 廣說乃至不可數末香宮殿과 不可稱衣蓋와 廣說乃至不可稱衣宮殿과 不可思寶蓋와 廣說乃至不可思寶宮殿과 不可量燈光明蓋와 廣說乃至不可量燈光明宮殿과 不可說莊嚴具蓋와 廣說乃至不可說莊嚴具宮殿과 不可說不可說摩尼寶蓋와 不可說不可說摩尼寶幢과 如是摩尼寶旛과 摩尼寶帳과 摩尼寶網과 摩尼寶像과 摩

尼寶光과 摩尼寶焰과 摩尼寶雲과 摩尼寶座와 摩尼寶經行地와 摩尼寶所住處와 摩尼寶刹과 摩尼寶山과 摩尼寶海와 摩尼寶河와 摩尼寶樹와 摩尼寶衣服과 摩尼寶蓮華와 摩尼寶宮殿이 皆不可說不可說이니

如是一一諸境界中에 各有無數欄楯과 無數宮殿과 無數樓閣과 無數門闥과 無數半月과 無數卻敵과 無數牕牖와 無數淸淨寶와 無數莊嚴具어든 以如是等諸供養物로 恭敬供養如上所說諸佛世尊하야

이처럼 일체 모든 부처님 여래에게 나의 선근으로 널리 모두 회향하되, 바라건대 수없는 향기 일산, 수없는 향기 당기, 수없는 향기 깃발, 수없는 향기 휘장, 수없는 향기 그물, 수없는 향기 형상, 수없는 향기 광명, 수없는 향기 불꽃, 수없는 향기 구름, 수없는 향기 평상, 수없는 향기가 스쳐가는 땅, 수없는 향기가 머무는 곳, 수없는 향기 세계, 수없는 향기 산봉우리, 수없는 향기 바다, 수없는 향기 강물, 수없는 향기 나무, 수없는 향기 의복, 수없는 향기 연꽃, 수없는 향기 궁전,

그리고 한량없는 꽃 일산에서, 자세히 말하면 한량없는 꽃 궁전까지,

그지없는 화만 일산에서 그지없는 화만 궁전까지,

짝할 수 없는 바르는 향 일산에서 짝할 수 없는 바르는 향 궁전까지,

셀 수 없는 가루향 일산에서 셀 수 없는 가루향 궁전까지,

일컬을 수 없는 옷 일산에서 일컬을 수 없는 옷 궁전까지,

생각할 수 없는 보배 일산에서 생각할 수 없는 보배 궁전까지,

헤아릴 수 없는 등불 광명 일산에서 헤아릴 수 없는 등불 광명 궁전까지,

말할 수 없는 장엄거리 일산에서 말할 수 없는 장엄거리 궁전까지,

말할 수 없이 말할 수 없는 마니보배 일산에서 말할 수 없이 말할 수 없는 마니보배 당기까지,

이와 같이 마니보배 깃발, 마니보배 휘장, 마니보배 그물, 마니보배 형상, 마니보배 광명, 마니보배 불꽃, 마니보배 구름, 마니보배 법좌, 마니보배 스쳐가는 땅, 마니보배 머무는 곳, 마니보배 세계, 마니보배 산봉우리, 마니보배 바다, 마니보배 강물, 마니보배 나무, 마니보배 의복, 마니보배 연꽃, 마니보배 궁전이 모두 말할 수 없이 말할 수 없었다.

이와 같은 하나하나 경계 가운데 제각기 수없는 난간, 수없는 궁전, 수없는 누각, 수없는 대문, 수없는 반달, 수없는 망루, 수없는 창문, 수없는 청정한 보배, 수없는 장엄거리가 있는데, 이러한 공양물로 위에서 말한 바와 같은 일체 모든 부처님 세존께 공경하는 마음으로 공양하리라.

● 疏 ●

能供行中三이니 初는 結前生後요 二願以下는 所成供具요 三以如

是下는 結成供行이라

二中三이니 初는 以香爲蓋等 二十事오 次無量華蓋下는 以華鬘等九로 例於前香이면 各具二十이니 香等離蓋等코 更無別體라 故有二百이라【鈔_ 香等離蓋等者는 如初以香等爲二十事에 但有二十이오 無二十一이니 以香徧二十일세 故如刻栴檀하야 爲二十事니 豈別有栴檀이리오 後華等九事 各爲二十도 亦然이라】

　　'공양 주체의 행을 밝힌 부분'은 3단락으로 나뉜다.
　　① 앞의 문장을 끝맺으면서 뒤의 문장을 일으켰고,
　　② '願以' 이하는 성취 대상의 공양거리이며,
　　③ '以如是等' 이하는 공양의 행을 끝맺음이다.
　　② 성취 대상의 공양거리는 다시 3단락으로 나뉜다.
　　㉠ 향으로 덮개를 만드는 등의 20가지 일이다.
　　㉡ '無量華蓋' 이하는 華鬘 등 9가지로 앞의 香類에 준하여 보면 각각 20가지를 갖추고 있다. 향기 등이 일산 등을 떠나서 다시 별개로 존재함이 없기에 2백 가지이다.【초_ "향기 등이 일산 등을 떠나서" 등이란, 첫 부분에 향기 등으로 20가지를 만들 때에 단 20가지만 있을 뿐, 21가지가 될 수는 없으니 향기가 20가지에 두루한 때문이다. 예컨대 전단나무를 조각하여 20가지를 만들면 어떻게 별개로 전단나무가 있을 수 있겠는가. 뒤이어서 말한 꽃 등의 9가지 일이 각각 20가지라는 것 또한 이와 같다.】

後如是一一下는 隨彼蓋幢等中하야 若總相說인댄 皆有栴等九事하야 成一千八百이오 幷前本門하야 總有二千이니 是則香等이 成蓋等

이오 蓋等에 有楯等하야 從無數無量으로 如是漸增하야 且至不可說이니 理實皆等法界하야 難可稱也라 然一一諸言은 定通香等하고 不全通於蓋等이니 以衣及光明이 何有門闥樓閣等耶아 是則都數未必二千이로되 但通相言一一諸境界也니라

ⓒ '如是一一' 이하는 일산, 당기 등을 따라 총체의 모습으로 말하면, 모두 방패 등 9가지 일이 1천8백 가지를 이루고, 앞서 말한 본래 20가지 부분까지 아울러 모두 2천 가지가 된다. 이는 향기 등이 일산 등을 이루고, 일산 등에 방패 등이 있어 수없이 한량없이 이처럼 차츰차츰 더하여, 말할 수 없는 지경에 이른 것이다. 이치가 실로 모두 법계와 똑같기에 헤아리기 어렵다. 그러나 '하나하나 모든 경계[一一諸境界]'라는 말은 반드시 향기 등의 유에 통할 뿐, 일산 등의 물건에 모두 통한다는 말은 아니다. 예긴대 의복과 광명이 어떻게 대문, 누각 등과 통할 수 있겠는가. 이는 전체 숫자가 꼭 2천은 아니지만, 단 통상적으로 '하나하나 모든 경계'라 말하였다.

三은 結成供行이니 可知라

ⓒ은 공양의 행을 끝맺음이다. 이는 말하지 않아도 알 수 있다.

第二. 以供佛善根廻向衆生者는 正願廻向之願이라

(나) 부처님께 공양하는 선근으로 중생에게 회향한다는 것은 바로 회향의 서원을 원한 것이다.

願令一切世間으로 皆得淸淨하고 一切衆生으로 咸得出離하야 住十力地하야 於一切法中에 得無碍法明하며 令一切衆生으로 具足善根하야 悉得調伏하며 其心無量하야 等虛空界하며 往一切刹호대 而無所至하며 入一切土하야 施諸善法하며 常得見佛하야 植諸善根하며 成就大乘하야 不着諸法하며 具足衆善하야 立無量行하며 普入無邊一切法界하며 成就諸佛神通之力하며 得於如來一切智智니

 원컨대 일체 세간이 모두 청정해지고, 일체중생이 모두 악도에서 벗어나 십력의 지위에 머물면서 일체 법에 걸림 없는 법의 밝음을 얻으며,

  일체중생이 선근이 구족하여 모두 조복을 얻으며,

  그 마음이 한량없어 허공계와 같으며,

  일체 세계에 가되 이른 바가 없으며,

  일체 국토에 들어가서 선한 모든 법을 베풀며,

  부처님을 항상 친견하여 선근을 심으며,

  대승을 성취하여 다른 법에 집착하지 않으며,

  여러 가지 선을 구족하여 한량없는 행을 세우며,

  끝없는 일체 법계에 두루 들어가며,

  모든 부처님의 신통한 힘을 이루며,

  여래의 일체 지혜를 얻게 하소서.

● 疏 ●

然이나 前段供後에 有不亂等心이오 今此供後에 明淸淨等願者는 文
有影畧이나 義實相通이라

文分爲二니 初는 總顯所爲니 謂令得果하야 惑淨智明이오 後 令一切
下는 別顯이니 願得因圓果滿이니 初는 明二利因圓이오 成就已下는 智
用果滿이라

그러나 앞 단락에서는 공양 후에 산란하지 않은 마음 등이 있
었는데, 이 공양 후에 청정 등의 서원을 밝힌 것은 문장의 한 부분
을 생략한 것이지만 그 뜻은 실로 서로 통한다.

이는 2단락으로 나눈다.

앞은 위하는 목적을 총체로 밝혔다. 佛果를 얻어 미혹이 청정
하고 지혜가 밝노록 함이다.

뒤의 '令一切衆生' 이하는 개별로 밝혔다. 인과가 원만하기를
원함이니, 앞에서는 자리이타의 因이 원만함을 밝혔고, '成就' 이하
는 지혜 작용의 果가 원만함이다.

第三은 總願善根普攝廻向이라

㈐ 선근으로 널리 받아들이는 회향을 총체로 원하다

| 經 |

譬如無我가 普攝諸法인달하야 我諸善根도 亦復如是하야

普攝一切諸佛如來니 咸悉供養하야 無有餘故며
普攝一切無量諸法이니 悉能悟入하야 無障碍故며
普攝一切諸菩薩衆이니 究竟皆與同善根故며
普攝一切諸菩薩行이니 以本願力으로 皆圓滿故며
普攝一切菩薩法明이니 了達諸法하야 皆無碍故며
普攝諸佛大神通力이니 成就無量諸善根故며
普攝諸佛力無所畏니 發無量心하야 滿一切故며
普攝菩薩三昧辯才陀羅尼門이니 善能照了無二法故며
普攝諸佛善巧方便이니 示現如來大神力故며
普攝三世一切諸佛이 降生成道하사 轉正法輪하사 調伏衆生하시고 入般涅槃이니 恭敬供養하야 悉周徧故며
普攝十方一切世界니 嚴淨佛刹하야 咸究竟故며
普攝一切諸廣大劫이니 於中出現하야 修菩薩行하야 無斷絶故며
普攝一切所有趣生이니 悉於其中에 現受生故며
普攝一切諸衆生界니 具足普賢菩薩行故며
普攝一切諸惑習氣니 悉以方便으로 令清淨故며
普攝一切衆生諸根이니 無量差別을 咸了知故며
普攝一切衆生解欲이니 令離雜染하야 得清淨故며
普攝一切化衆生行이니 隨其所應하야 爲現身故며
普攝一切應衆生道니 悉入一切 衆生界故며
普攝一切如來智性이니 護持一切諸佛敎故니라

비유하면 자아가 없는 것이 모든 법을 널리 포괄하듯이, 나의 선근 또한 그와 같아 일체 부처님 여래를 널리 받아들이니 모두 공양하여 남김이 없기 때문이며,

일체 한량없는 법을 널리 받아들이니 모두 깨달아 장애가 없기 때문이며,

일체 보살 대중을 널리 받아들이니 결국 모두 선근이 같기 때문이며,

일체 보살의 행을 널리 받아들이니 본래 원력이 모두 원만한 때문이며,

일체 보살의 법의 밝음을 널리 받아들이니 모든 법을 통달하여 걸림이 없기 때문이며,

모든 부처님의 큰 신통력을 널리 받아들이니 한량없는 모든 신근을 성취한 때문이며,

모든 부처님의 힘과 두려움이 없음을 널리 받아들이니 한량없는 마음을 내어 일체가 원만한 때문이며,

보살의 삼매와 변재와 다라니문을 널리 받아들이니 둘이 없는 법을 잘 비추어 알기 때문이며,

모든 부처님의 뛰어난 방편을 널리 받아들이니 여래의 큰 신통력을 나타낸 때문이며,

삼세 일체 부처님이 탄생하고 성도하고 바른 법륜을 굴리고 중생을 조복하고 반열반에 드심을 널리 받아들이니 공경하는 마음과 공양을 두루 지닌 때문이며,

시방 일체 세계를 널리 받아들이니 부처님 세계를 끝까지 장엄, 청정한 때문이며,

일체 모든 광대한 겁을 널리 받아들이니 그 가운데 출현하여 보살행을 닦아 끊임이 없기 때문이며,

일체 모든 악도에 나는 몸을 널리 받아들이니 모두 그 가운데 몸을 받아 태어난 때문이며,

일체중생계를 널리 받아들이니 보현보살의 행을 구족한 때문이며,

일체 번뇌와 습기를 널리 받아들이니 방편으로 모두 청정하게 한 때문이며,

일체중생의 근성을 널리 받아들이니 한량없이 차별을 모두 알기 때문이며,

일체중생의 이해와 욕구를 널리 받아들이니 잡되고 오염된 것을 여의어 청정함을 얻은 때문이며,

중생 교화의 일체 행을 널리 받아들이니 그들에게 응해야 할 바를 따라 몸을 나타낸 때문이며,

중생에게 부응하는 일체의 도를 널리 받아들이니 일체중생의 세계에 모두 들어간 때문이며,

일체 여래의 지혜 성품을 널리 받아들이니 일체 모든 부처님의 가르침을 수호하여 지녔기 때문이다.'

● 疏 ●

普攝廻向者는 以上來三段은 別明善根이로되 但說成供供佛이라 今欲顯此善根 無所不成이라 故復明此니라
於中二니 初는 喩니 謂二無我理 普攝理事하야 無不周故오 二는 法合이니 有二十句라 前十二句는 攝成自利德이오 後八은 成利他니 竝顯可知니라
初廻向衆生菩提 竟하다

'널리 받아들이는 회향'이란, 위의 3단락은 개별로 선근을 밝혔지만, 공양을 성취하여 부처님에게 공양하는 것만을 말했을 뿐이다. 여기에서 이 선근을 성취하지 않은 바 없음을 나타내고자 하기에, 다시 이를 밝힌 것이다.

이는 2부분으로 나뉜다.

① 비유이다. 2가지 無我의 이치가 이법계와 사법계를 널리 포괄하여 두루 존재하지 않음이 없기 때문이다.

② 법으로 종합한 것으로, 20구이다. 앞의 12구는 자리 공덕의 성취를 포괄하고, 뒤의 8구는 이타 공덕의 성취를 포괄하였다. 이는 모두 뚜렷하기에 설명하지 않아도 알 수 있다.

첫 중생과 보리에 회향하는 부분을 끝마치다.

第二 實際廻向中二니 初는 總標오 二 不於下는 別顯이니 今은 初라

2) 실제 근본자리에 회향하는 부분은 2단락으로 나뉜다.

(1) 총체로 밝혔고,

(2) '不於業中' 이하는 개별로 밝혔다.

經

佛子여 菩薩摩訶薩이 以諸善根으로 如是廻向時에 用無所得하야 而爲方便하야

불자여, 보살마하살이 모든 선근으로 이처럼 회향할 때에 얻은 바 없는 것으로 방편을 삼아,

◉ 疏 ◉

'用無所得爲方便者는 畧有二義하니 一은 以無所得으로 導前隨相이면 則涉有호되 不迷於空이니 爲入有之方便이오 二는 假無得以入有호되 不存無得이니 卽此無得이 亦是方便이니 此爲入空之方便也라
今文은 正用前意로되 義兼於後니 欲顯隨相離相이 無前後故니라 然 畧云無得이나 準大般若면 亦以無生無滅無住等으로 皆爲涉有之方便也라

"얻은 바 없는 것으로 방편을 삼는다."는 것은 간단히 2가지 뜻이 있다.

① 얻은 바 없는 것으로 앞서 말한 '相을 따르는 것'을 인도하면 곧 有에 하나가 되면서도 空을 혼미하지 않는다. 이는 有에 들어가는 방편이다.

② 얻은 바 없음을 빌려 有에 들어가되, 얻은 바 없음조차 있지

않다. 이처럼 얻은 바 없는 것 또한 방편이다. 이는 空에 들어가는 방편이다.

이 경문은 곧 有에 들어가는 방편을 인용한 것이지만, 그 의의는 空에 들어가는 방편까지 겸하고 있다. '상을 따름[隨相]'과 '상을 여읨[離相]'이 전후의 차례가 없음을 밝히고자 한 때문이다. 그러나 간단히 '얻음이 없다.'고 말했지만, 대반야경에 준하여 보면 또한 생겨남이 없고, 사라짐도 없고, 머묾도 없다는 등으로 모두 有와 하나가 되는 방편을 삼았다.

二別顯中三이라 初는 正顯觀心이오 二菩薩如是了達下는 明觀成之相이오 三菩薩如是觀一切下는 明觀成益이니 今은 初라

(2) 개별로 밝힌 가운데 3부분으로 나뉜다.
제1단락, 바로 마음을 살펴보는 바를 밝혔고,
제2단락, '菩薩如是了達' 이하는 관의 성취 양상을 밝혔으며,
제3단락, '菩薩如是觀一切' 이하는 관의 성취 이익을 밝혔다.
이는 제1단락, 바로 마음을 살펴보는 바를 밝혔다.

不於業中에 **分別報**하고 **不於報中**에 **分別業**하며

업 속에서 과보를 분별하지 않고, 과보 속에서 업을 분별하지 않으며,

● 疏 ●

初中十句에 義有四節이라

初一은 會事歸理니 謂事法旣虛하야 相無不盡이오 理無不現이라 故業果皆空하니 業空故로 無體可能招報은 況謂因中而有果耶아 報空故로 無體可以酬因이온 況謂果中而有因耶아 若約觀心인댄 名會用歸寂이니라【鈔_ '業空'下는 別釋이니 此有二意라 一은 正以緣生卽空으로 破權小見이니 顯業不能爲因招果오 果亦不能爲果酬因이라 二는 兼破外道因中有果等이니 彼計因中有果者는 如乳是酪因이니 乳中有酪이오 成酪之後에 亦有於乳라 故曰果中有因이라

'若約觀心'者는 上約法理니 通境及智어니와 今約觀心이니 但一是非卽名爲寂이오 亦無心於事理라야 方稱爲寂이오 不失於照일새 故名爲用이오 不取用相일새 卽用常寂이라】

제1단락, 10구의 뜻은 4節이다.

제1절, 1구는 사법계를 회통하여 이법계로 귀의하였다. 事法이 이미 공허하여 모양이 다하지 않음이 없고, 理法이 드러나지 않음이 없기에 업과가 모두 공허하다. 업이 공허한 까닭에 체성이 과보를 부름이 없는데, 하물며 원인 가운데 과보가 있다 할 수 있겠는가. 과보가 공허한 까닭에 체성이 원인을 대응할 수 없는데, 하물며 과보 가운데 원인이 있다 할 수 있겠는가. 만일 마음을 살펴보는 것으로 말한다면, 작용을 회통하여 空寂에 귀의한다고 말한다. 【초_ '業空' 이하는 개별로 해석하였다. 여기에는 2가지 뜻이 있다.

① 바로 반연으로 생겨남이 곧 空이라는 것으로, 權敎 小乘의

견해를 타파하였다. 업보가 因이 되어 과보를 초래하지 못하며, 과보 또한 과보가 되어 원인에 대응할 수 없음을 밝힌 것이다.

② "원인 가운데 과보가 있다." 등의 외도 견해를 아울러 타파하였다. 외도의 "원인 가운데 과보가 있다."는 생각은, 우유는 타락[酪]의 원인이다. 우유 속에 타락이 있고, 타락이 이뤄진 뒤에도 우유의 성분은 있다. 따라서 "과보 가운데 원인이 있다."고 말하였다.

"만일 마음을 살펴보는 것으로 말한다면"이란, 위에서는 법의 이치로 말하였으니 경계와 지혜에 통하지만, 여기에서는 마음을 살펴보는 것으로 말하였다. 단 하나의 시비를 곧 寂이라 하고, 또한 현상의 일과 근본의 이치에 무심해야 비로소 寂이라 하고, 觀照를 잃지 않기에 그 이름을 작용이라 하고, 작용의 모양을 취하지 않기에 곧 작용이 언제나 고요하다.}

經

雖無分別이나 **而普入法界**하며 **雖無所作**이나 **而恒住善根**하며 **雖無所起**나 **而勤修勝法**하며 **不信諸法**호대 **而能深入**하며 **不有於法**호대 **而悉知見**하며

　　비록 분별함이 없으나 법계에 널리 들어가고,
　　비록 하는 일이 없으나 항상 선근에 머물며,
　　비록 일으킨 바가 없으나 훌륭한 법을 부지런히 닦고,
　　모든 법을 믿지 않으나 깊이 들어가며,
　　법을 있다고 생각지 않으나 모두 알고 보며,

● 疏 ●

次五句는 明理不礙事니 約心則寂不礙用이라

於中 初句는 理無能所分別이로되 而不礙有能入之智와 所入法界요

次句는 無作而造作이요

次句는 無起而修起요

次句는 無能所信이로되 而能卽事入玄이라 此與初句로 但事理之異니 大般若에 云若信一切法이면 則不信一切法이어니와 以不信一切法일세 名信一切法이라하니 此約不信是眞信이어니와 今約不信不礙信이라

末句는 不有能所見이나 而不礙能所見이라 【鈔_ 此與初句者는 初句는 約理하야 無入而入이어니와 今約事上無能入호되 以諸法卽事而能深入일세 故云卽事入玄이라

'大般若'下는 引此文者는 揀義不同하니 謂般若意는 卻是卽用而寂이니 同上須彌山頂偈에 云'無見卽是見이라 能見一切法이어니와 於法에 若有見이면 是則無所見'이라하니 此偈는 則先正後反이오 大般若는 則先反後正이어니와 今此中意는 明理不礙事故로 意別也니라

'末句不有能所見'者는 以文言不有於法이라하니 法通能所見也라 何以得知法是能所見고 以下句云'悉知見'故니 卽同金剛에 '如來悉知悉見'이라하니라】

제2절, 5구는 이법계가 사법계에 걸림 없음을 밝혔다. 마음으로 말하면, 空寂의 이치가 작용의 일에 걸림이 없다.

5구 가운데, 제1구(雖無分別 而普入法界)는 근본의 이치에는 주체와 객체의 분별이 없지만, 들어갈 수 있는 주체의 지혜와 들어갈

대상의 법계에 걸림이 없고,

제2구(雖無所作 而恒住善根)는 하는 일이 없는 것으로 일함이며,

제3구(雖無所起 而勤修勝法)는 일으킨 바 없이 수행을 일으키고,

제4구(不信諸法 而能深入)는 주체와 대상의 믿음이 없지만, 작용의 일과 하나가 되어 현묘한 근본자리에 들어간 것이다. 이는 제1구와 단 사법계와 이법계의 차이가 있을 뿐이다. 대반야경에 이르기를 "일체 법을 믿으면 그것은 곧 일체 법을 믿지 못한 것이지만, 일체 법을 믿지 않기에 그 이름을 일체 법을 믿음이라 한다."고 하였다. 대반야경에서는 믿지 않음을 진실한 믿음이라 말했지만, 여기에서는 믿지 않음이 믿음에 걸림이 없는 것으로 말하였다.

제5구(不有於法 而悉知見)는 주체와 대상의 견해가 없지만, 주체와 대상의 견해에 걸림이 없다. 【초_ '이는 제1구와'에서 세1구는 이치로 들어감이 없는 것으로 들어간 것을 말했지만, 여기에서는 현상의 일이라는 측면에서, 들어감이 없으나 모든 법이 현상의 일과 하나가 되어 깊이 들어가기에, 이를 "작용의 일과 하나가 되어 현묘한 근본자리에 들어간다."고 말하였다.

'대반야경에서는' 이하에서 경문을 인용한 것은 가려서 쓴 의의가 똑같지 않다. 대반야경에서 말한 뜻은 도리어 작용과 하나가 되어 고요함이다. 위의 須彌山頂偈에 이르기를 "봄이 없는 것이 곧 본 것으로, 일체 모든 법을 볼 수 있지만, 법에 대해 소견이 있으면 이는 곧 볼 수 없다."는 것과 같다. 이 게송은 앞에서는 正說을, 뒤에서는 反說을 말하였다. 그러나 대반야경은 앞에서는 반설을, 뒤

에서는 정설을 말했지만, 여기에서 말한 뜻은 이법계가 사법계에 걸림 없음을 밝힌 까닭에 그 뜻이 각기 다르다.

"제5구는 주체와 대상의 견해가 없다."는 것은 경문에서 말한 "법을 있다고 생각지 않음"이니, 이는 법이 주체와 대상의 견해에 모두 통한다. 어떻게 '법이 주체와 대상의 견해'임을 알 수 있는가? 아래 구절에서 "모두 알고 보았다[悉知見]."고 말한 때문이다. 이는 금강경에서 "여래께서 모두 알고 모두 보았다."고 말한 바와 같다.】

經
若作不作을 **皆不可得**하며 **知諸法性**이 **恒不自在**하며

하는 일이나 하지 않는 일을 모두 얻을 수 없고,
모든 법성이 항상 자재하지 못함을 알며,

● 疏 ●

三有二句는 事理雙絕이니 約心則止觀兩亡이라
初句는 正釋이니 作은 事也오 不作은 理也니 待對假言일세 故皆不可得이라
下句는 釋成法從緣起일세 不能不生이오 諸緣離散일세 不能不滅이오 從緣生滅일세 不能不有오 緣生無性일세 不能不空이니 故諸法性이 無暫自在어니 何有性相而可得耶아【鈔_ 待對者는 出絕事理之意니 一은 相待門이니 謂待事說理하고 待理說事 如因長有短이라 短不可得等이오 二云假言者는 諸法寂滅하야 本絕名言이니 今云事理도 皆假

名耳라 故皆雙絕이니 上是疏家釋成이오 下句는 經自釋成이라】

제3절, 2구는 이법계와 사법계가 모두 끊어진 자리이다. 마음으로 말하면, 止·觀을 모두 놓아버린 자리이다.

2구 가운데 제1구는 바르게 해석하였다. '하는 일[作]'이란 현상의 사법계이며, '하지 않는 일[不作]'이란 근본자리의 이법계이다. 상대적으로 언어를 빌려 표현한 까닭에 "모두 얻을 수 없다."고 말하였다.

아래 제2구는 해석하여 끝맺었다. 법이 인연 따라 일어나기에 생겨나지 않을 수 없고, 모든 인연은 결국 떠나고 흩어지기에 사라지지 않을 수 없으며, 인연 따라 생겨나고 사라지기에 있지 않을 수 없고, 인연으로 생겨남이 자성이 없기에 공하지 않을 수 없다. 따라서 모든 법성이 잠시도 자재함이 없는데, 어떻게 性相을 얻을 수 있겠는가.【초_ 待對란 사법계와 이법계가 끊어진 자리라는 뜻을 표출한 것이다.

① 상대적인 법문이다. 사법계를 상대로 이법계를 말하고, 이법계를 상대로 사법계를 말하는 것이다. 이는 마치 긴 것으로 인하여 짧은 것이 있는 터라, 짧은 것을 얻을 수 없다는 등과 같다.

② "언어를 빌려 표현하였다."고 말한 것은 모든 법이 고요하여 본래 명제와 언어가 끊어졌다. 여기에서 事·理라고 말하는 것 또한 모두 가탁의 명제이다. 따라서 事·理 모두 끊어진 자리이다. 위는 註疏家가 해석하여 끝맺었고, 아래 구절은 경문 자체에서 해석하여 끝맺었다.】

雖悉見諸法이나 **而無所見**하며 **普知一切**호대 **而無所知**하나니

비록 모든 법을 보지만 보는 바가 없고,
일체를 두루 알지만 아는 바가 없다.

◉ 疏 ◉

四有二句는 明事理無礙라 約心則寂照雙流니 良以事虛攬理라 無不理之事하고 理實應緣이라 無不事之理니 所以寂而常照하고 照而常寂이라 故終日知見호되 而無知見也니라

上四句는 初則會有歸空이니 有未曾損이오 次는 依空立有니 有未始存이오 次는 空有兩亡이니 無隱無顯이오 後는 空有無礙니 存沒同時니라 四句鎔融이라야 方名離相實際觀이니라【鈔_ 上四句下는 總融前四라 言有未曾損者는 法卽是空이라 非法滅空이오 有未始存者는 卽空之有라 有相虛故니라 無隱無顯者는 有存則空隱하고 空存則有隱이어니와 今由兩亡일세 故非隱顯이라 存沒同時者는 空不礙有故로 存이오 有不礙空故로 沒이라 然隱顯은 皆就理明이오 存沒은 竝約事說이니 亦影畧耳라 四句鎔融下는 總結이니 此則非唯離於隨相이라 亦離離相이니 眞無礙也며 眞實際也니라】

　제4절, 2구는 사법계와 이법계가 서로 걸림이 없음을 밝혔다. 마음으로 말하면, 寂·照가 모두 유행한 것이다. 참으로 현상의 사법계란 공허하여 근본자리의 이법계를 들어 말하기에 근본자리의

이치 아닌 현상의 일이란 있을 수 없고, 근본자리의 이법계는 실로 인연 따라 응한 것이기에 현상의 일이 아닌 이치란 있을 수 없다. 이 때문에 고요하면서도 항상 비춰지고, 비추되 항상 고요하기에 진종일 알고 보지만 알고 보는 바가 없다.

위의 4구 가운데 제1구(若作不作 皆不可得)는 有를 회통하여 空으로 귀의함이니, 有가 일찍이 손상되지 않았고,

제2구(知諸法性 恒不自在)는 空에 의지하여 有를 세운 것이니, 有에 시작이 있지 않으며,

제3구(雖悉見諸法 而無所見)는 空과 有가 모두 사라짐이니, 숨겨진 것도 없고 나타난 것도 없으며,

제4구(普知一切 而無所知)는 空과 有가 서로 걸림이 없는 것이니, 있는 것과 사라짐이 동시에 존재한다.

위의 4구가 원융해야 비로소 '모양을 여읜 실제 자리의 관(離相實際觀)'이라고 말한다. 【초_ '위의 4구' 이하는 앞의 4구를 총체로 융합하였다.

"有가 일찍이 손상되지 않았다."고 말한 것은 법이 곧 空인 터라, 법이 사라진 空을 말한 게 아니다.

"有에 시작이 있지 않다."는 것은 空과 하나가 된 有이기에, 有의 모양이 虛한 때문이다.

"숨겨진 것도 없고 나타난 것도 없다."는 것은 有가 있으면 空이 나타나지 않고, 空이 있으면 有가 보이지 않지만, 지금은 공과 유 2가지가 모두 없기에 숨겨진 것도, 나타난 것도 아니다.

"있는 것과 사라짐이 동시에 존재한다."는 것은 空이 有에 걸림이 없기에 존재하고, 有가 空에 걸림이 없기에 사라짐이다. 그러나 숨겨진 것과 나타난 것은 모두 근본자리의 이치의 자리에서 밝혔고, 있는 것과 사라짐은 모두 현상의 일로 말하였지만, 또한 한 부분을 생략한 채 밝힌 것이다.

'4구가 원융' 이하는 총체로 끝맺음이다. 이는 '상을 따른[隨相]' 부분을 여의었을 뿐 아니라, 또한 '상을 여읜[離相]' 부분까지 여읜 것이다. 이것이 진실한 無礙이며, 진실한 實際이다.】

二는 觀成之相이라

제2단락, 觀의 성취 양상

經

菩薩이 如是了達境界하야
知一切法이 因緣爲本하며
見於一切諸佛法身하며
至一切法離染實際하며
解了世間이 皆如變化하며
明達衆生이 唯是一法이라 無有二性하며
不捨業境의 善巧方便하며
於有爲界에 示無爲法호대 而不滅壞有爲之相하며

於無爲界에 **示有爲法**호대 **而不分別無爲之相**이니

보살이 이처럼 경계를 잘 알아,

일체 법에 인연이 근본이 되는 줄을 알고,

일체 모든 부처님의 법신을 보며,

일체 법이 오염을 여읜 실제 근본자리에 이르고,

세간이 모두 변화함과 같음을 알며,

모든 중생이 오직 한 가지 법이라, 두 성품이 없음을 분명하게 통달하고,

업과 경계에 뛰어난 방편을 버리지 않으며,

유위의 세간법에서 무위의 법을 보이면서도 유위의 모양을 파괴하지 않고,

무위의 출세간법에서 유위의 세간법을 보이면서도 무위 출세간법의 모양을 분별하지 않는다.

● 疏 ●

然此段文은 更有二意니 一은 前是卽觀之止며 後는 明卽止之觀이라 前雖云知나 意明無知이오 二는 以後段으로 釋成前文이니 由知因緣等故로 不於業中分別報等이라 雖有此二나 觀成相顯이라

於中分二니 初句는 結前生後니 由依如前了達心境일새 故能成下如是知見이오 後知一切下는 正顯其相이라 文有八句하니 初總餘別이라 總中에 由上觀故로 能知因緣이니 何等因緣고 謂一切法이 若漏·無漏와 爲·無爲等이 皆以因緣而爲其本이니라 云何謂本고 謂因緣故有

331

오 因緣故空이오 因緣故不有오 因緣故不空이오 因緣故流轉이오 因緣故還滅이오 乃至一切 皆由因緣이라 故中論에 云 未曾有一法 不從因緣生이라하니 有爲는 緣生이오 無爲는 緣顯이니 因有有爲면 則有無爲오 又形奪相盡이 是眞無爲니라

그러나 이 단락은 또한 2가지 뜻이 있다.

① 앞은 觀과 하나가 된 止이며, 뒤는 止와 하나가 된 觀을 밝혔다. 앞부분에서 비록 知(知一切法)를 말했지만 본의는 無知를 밝혔다.

② 뒤 단락으로 앞 문장을 해석하여 끝맺었다. 인연 등을 알고 있기에 업 가운데 과보를 분별하지 않는다는 등이다. 비록 이런 2가지가 있으나 觀의 성취 양상이 나타난 것이다.

이 경문은 다시 2부분으로 나뉜다.

첫 구절(菩薩如是了達境界)은 앞의 문장을 끝맺고 뒤의 문장을 일으켰다. 앞서 말한 바와 같이 마음의 경계를 밝게 통달함에 의하여 아래 경문에서 말한 '이처럼 알고 보는 것'을 성취한 것이다.

뒤의 '知一切' 이하는 바로 그 양상을 밝힌 것으로, 경문은 8구이다.

제1구(知一切法 因緣爲本)는 총체이며, 나머지 7구는 개별이다.

총체 구절은 위에서 말한 觀에 의하여 인연을 알게 된 것이다.

어떤 인연을 말하는가? 일체 법이 有漏·無漏, 爲·無爲 등이 모두 인연으로 그 근본을 삼는다.

무엇을 근본이라 말하는가? 인연 때문에 有이고, 인연 때문에 空이며, 인연 때문에 有가 아니고, 인연 때문에 空이 아니며, 인연

때문에 流轉하고, 인연 때문에 다시 사라지며, 내지 일체가 모두 인연에 의한 것이다.

따라서 중론에 이르기를 "일찍이 어느 한 법도 인연 따라 생겨나지 않음이 없다."고 하였다. 有爲는 인연으로 생겨나고, 無爲는 인연으로 나타나게 된다. 유위가 있음으로 인하여 곧 무위가 있고, 또 형체를 잃고 모양이 다함이 진실한 무위이다.

下別有七句하야 釋成上義니 由觀因緣하야 得見佛等이니 是故로 因緣은 爲諸法本이니라

一은 見法身因緣無住니 無住之本이 卽是法身이라 經云'佛以法爲身'이라 故中論에 云'若見因緣法이면 則爲能見佛'이라하니라

二는 見法實際니 因緣性離 爲法實故니라

三은 無性緣生일세 故如化似有니라

四는 理外無事일세 故唯一法이니 皆如來藏이라 事事皆虛故로 無二性이니 尙無有二은 何況有五아

五는 緣性無礙일세 故於業境에 皆得善巧니 以業攝報하고 境必對心이면 則內外因果皆善巧也니라

六은 卽事顯理而不壞事일세 故云於有爲等이라

七은 卽理成事而不隱理라 故云於無爲等이라 若滅壞有爲인댄 則失有爲本空이오 若分別無爲인댄 卽壞無爲之性이라 是以로 若約相인댄 卽爲卽無爲라 無可滅壞이오 無爲卽爲라 亦無可分別이오 若約無礙면 則事能顯理而非理오 理能成事而非事니 事理相卽하고 性相歷然이라 故爲·無爲體非一異니라 示는 謂顯示有爲界分과 無爲界性이라

333

아래 개별 부분의 7구는 위의 뜻을 해석하여 끝맺었다. 인연을 관찰함에 의해 부처님을 친견하는 등을 얻는다. 이 때문에 인연이 모든 법의 근본이 된다.

제1구(見於一切諸佛法身)는 머묾이 없는 법신 인연을 보았다. 머문 곳이 없는 근본이 바로 법신이다. 경에 이르기를 "부처님은 법으로 몸을 삼는다."고 하였다. 따라서 중론에 이르기를 "인연법을 보면 그것은 곧 부처님을 본 것이다."고 하였다.

제2구(至一切法離染實際)는 법의 실제 근본자리를 보았다. 인연의 체성을 여읜 자리가 법의 실상이 되기 때문이다.

제3구(解了世間 皆如變化)는 자성이 없이 인연으로 생겨난 까닭에 변화가 있는 것처럼 보이는 것이다.

제4구(明達衆生… 無有二性)는 이치 밖에 현상의 일이 없기에 오직 하나의 법이다. 이는 모두 여래장이다. 모든 일들이 다 공허하기에 2가지 성품이 없다. 오히려 2가지 성품도 없는데, 하물며 5가지가 있을 수 있겠는가.

제5구(不捨業境 善巧方便)는 인연의 자성이 걸림 없기 때문에 업의 경계가 모두 뛰어남을 얻었다. 업으로 과보를 포괄하고, 경계가 반드시 마음을 상대로 하면 안팎의 인과가 모두 뛰어나게 된다.

제6구(於有爲界… 而不滅壞有爲之相)는 현상의 일에서 근본자리의 이치를 밝히되 현상의 일을 무너뜨리지 않기에 有爲 등을 말하였다.

제7구(於無爲界… 而不分別無爲之相)는 근본자리의 이치와 하나가 되어 현상의 일을 성취하되 이치가 숨겨지지 않기에 無爲 등을 말하였다.

　만일 有爲가 사라지거나 무너진다면 그것은 곧 본래 공한 유위를 잃음이며, 無爲를 다르다고 분별하면 그것은 곧 무위의 본성을 무너뜨린 것이다.

　만일 유위와 무위가 서로 하나가 되는 것으로 말하면 유위가 곧 무위이기에 사라지거나 무너질 게 없고, 무위가 곧 유위이기에 또한 분별할 게 없다.

　만일 서로 걸림이 없는 것으로 말하면, 현상의 일이 근본 이치를 드러내지만, 그렇다고 현상의 일은 이치 자체가 아니며, 근본자리의 이치가 현상의 일을 이뤄주지만, 그렇다고 근본 이치는 현상의 일 자체가 아니다. 이처럼 현상의 일과 근본자리의 이치가 서로 하나가 되고 내면의 성품과 현상의 보양이 분명하기에 유위와 무위의 체성이 하나도, 다른 것도 아니다. 有爲界의 구분과 無爲界의 성품을 밝혀 보여줬음을 말한다.

三은 觀成之益이라

　제3단락, 觀의 성취 이익

經
菩薩이 如是觀一切法이 畢竟寂滅하야 成就一切淸淨善根하야 而起救護衆生之心하며

智慧明達一切法海하야 常樂修行離愚癡法하며
已具成就出世功德하야 不更修學世間之法하며
得淨智眼하야 離諸癡翳하야 以善方便으로 修廻向道니라

　　보살이 이처럼 일체 법이 결국 적멸함을 관조하여, 일체 청정한 선근을 성취하여 중생을 구제하고 수호하려는 마음을 일으키고,

　　지혜로 일체 법 바다를 통달하여 어리석음을 여의는 법을 항상 기쁜 마음으로 닦으며,

　　이미 출세간의 공덕을 잘 성취하여 다시는 세간법을 배우지 않고,

　　청정한 지혜의 눈을 얻어 어리석음의 눈병을 여의어 좋은 방편으로 회향하는 도를 닦는다.

● 疏 ●

文顯可知라

二廻向實際 竟하다

　　경문의 의의가 또렷하여 말하지 않아도 알 수 있다.

　　2) 회향의 실제 근본자리를 끝마치다.

第三은 結歎成益이라

　　3) 이익 성취를 찬탄으로 끝맺다

佛子여 菩薩摩訶薩이 以諸善根으로 如是廻向하야 稱可一切諸佛之心하며 嚴淨一切諸佛國土하며 敎化成就一切衆生하며 具足受持一切佛法하야 作一切衆生의 最上福田하며 爲一切商人의 智慧導師하며 作一切世間의 淸淨日輪하야 一一善根이 充滿法界하며 悉能救護一切衆生하야 皆令淸淨具足功德이니라
佛子여 菩薩摩訶薩이 如是廻向時에 能護持一切佛種하며 能成熟一切衆生하며 能嚴淨一切國土하며 能不壞一切諸業하며 能了知一切諸法하며 能等觀諸法無二하며 能徧往十方世界하며 能了達離欲實際하며 能成就淸淨信解하며 能具足明利諸根하나니 佛子여 是爲菩薩摩訶薩의 第四至一切處廻向이니라

불자여, 보살마하살이 모든 선근으로 이처럼 회향하여, 일체 모든 부처님의 마음에 맞추고,

일체 모든 부처님의 국토를 청정하게 장엄하며,

일체중생을 교화하여 성취하고,

일체 부처님 법을 넉넉히 받아 지녀 일체중생의 가장 으뜸가는 복전을 만들어주며,

모든 상인의 슬기로운 길잡이가 되어주고,

일체 세간의 해맑은 태양이 되어주며,

하나하나 선근이 법계에 가득하고,

일체중생을 모두 구제하고 수호하여 모두의 공덕이 청정하고 구족하게 마련해주는 것이다.

불자여, 보살마하살이 이처럼 회향할 때에 일체 부처님 종성을 보호하여 지니며,

일체중생을 성숙시켜주고,

일체 국토를 장엄, 청정하게 해주며,

일체 모든 업을 파괴하지 않고,

일체 모든 법을 잘 알며,

모든 법이 둘이 없음을 평등하게 관찰하고,

시방세계 어느 곳이든 두루 찾아가며,

탐욕을 여읜 실제 근본자리를 잘 통달하고,

청정한 믿음과 이해를 잘 성취하며,

밝고 예리한 모든 근을 구족하게 한다.

불자여, 이를 보살마하살의 제4 '일체 모든 곳에 찾아가는 회향'이라 한다.

◉ 疏 ◉

上來는 近明離相之益이로되 今則通辨一廻向益이라
文中二니 先은 明自分二利益이니 初句는 上稱佛心이오 餘句는 自成二利라
二佛子下는 勝進二利益이라 文兼體用하니 竝顯可知니라

위에서는 가까이 '모양을 여읜[離相]' 데에서 얻어지는 이익을

밝혔지만, 여기에서는 하나의 회향에 의한 이익을 전체로 논변하였다.

경문은 2단락으로 나뉜다.

앞 단락은 자신의 2가지 이익을 밝힌 것으로, 첫 구절은 위로 부처님의 마음에 맞춤이며, 나머지 구절은 스스로 자리와 이타를 이룬 것이다.

둘째 단락의 '佛子' 이하는 잘 닦아나가는 2가지의 이익이다. 경문에는 본체와 작용을 겸하고 있는데, 이는 말하지 않아도 알 수 있다.

第二大段은 位果라

[2] 해당 지위의 果

經

菩薩摩訶薩이 住此廻向時에
得至一切處身業하나니 普能應現一切世界故며
得至一切處語業하나니 於一切世界中에 演說法故며
得至一切處意業하나니 受持一切佛所說法故며
得至一切處神足通하나니 隨衆生心하야 悉往應故며
得至一切處隨證智하나니 普能了達一切法故며
得至一切處總持辯才하나니 隨衆生心하야 令歡喜故며

得至一切處入法界하나니 於一毛孔中에 普入一切世界故며
得至一切處徧入身하나니 於一衆生身에 普入一切衆生身故며
得至一切處普見劫하나니 一一劫中에 常見一切諸如來故며
得至一切處普見念하나니 一一念中에 一切諸佛이 悉現前故라
佛子여 菩薩摩訶薩이 得至一切處廻向에 能以善根으로 如是廻向이니라

보살마하살이 이러한 회향에 머물렀을 때에,

일체 모든 곳에 찾아가는 몸의 업을 얻나니 일체 세계에 두루 감응하여 몸을 나타내기 때문이며,

일체 모든 곳에 찾아가는 말의 업을 얻나니 일체 세계에서 법을 연설하기 때문이며,

일체 모든 곳에 찾아가는 뜻의 업을 얻나니 일체 부처님께서 말씀하신 법을 받아 지닌 때문이며,

일체 모든 곳에 찾아가는 신족통을 얻나니 중생의 마음을 따라 모두 찾아가 감응하기 때문이며,

일체 모든 곳에 찾아가는, 불보살의 증득을 따르는 지혜[隨證智]를 얻나니 일체 법을 두루 통달한 때문이며,

일체 모든 곳에 찾아가는, 다라니와 걸림 없는 변재를 얻나니 중생의 마음을 따라 기쁨을 주기 때문이며,

일체 모든 곳에 찾아가는, 법계에 들어감을 얻나니 하나의 모

공에 일체 세계를 모두 넣기 때문이며,

일체 모든 곳에 찾아가는, 두루 들어가는 몸을 얻나니 하나의 중생 몸에 모든 중생의 몸을 모두 넣기 때문이며,

일체 모든 곳에 찾아가는, 널리 보는 겁을 얻나니 하나하나의 겁에서 일체 모든 여래를 항상 보기 때문이며,

일체 모든 곳에 찾아가는, 널리 보는 생각을 얻나니 하나하나의 생각마다 일체 모든 부처님이 앞에 나타나기 때문이다.

불자여, 보살마하살이 '일체 모든 곳에 찾아가는 회향'을 얻었기에 선근으로 이처럼 회향하는 것이다."

● 疏 ●

位果中三이니

初는 牒得時요

二得至下는 正顯所得이니 文有十句라 初三은 三業體徧이오 次三은 三業用徧이오 後四는 顯用自在라

三佛子下는 總結이라

　　회향 지위의 결과 부분은 3부분으로 나뉜다.

　(1) 때를 얻음에 대해 이어 말하였고,

　(2) '得至' 이하는 바로 얻은 바를 밝혔다. 이의 해당 경문은 10구이다. 앞의 3구는 신구의 삼업의 체성이 두루 가득함이며, 다음 3구는 삼업의 작용이 두루 가득함이며, 나머지 4구는 작용의 자재를 밝혔다.

(3) '佛子' 이하는 총괄하여 끝맺었다.

―

第二. 重頌

　제2. 게송

經
爾時에 金剛幢菩薩이 承佛威力하사 普觀十方하고 而說頌言하사대

　그때 금강당보살이 부처님의 위신력을 받들어 시방 중생을 널리 살펴보고 게송으로 말하였다.

內外一切諸世間에　　　　菩薩悉皆無所着하고
不捨饒益衆生業하나니　　大士修行如是智이로다

　　안팎 일체 모든 세간에
　　보살이 어느 곳이든 집착한 바 없고
　　중생의 이익 되는 일 버리지 않으니
　　보살이 이런 지혜 수행하였다

● 疏 ●
有十一偈니 分三이라 初七은 頌廻向衆生及菩提요 次三偈半은 頌廻向實際요 後半은 頌成益이라

前中二니 初一偈는 頌前畧明至一切處니 但頌法說所修善根이라

11수 게송은 3단락으로 나뉜다.

앞의 7수 게송은 중생회향과 보리 회향을 읊었고,

다음 3수 반의 게송은 회향의 근본자리를 읊었으며,

뒤의 절반은 성취의 이익을 읊었다.

앞의 7수 게송은 다시 2단락으로 나뉜다.

앞의 1수 게송은 앞서 말한 '일체 모든 곳에 찾아가는 회향'을 간단히 읊었다. 단 법으로 말한, 닦아야 할 선근에 대해 읊었을 뿐이다.

經

十方所有諸國土에　　　一切無依無所住하야

시방 모든 국토에

일체 의지함도 없고 머문 바도 없어

 疏

後六은 頌前廣明이니 於中에 初半偈는 通頌前所至處니라

뒤의 6수 게송은 앞서 말한 '자세히 밝힌 부분'을 읊었다. 여기에서 앞의 절반 게송은 앞서 말한 '이르러야 할 모든 곳의 대상'을 전반적으로 읊었다.

經

不取活命等衆法하며　　**亦不妄起諸分別**하고

　　살아가는 여러 법을 취하지 않고
　　또한 허망하게 분별심을 내지도 않으며,

普攝十方世界中에　　**一切衆生無有餘**호대
觀其體性無所有하야　　**至一切處善廻向**이로다

　　시방 모든 세계
　　일체중생 남김없이 널리 받아들이되
　　그 체성이 없음을 관조하여
　　'일체 모든 곳에 찾아가는 회향' 잘도 하였다

● 疏 ●

次一偈半은 頌前廻向衆生이라
　　다음 1수 반의 게송은 앞의 중생회향을 읊었다.

經

普攝有爲無爲法호대　　**不於其中起妄念**하고
如於世間法亦然하니　　**照世燈明如是覺**이로다

　　유위 무위의 세간 출세간법 널리 포괄하되
　　그 가운데 망상을 일으키지 않고
　　세간법 또한 그러하니

세계 비추는 등불 이처럼 깨달았다

菩薩所修諸業行이 　　上中下品各差別하니
悉以善根廻向彼 　　十方一切諸如來로다

　보살이 닦아온 모든 업과 행

　상품·중품·하품이 각기 다르지만

　모두가 선근으로

　시방세계 일체 여래에게 회향하여라

菩薩廻向到彼岸호대 　　隨如來學悉成就라
恒以妙智善思惟하야 　　具足人中最勝法이로다

　보살의 회향 피안에 이르뇌

　여래 따라 배워 모두 성취하여

　항상 미묘한 지혜와 착한 생각으로

　인간의 가장 좋은 법을 두루 갖췄다

淸淨善根普廻向하야 　　利益群迷恒不捨하야
悉令一切諸衆生으로 　　得成無上照世燈이로다

　청정한 선근으로 널리 회향하여

　언제나 중생 이익 버리지 않고

　일체 모든 중생으로

　세상 비춰주는, 가장 훌륭한 등불 이루게 하였다

● 疏 ●

後四는 頌前普攝廻向이오 餘可知라

뒤의 4수 게송은 앞의 '널리 포괄한 회향'을 읊었다. 나머지는 말하지 않아도 알 수 있다.

經

未曾分別取衆生하며　　亦不妄想念諸法하니
雖於世間無染著이나　　亦復不捨諸含識이로다

　일찍이 중생을 차별하지 않고
　또한 모든 법을 망상으로 생각지 않으며
　세간에 머물면서 물들거나 집착 없으나
　그래도 모든 중생 버리지 않는다

菩薩常樂寂滅法하야　　隨順得至涅槃境이나
亦不捨離衆生道하고　　獲如是等微妙智로다

　보살이 언제나 적멸한 법 좋아하여
　중생의 마음 따라 열반 경계 이르지만
　그래도 중생의 도 버리지 않고
　이처럼 미묘한 지혜 얻었어라

菩薩未曾分別業하며　　亦不取着諸果報하나니
一切世間從緣生이라　　不離因緣見諸法이로다

보살이 힘든 일을 분별하지 않지만
과보에도 집착하는 일 없다
일체 세간이 인연 따라 생겨나는 터
인연을 여의지 않고 모든 법을 본다

深入如是諸境界호대　　不於其中起分別하나니
一切衆生調御師가　　於此明了善廻向이로다

이와 같은 모든 경계 깊이 들어가되
그 속에서 분별심 내지 않는다
일체중생 다스리는 부처님이
이를 환히 알고 잘도 회향하였다

◉ 論 ◉

已上에 有二十二行頌은 兩行一頌이 如文自具라 第二隨文釋義者는 云何至一切處廻向고 約位有十一하니 一은 法身이 至一切處오 二는 智身이 至一切處오 三은 大願이 至一切處오 四는 供養諸佛이 至一切處오 五는 見聞聽受諸法이 至一切處오 六은 徧現色身이 至一切處오 七은 開悟衆生이 至一切處오 八은 不出毛孔코 至一切處오 九는 徧滿十方하야 等於法界호대 而無去來코 至一切處오 十은 入一衆生身心이 等一切衆生身心하야 至一切處오 十一은 入一佛身毛孔이 等一切佛身毛孔하야 至一切處廻向이라

이상 22항 게송은 2줄이 하나의 게송으로 이뤄져 경문과 같이

347

스스로 그 뜻을 갖추고 있다.

제2. 경문을 따라 그 의의를 해석함에 있어, 어떤 것이 '일체 모든 곳에 찾아가는 회향'일까? 지위로 말하면 11곳에 이르는 회향을 말한다.

(1) 법신이 일체 모든 곳에 이르고,

(2) 智身이 일체 모든 곳에 이르며,

(3) 大願이 일체 모든 곳에 이르고,

(4) 제불의 공양이 일체 모든 곳에 이르며,

(5) 모든 법을 보고 듣고 받아들임이 일체 모든 곳에 이르고,

(6) 몸을 두루 나타냄이 일체 모든 곳에 이르며,

(7) 중생을 깨우쳐줌이 일체 모든 곳에 이르고,

(8) 모공에서 벗어나지 않고서 일체 모든 곳에 이르며,

(9) 시방세계에 두루 가득하여 법계와 같되 과거와 미래가 없이 일체 모든 곳에 이르고,

(10) 한 중생의 몸과 마음에 들어간 것처럼 일체중생의 몸과 마음에 들어가 일체 모든 곳에 이르며,

(11) 한 부처님 몸의 모공에 들어간 것처럼 일체 부처님 몸의 모공에 들어가 일체 모든 곳에 이르는 회향이다.

又廻向者는 有十法하니 一은 以無作法으로 廻向有作法이오 二는 以有作法으로 廻向無作法이오 三은 以一法으로 廻向多法이오 四는 以多法으로 廻向一法이오 五는 於諸有法에 廻向無法이오 六은 於無法에 廻向有法이오 七은 以世間法으로 廻向出世間法이오 八은 以出世間法으로

廻向世間法이오 九는 以一切自性無廻向으로 以爲方便有廻向法이오 十은 以一切有廻向法으로 以爲自性無廻向法이니 爲令滯有無者로 得自在故며 生死涅槃이 無障礙故며 得大神通하야 無法拘留故며 供養諸佛하고 敎化衆生에 一多同別이 皆得自在故며 以誠實心으로 起大願雲호대 周覆法界虛空界하야 與種種供具하야 供養三世一切諸佛하야 皆願自他福德이 圓滿故라 是故로 名爲至一切處廻向이니 大意 以修得十住十行之中法身理智하야 卽依此法하야 起大願大悲하며 依無作理智하야 起神通行하야 使不滯染淨하야 不爲染淨二法의 心所拘留하고 入神通自在門하야 不著神通하며 不著自在니 爲神通諸法이 性自離故라 第四廻向 竟하다

또한 회향에는 10가지 법이 있다.

(1) 하는 일이 없는 법으로 하는 일이 있는 법에 회향하고,

(2) 하는 일이 있는 법으로 하는 일이 없는 법에 회향하며,

(3) 하나의 법으로 많은 법에 회향하고,

(4) 많은 법으로 하나의 법에 회향하며,

(5) 모든 有의 법에서는 無의 법으로 회향하고,

(6) 모든 무의 법에서는 유의 법으로 회향하며,

(7) 세간법으로 출세간법에 회향하고,

(8) 출세간법으로 세간법에 회향하며,

(9) 일체 자성이 없는 회향법으로 인하여 방편이 있는 회향법을 삼고,

(10) 일체 방편이 있는 회향법으로 인하여 자성이 없는 회향법을

삼는다.

이러한 10가지 회향은 有와 無에 막힘이 없는 자로 하여금 자재함을 얻게 하기 위함이며,

생사와 열반에 걸림이 없게 하기 위함이며,

대신통을 얻어 법에 구속을 받음이 없게 하기 위함이며,

여러 부처님께 공양하고 중생을 교화함에 있어 하나와 많음, 같고 다름에 모두 자재함을 얻게 하기 위함이며,

성실한 마음으로 큰 서원의 법구름을 일으키되 법계와 허공계를 두루 덮어 가지가지 공양거리를 일으켜, 삼세 일체 모든 부처님께 공양하여 모두 나와 남의 복덕이 원만하기를 원하기 때문이다.

이러한 까닭에 '일체 모든 곳에 찾아가는 회향'이라고 말한다. 이의 큰 뜻은 十住·十行의 자리에서 법신의 이치와 지혜를 닦고, 곧 이러한 회향의 법에 의해 대원대비를 일으키며, 작위가 없는 이치와 지혜에 의해 신통의 행을 일으켜, 오염과 청정에 집착하지 않아 오염과 청정 2가지 법에 마음이 구속되는 바 없고, 신통자재의 법문에 들어가되 신통에 집착하지 않고 자재에 집착하지 않는다. 이는 신통과 모든 법의 자성에서 스스로 벗어났기 때문이다.

제4 회향을 끝마치다.

십회향품 제25-2 十廻向品 第二十五之二
화엄경소론찬요 제48권 華嚴經疏論纂要 卷第四十八

화엄경소론찬요 제49권
華嚴經疏論纂要 卷第四十九

●

십회향품 제25-3
十廻向品 第二十五之三

第五. 無盡功德藏廻向
제5. 그지없는 공덕장 회향

長行中 亦二니 先은 明位라
行中 亦三이니 今은 初니 牒名徵起라

장항 또한 2부분으로 나뉜다.
[1] 해당 지위를 밝혔다.
장항의 해당 지위는 다시 3단락으로 나뉜다.
이는 1. 명제를 이어서 물음을 일으켰다.

經
佛子여 云何爲菩薩摩訶薩의 無盡功德藏廻向고
"불자여, 무엇을 보살마하살의 '그지없는 공덕장 회향'이라 하는가?

◉ 疏 ◉
由緣無盡境行廻向故로 成無盡善根功德之行하야 得十無盡藏之果니 從能廻及果行受名이라 或無盡功德之藏이며 或卽藏이 通二釋이니 以廻向望行이면 廻向 爲能藏이오 無盡功德 是所藏이며 以因望果 亦然이니 並有財釋이라 本業에 云 "常以三寶로 授於前人이라 故名 無盡功德藏이라하니 此義 亦通所廻善根이니 卽以五門善根廻向而

爲其性이라

 그지없는 경계를 반연하여 회향을 행한 까닭에 그지없는 선근 공덕의 행을 성취하여 '열 가지 무진장'의 결과를 얻었다. 이는 회향의 주체와 결과의 행에 의해 붙여진 명칭이다.

 혹은 그지없는 공덕의 창고, 또는 곧 藏이라는 2가지 해석에 모두 통한다. 회향으로 行에 대조하여 보면 회향이란 藏의 주체가 되고, 그지없는 공덕은 藏의 대상이며, 因으로 果에 대조하여 보면 또한 그러하다. 이는 모두 소유한 것으로 해석한 것이다.

 본업경에 이르기를 "항상 삼보를 앞 사람에게 건네주었다. 이 때문에 그지없는 공덕의 창고라고 말한다."고 하였다. 이 뜻 또한 회향 대상의 선근에 통한다. 곧 제5 선근 회향으로 그 자성을 삼은 것이다.

◉ 論 ◉

第五無盡功德藏廻向者는 以禪波羅蜜로 爲體니 以善財童子所見 婆須密女로 以爲所行 行之人이오 所住國土는 名爲險難이오 城名은 寶莊嚴이니 以歡德中에 心無分別호대 普知諸法하며 一身端坐호대 充滿法界하며 於自身에 現一切刹은 所明禪體 徧周自在니 爲明禪與智悲로 會融無二하야 體用自在故라 以國名險難者는 以眞智會俗이오 城名寶莊嚴者는 會俗體自眞이니 明定亂兩融하고 智悲不礙하야 隨塵不染일새 故號城名寶莊嚴이라 婆須密女者는 此云世友니 能與世人으로 爲師友故며 亦曰天友니 能與諸天으로 作師友며 或曰易寶

니 或以此女 善巧方便으로 易取衆生의 一切智寶라 此女 身이 金色이
며 目髮이 紺靑하야 若聞說法이어나 若暫見이어나 若執手어나 若坐其座
에 總得三昧는 爲明禪體偏周하야 與智會故로 道合見者는 總皆是禪
體智悲相會之流어니와 若也別見之流인댄 常對面하야도 不覩其容也
니 但爲定與智會하고 智與悲冥하야 隨根接俗일새 號之爲女오 非卽但
爲女也라

제5 '그지없는 공덕장 회향'이란 선정바라밀로 체성을 삼는다. 선재동자가 친견한 바수밀녀로 수행할 바를 수행한 인물로 삼고, 그가 머문 국토의 명칭은 '險難'이고, 성곽의 명칭은 '寶莊嚴'이다. 그녀의 공덕을 찬탄한 부분에 "분별하는 마음이 없으나 모든 법을 널리 알고, 그의 몸은 단정히 앉아 있지만 법계에 충만하며, 자기의 몸에 일체 세계가 나타난다."고 말한 것은 선정 자체가 두루 자재하다는 뜻을 밝힌 것이다. 禪이 大智大悲와 하나가 되어 둘의 차이가 없어 본체와 작용이 자재함을 밝히기 위함이다.

국토의 명칭을 '험난'이라 함은 진실한 지혜로 세속의 일을 회통한 것이며, 성곽의 명칭을 '보장엄'이라 함은 세속의 체성이 본래 진실함을 회통한 것이다. 이는 선정과 산란 2가지가 하나로 융합하고, 대지와 대비가 서로 걸림이 없어 세속을 따르면서도 물들지 않기에 성곽의 명칭을 '보장엄'이라 함을 밝혔다.

바수밀녀란 중국에서는 '세간의 벗[世友]'이라는 뜻이다. 세간의 사람들과 스승이요 벗이 되기 때문이며, 또한 '하늘의 벗[天友]'이라고도 말하니 모든 하늘과 스승이요 벗이 되기 때문이며, 혹은

'쉽게 얻는 보배[易寶]'라고도 말하니 그녀는 뛰어난 방편으로 중생의 모든 지혜 보배를 쉽게 얻기 때문이다. 그녀의 몸은 황금색이며, 눈과 머리카락은 감청색이다. 그녀의 설법을 듣거나 그녀를 잠시 보거나 그녀의 손을 잡거나 그녀가 있는 자리에 앉으면 모두 삼매를 얻는 것은 선정의 체성이 두루 가득하여 지혜와 회통하기 때문이다. 그녀의 도와 부합한 입장에서 그를 친견한 자는 모두 이와 같은 선정의 체성, 그리고 대지와 대비가 서로 회통한 사람들이지만, 만일 그녀와 다른 개별의 견해를 지닌 사람이라면 언제나 대면할지라도 그녀의 얼굴을 볼 수 없음을 밝혔다. 단 선정이 大智와 서로 회통하고, 대지가 大悲와 하나가 되어 선근에 따라 세속의 사람을 접촉하기에, 그를 그윽하고 사랑이 넘치는 여인으로 부른 것일 뿐, 꼭 여인의 몸이라는 것은 아니다.

十住中第五主禪門에 即俗士長者 號爲解脫은 明俗體本眞일세 衆生身이 本來佛國故며 長者 身含佛國은 明衆生身도 亦然하야 但禪觀相應하면 即見이오 十行中에 即以寶髻長者로 以明禪門호대 以本自居宅十層之閣하야 宅有八門하고 市上接俗하야 引來宅內는 即明以智爲禪體하야 就俗引生일세 故云市上이며 引入智境이 名歸宅內어니와 今十廻向之內에 以婆須密女로 明禪門은 即明十廻向이 以智悲로 爲禪體일세 以女表之하야 以致其像하야 用之表法이니 即以所行俗事로 用彰智隨悲行하야 處世染而不汙라 若也未悟俗塵하야 爲業所留인댄 要須戒定慧로 志求出世之智어니와 若也達智業亡인댄 要須處纏不汙하야 方便利生하야 皆令解脫이니 切須知根接引하야 不得惑亂衆

生이오 要須依根受藥이니라

십주 가운데, 제5 禪을 위주로 하는 법문에서 俗士長者의 호칭을 '해탈'이라 한 것은 세속의 체성이 본래 진실하기에 중생의 몸이 본래 불국토임을 밝힌 때문이며, 장자의 몸에 불국토를 함유한 것은 중생의 몸 또한 그와 같기에, 단 禪觀이 상응하면 곧 볼 수 있음을 밝혔다.

그리고 십행 부분에서는 寶髻長者로 禪門을 밝혔는데, 본래 그는 십층 누각에 살았다. 그의 집에는 8개의 대문이 있고, '저자거리[市上]'에서 세속 사람을 맞이하여 그의 집안으로 끌어들이는 것은 곧 지혜로 선정의 체성을 삼아 세속에 나아가 중생을 맞이한 것이다. 따라서 '저자거리'라고 말하였다. 지혜의 경계로 이끌어 들이는 것이 곧 '집인으로 끌어들임'으로 비유한 말임을 밝혔다.

그러나 여기에서 말한 십회향에서 바수밀녀로 선정의 법문을 밝힌 것은, 십회향이란 대지와 대비로 선정의 체성을 삼기에 여인으로 이런 의의를 밝혀, 그녀의 표상으로 그에 상당하는 법을 상징하여 나타냈다. 이는 그녀가 행한 세속의 일로 큰 지혜가 大悲의 행을 따라 세간에 처하면서도 물들지 않음을 밝힌 것이다.

만일 세속의 번뇌를 깨닫지 못하여 하는 일에 구속을 당하면, 반드시 戒定慧로 출세간의 지혜를 구하려는 뜻을 지녀야 하지만, 큰 지혜를 통달하여 하는 일이 사라지면, 반드시 세속에 머물면서도 물들지 않기에 방편으로 중생에게 이익을 주어 모두 해탈하도록 주선해야 한다. 이에 반드시 중생의 근기를 알고서 그들을 이끌어, 중생을 미혹하거나 어지럽혀서는 안 된다. 반드시 중생의 근기에 따라 약을 받아들이도록 마련해주어야 한다.

第二 依徵廣釋中 三이니 初는 明所廻善根이오 二는 明廻向之行이오 三은 結行成德이라

今은 初니 文有八句니 初三은 可知오 四는 聞法修證은 屬於勸請이니 以對佛親請하야 必聞法故오 後四는 皆隨喜라 然依離垢慧所問禮佛法經컨대 總有八重하니 一은 供養佛이오 二는 讚佛德이오 三은 禮佛이오 餘卽五悔라 或合禮讚하고 或畧供養하고 或但爲五니 以發願·廻向이 但總別之異니라 如十住婆沙하니 今文依此로되 廻向이 在於下文이라 故此有四니라 或但爲三이라 故智論에 云菩薩晝夜三時에 各行三事하니 謂懺悔·勸請·隨喜니 行此三事면 功德無量하야 轉得近佛이라하니라 若依善戒經인댄 但有二事니 謂懺悔·廻向이니 皆隨時廣畧이라【鈔_ 初三可知者는 卽經列五也라 一懺悔오 二 禮敬이오 三 勸請이오 四 隨喜오 五 廻向이니 廻向 在後니라 又隨時者는 看臨期時하야 應用廣畧이라 然晝夜三時에 不宜闕也니라 】

2. 물음에 따라 자세히 해석한 부분은 3단락으로 나뉜다.

1) 회향 대상의 선근을 밝혔고,

2) 회향행을 밝혔으며,

3) 회향행의 성취 공덕으로 끝맺었다.

이는 첫 단락으로, 8구이다. 앞의 3구는 말하지 않아도 알 수

있다. 제4구는 법문을 듣고서 닦아 증득함은 법문 청하기를 권면하는 데에 속한다. 부처님을 마주하여 몸소 법문을 청하여 반드시 법을 듣기 때문이다. 뒤의 4구는 모두 따라 기뻐함이다.

그러나 세속의 때를 여읜 지혜를 물은 부분은, 禮佛法經에 의하면 모두 8가지가 있다.

① 부처님께 올리는 공양, ② 부처님 공덕의 찬탄, ③ 부처님께 올리는 예배, 나머지 5가지는 곧 5가지 참회, 즉 참회·勸請·隨喜·회향·발원이다. 혹자는 예배와 찬탄을 하나로 합하고, 혹자는 공양을 생략하기도 하고, 혹자는 단 5가지만 있을 뿐이니 발원과 회향은 총체와 개별의 차이일 뿐이라고 한다. 이는 十住婆沙論에서 말한 바와 같은 것으로, 여기에서는 이에 준하여 말했지만, 회향은 아래 끝부분에 있다. 따라서 여기에는 4가지만 있을 뿐이다. 혹자는 단 3가지일 뿐이라고 한다. 이 때문에 지도론에 이르기를 "보살이 주야 삼시에 각각 3가지 일을 행한다. 참회, 권청, 수희를 말한다. 이 3가지 일을 행하면 공덕이 한량없어 점차 부처님에게 가까이 다가설 수 있다."고 하였다. 만일 선계경에 준하여 말하면 단 2가지 일이 있을 뿐이다. 그것은 참회와 회향을 말한다. 이처럼 모두 때에 따라 자세히 하거나 생략하였다.【초_"앞의 3구는 말하지 않아도 알 수 있다."는 것은 경문에 나열한 5가지를 말한다.

① 참회, ② 禮敬, ③ 勸請, ④ 隨喜, ⑤ 회향이다. 회향은 맨 끝에 있다.

또 '隨時'란 시기에 따라 자세히 또는 간단히 응용하는 것이다.

그러나 주야 삼시에 어느 것 하나 빠뜨려서는 안 된다.】

經
佛子여 此菩薩摩訶薩이 以懺除一切諸業重障하야 所起善根과

　불자여, 이 보살마하살이 중대한 일체 모든 업장을 참회하여 일으켰던 선근,

● 疏 ●
一懺悔라 然懺은 名陳露先罪오 悔는 名改往修來니 除惡業障일세 故須懺也니라 然懺有二種하니 若犯遮罪면 先當依敎作法悔之하고 若犯性罪면 應須起行호되 此復二種이니 一은 事行이니 如方等經과 及禮佛名等이오 二는 依理觀이니 謂觀諸法空이니 如淨名說에 '當直除滅하야 勿擾其心'等이라 若依普賢觀과 及下隨好品인댄 皆具事理無礙之懺이니 至下廣明이라【鈔_ '然懺名'下는 第二釋文이라 卽釋名辨相이니 四事 卽爲四段이라 今初는 釋懺悔라 先은 釋名이라 懺悔二字는 古有二釋이니 今疏는 卽天台釋이라 亦通漢梵二者니 今釋은 卽半梵半漢이라 懺者는 梵云懺磨니 此云請忍이오 悔는 卽此方이니 體是惡作일세 厭先過失하야 求請三寶하야 忍受悔過니라 單云悔者는 非是니 六釋合二이니 卽是依主니라
'除惡業'者는 此辨懺益이며 亦懺意也라 '然懺有二'下는 卽辨相也라 '如方等'者는 經中에 令先嚴淨道場호되 香泥塗地하고 及室內外에 作

圓壇하고 彩畫로 懸五色幡하고 燒海岸香하고 燃燈하야 敷高座하고 請二十四尊像하나니 多亦無妨이라 設餚膳盡心力하고 須新淨衣鞋履니 無新이어든 洗故하고 出入脫著하야 令無參雜이라 七日長齋호되 日三時洗浴하고 初日에 供養僧하되 隨意多少하고 別請一明了內外律者 爲師하야 受二十四戒와 及陀羅尼咒하고 對師說罪를 要月八日·十五日하고 當以七日爲一期하야 此不可減이니 若能更進이면 隨意堪任이라 十人已還은 不得出此니 俗人 亦得이라 須辦單縫三衣하야 備佛法式하고 旋繞一百二十匝하고 卻坐思惟等이니 廣如經說이라 佛名經은 常所見聞이라 如淨名은 卽優婆離章이니 波離 白佛하사되 憶念 昔者에 有二比丘 犯律行하야 以爲恥하야 不敢問佛코 來謂我言호되 我等犯律호니 誠以爲恥라 不敢問佛이니 願解疑悔하야 得免斯咎하라 我卽爲其如法解說호니 時에 維摩詰이 來謂我言호되 唯라 優波離여 無重增此二比丘罪하고 當直除滅하야 勿擾其心하라 彼罪性은 不在內오 不在外며 不在中間이라 心垢故로 衆生垢오 心淨故로 衆生淨이라 心亦不在內오 不在外며 不在中間이라 如其心然하야 罪垢亦然하고 諸法亦然하야 不出於如니라 如優波離 以心相으로 得解脫時에 寧有垢不아 我言不也니라 維摩詰言호되 一切衆生 心相無垢도 亦復如是니라 唯라 優波離여 妄想是垢오 無妄想은 是淨이며 取我는 是垢오 不取我는 是淨이며 顚倒是垢오 不顚倒 是淨이니 一切法 亦如是하야 如夢 如燄이오 如水中月이오 如鏡中像이라 以妄想生이니 其知此者를 是名奉律이라하고 其知此者는 是名善解等이니 卽一向理觀으로 以訶事也니라

'若普賢觀'者는 初令晝夜六時에 對十方佛과 普賢菩薩하야 徧懺六

根이니 卽事懺也오 復令觀心하야 令此空慧로 與心相應하니 卽是理懺이니 如前釋毗盧遮那에 已引經竟이니 今時常用이라
'一切業障海 皆從妄想生'等은 卽彼經後總偈니 皆事理雙明이라 隨好品意는 至下當知니라】

(1) 참회이다. 그러나 懺이란 이전에 지은 죄를 드러내어 말함이며, 悔는 지난날의 잘못을 회개하고 미래에 잘 닦아나감을 말한다.

악업의 장애를 없애기 위해서는 반드시 懺을 해야 한다. 그러나 懺에는 2가지가 있다.

① '그 일 자체는 죄악이 아니지만 그 일로 인해 다른 죄악을 저지르게 되는 일[遮罪]'을 범했을 경우는 먼저 가르침에 따라 법대로 이의 잘못을 뉘우치고,

② '선한 본성을 범하는 경우, 바로 성립되는 살생, 도둑질, 음행, 거짓말 따위의 죄[性罪]'를 범했을 경우는 반드시 행을 일으켜 닦되 여기에는 다시 2가지가 있다.

㉠ 事行이다. 방등경 및 예불명경 등에서 말한 바와 같이 닦아야 한다.

㉡ 理觀을 따름이다. 모든 법이 공함을 살펴보는 것이다. 유마경에서 말한 바와 같이 "마땅히 바로 없애어 그 마음을 흔들지 마라."는 등이다. 만일 普賢觀과 아래의 제35 如來隨好光明功德品에 의하면, 모두 사법계와 이법계에 걸림이 없는 참회 방법을 구체적으로 말하고 있다. 아래 해당 부분에서 자세히 밝히고자 한다.

【초_"그러나 懺이란" 이하는 제2 해석이다. 이는 명제의 해석과

그 양상을 논변하였다. 4가지 일이 곧 4단락이다.

첫 단락은 '懺, 悔' 두 글자를 해석하였다. 앞부분은 명제 해석이다. '懺, 悔' 두 글자는, 옛 스님들은 2가지로 해석하였다. 여기에서 말한 청량소는 곧 天台의 해석이다. 또한 漢語와 범어 2가지에 모두 통한다. 그러나 이 해석은 절반은 범어이고 절반은 한어이다. '懺'이란 범어로 '懺磨'라 하는데, 중국에서는 '請忍'이라 하며, 悔는 곧 한어이다. 悔 자체는 이미 저지른 일을 뉘우치는 마음이다. 지난날의 잘못을 싫어하여 삼보에 청하여 잘못을 뉘우치면서 참고 받아들이는 것이다. 悔 한 글자만을 말하는 것은 옳지 않다. 6가지 해석을 2가지로 합한 것은 곧 주제에 따른 해석이다.

'除惡業'이란 참회에 의한 이익을 말하고, 또한 참회의 의의이다.

"그러나 懺에는 2가지가 있다." 이하는 곧 참회의 양상을 논변함이다.

'방등경 등'이란 경문에 의하면, 먼저 도량을 장엄, 청정하도록 하되 향 진흙으로 땅을 바르고, 실 안팎에 둥그런 제단을 만들고 채색 그림으로 오색 깃발을 매달며, 해안향을 사르고 등불을 밝혀 높은 법좌에 펼쳐두고 24존상을 모신다. 더 많이 봉안해도 나쁘지 않다. 공양 음식을 올리되 마음과 힘을 다하고, 반드시 정갈한 의복과 가죽신을 새로 짓고, 새 의복이 없으면 옛 의복을 세탁하고, 출입할 때에는 벗어두어 뒤섞이지 않도록 해야 한다. 7일간 재계할 때에는 날마다 삼시로 목욕하고, 첫날은 스님에게 공양을 올리되 많고 적음은 뜻에 따라 하며, 별도로 내외 계율에 밝은 한 스님을 청하여 스승으로 삼아 24계 및 다라니주를 받고, 스님을 마주하여 자신이 지은 잘못을 매달 8일과 15일에 모두 말하고, 7일을 한 주기로 삼아 날짜의 수효를 줄여서는 안 된다. 만일 이보다 더 정진하려면 자신의 뜻에 따라 감당할 만큼 더한다.

十八 이후의 많은 수효는 여기에서 벗어나지 않는다. 속세의 사람 또한 그처럼 해야 한다. 반드시 單縫의 세 벌 옷을 갖춰 불법의 의식을 갖추며, 120겹으로 둘러앉아 思惟한다는 등이다. 자세한 것은 경문에서 말한 바와 같다.

'佛名經'은 언제나 보고 듣는 책이다. 유마경은 優婆離章이다.

우바리가 부처님께 아뢰었다.

"생각해보니, 옛적에 두 비구가 있었는데, 계율을 범하여 이를 부끄러워하여 감히 부처님께 여쭈지 못하고 저에게 찾아와 말했습니다.

'저희들이 계율을 범하여 참으로 부끄럽습니다. 감히 부처님께 여쭐 수 없습니다. 바라건대 의심을 풀어주어 이런 허물을 면하도록 해주십시오.'

제가 그들을 위해 여법하게 해설하여 주었는데, 때마침 유마힐이 찾아와 저에게 말했습니다.

'그렇다. 우바리여, 두 비구의 죄를 거듭 더하지 말고, 바로 없애어 그들의 마음을 흔들지 마라. 그들의 죄의 속성은 안에도 있지 않고 밖에도 있지 않고 중간에도 있지 않다. 마음이 더럽혀졌기 때문에 중생이 더럽혀진 것이고, 마음이 깨끗하기 때문에 중생이 깨끗한 것이다. 마음 또한 안에도 있지 않고 밖에도 있지 않고 중간에도 있지 않다. 그 마음처럼 죄의 때 또한 그러하고, 모든 법 또한 그러하여 이와 같은 데서 벗어나지 않는다.

우바리여, 心相으로 해탈을 얻을 때, 때가 있더냐? 없더냐?'

제가 '아니다.'고 말하자, 유마힐이 말했습니다.

'일체중생의 마음에 때가 없는 것 또한 이와 같다.

그렇다. 우바리여, 망상은 때이고, 망상이 없음은 청정함이며, 자아에 집착함은 때이고, 자아에 집착하지 않음은 청정함이며, 顚倒는 때이고, 전도하지 않음은 청정함이다. 일체 법 또한 이와 같아서 꿈과 같고 불꽃과 같고 물속의 달과 같고 거울 속의 형상과 같다. 모두 망상으로 생겨난 것이다. 이런 것을 아는 자를 계율을 받들었다 말하고, 이런 것을 아는 자를 잘 이해했다 능이라 말한다. 이는 한결같이 眞理觀으로 현상의 일을 꾸짖은 것이다.'"

'若普賢觀'이란, 처음에는 주야 六時에 시방세계 부처님과 보현보살을 마주하여 육근을 두루 참회토록 하니, 이는 곧 事懺이다. 다시 마음을 觀하여 이러한 空의 지혜로 하여금 마음과 상응하도록 하니, 이는 곧 理懺이다. 앞의 비로자나를 해석한 부분에서 이미 경전을 인용하여 끝마침과 같다. 지금 여기에서는 언제나 쓰는 것이다.

"일체 업장의 바다가 모두 망상에서 생겨났다." 등은 그 경문 뒤에 있는 총체의 게송이다. 이는 모두 사법계와 이법계를 둘 다 밝힌 것이다. 제35 여래수호광명공덕품의 뜻은 아래 해당 부분에

서 알 수 있을 것이다.】

經

禮敬三世一切諸佛하야 **所起善根**과

　삼세의 일체 모든 부처님께 예배하고 공경하는 마음으로 일으켰던 선근,

● 疏 ●

二言禮敬者는 除我慢障하고 起信敬善이라 故勒那三藏이 說七種禮어늘 今加後三하야 以成圓十이라 一은 我慢禮니 謂依次位立하야 無敬心故오 二는 唱和禮니 高聲喧雜故니 此二는 非儀라 三은 恭敬禮니 五輪著地니 捧足殷重故오 四는 無相禮니 入深法性하야 離能所故오 五는 起用禮니 雖無能所나 而禮不可禮之三寶하야 一一佛前에 皆影現故오 六은 內觀禮니 但禮身中法身佛故오 七은 實相禮니 無內無外하야 同一實故오 八은 大悲禮니 前雖有觀이나 未顯爲生이어늘 今一一禮는 普代衆生故오 九는 總攝禮니 總攝前六하야 爲一觀故오 十은 無盡禮니 入帝網境하야 若佛若禮 重重無盡故니라 【鈔_ 言禮敬者는 此牒第二行經이라 '五輪著地'者는 離垢慧經에 云 一一發願이라 初總願에 云 我今五輪으로 於佛作禮는 爲斷五道하고 離於五蓋하야 願諸衆生이 常得安住하야 不壞五通하고 具足五願이니 願我右膝著地之時에 令諸衆生으로 得正覺道하고 願我左膝著地之時에 令諸衆生으로 於外道法에 不起邪見하고 悉得安立正覺道中하고 願我右手著地之時에

猶如世尊이 坐金剛座하사 右手指地에 震動現瑞하야 證大菩提인달하야 我今亦爾라 共諸衆生으로 同證覺道하며 願我左手著地之時에 令諸衆生으로 離諸外道하고 難調伏者는 以四攝法而攝取之하야 令入正道하고 願我首頂著地之時에 令諸衆生으로 離憍慢心하야 悉得成就無見頂相이라하니 餘義可思니라】

(2) '禮敬'이라 말한 것은 아만의 장애를 없애고 신심과 공경과 선을 일으킨 것이다. 따라서 늑나삼장이 7가지 예를 설법했는데, 여기에서는 뒤의 3가지를 더하여 10가지로 채웠다.

① 我慢禮, 차례와 지위에 따라 멀거니 서서 존경하는 마음이 없기 때문이다.

② 唱和禮, 큰 소리로 시끄럽게 하였기 때문이다. 이 2가지는 짐잖은 위의가 아니다.

③ 恭敬禮, 五體投地(五輪著地)로 부처님 발을 받들어 존중하기 때문이다.

④ 無相禮, 깊은 법성에 들어가 주체와 대상을 여읜 때문이다.

⑤ 起用禮, 주체와 대상이 없으나 예배와 공경할 수 없는 삼보께 예배하고 공경하여, 하나하나 부처님 앞에 모두 그림자처럼 나타났기 때문이다.

⑥ 內觀禮, 단 몸속의 법신불께 예배와 공경하기 때문이다.

⑦ 實相禮, 안도 없고 밖도 없어 실제 근본자리와 똑같기 때문이다.

⑧ 大悲禮, 앞에서는 觀이 있으나 중생을 위해 드러내지 않았는

데, 여기에서 하나하나의 예배로 널리 중생을 대신하기 때문이다.

⑨ 總攝禮, 앞의 6가지를 총괄하여 하나의 觀을 삼은 때문이다.

⑩ 無盡禮, 제석천 그물의 경계에 들어가, 부처님과 예배가 거듭거듭 그지없기 때문이다. 【초_ '禮敬'이라 말한 것은 제2항 경문을 이어서 말한 것이다.

'五輪著地'라 말한 것은 離垢慧經에 이르기를 "하나하나 발원하는 것이다."고 하였다. 첫 총체의 서원에 이르기를 "내가 이제 五輪(五體)으로 부처님께 예배 올리는 것은 五道(天道, 人道, 畜生道, 餓鬼道, 地獄道)를 끊고 다섯 가지 덮개[五蓋: 貪慾蓋, 瞋恚蓋, 睡眠蓋, 掉悔蓋, 疑蓋]를 여의어, 모든 중생이 언제나 安住하여 다섯 가지 신통[五通: 神境智證通, 天眼智證通, 天耳智證通, 他心智證通, 宿住隨念智證通]을 무너뜨리지 않으며 다섯 가지 소원을 두루 갖추기 위함이다.

① 나의 오른쪽 무릎이 땅에 닿을 때, 모든 중생으로 하여금 正覺의 도를 얻게 하기를 원하고,

② 나의 왼쪽 무릎이 땅에 닿을 때, 모든 중생으로 하여금 외도의 법에 삿된 견해를 일으키지 않게 하고, 모두 정각의 도에 반듯하게 서기를 원하며,

③ 나의 오른손이 땅에 닿을 때, 세존께서 금강법좌에 앉아 오른손으로 땅을 가리키자, 땅이 진동하고 상서가 나타나 큰 보리지혜를 증명했던 것처럼, 지금 나 또한 그와 같이 모든 중생과 함께 정각의 도를 함께 증명하기를 원하고,

④ 나의 왼손이 땅에 닿을 때, 모든 중생으로 하여금 모든 외도

를 여의게 하고, 조복하기 어려운 사람은 四攝法(布施攝, 愛語攝, 利行攝, 同事攝)으로 받아들여 바른 도에 들어가게 하기를 원하며,

⑤ 나의 이마가 땅에 닿을 때, 모든 중생으로 하여금 교만심을 여의게 하여, 모두 여래의 無見頂相을 성취하기를 원한다."고 하였다.

나머지는 설명하지 않아도 알 수 있다.】

經
勸請一切 諸佛說法하야 所起善根과
聞佛說法하고 精勤修習하야 悟不思議廣大境界하야 所起善根과

일체 모든 부처님께 설법해주기를 청하여 일으켰던 선근,

부처님의 설법을 듣고 부시런히 수행하여 불가사의한 광대한 경계를 깨달은 데서 일으켰던 선근,

◉ 疏 ◉

三言勸請者는 名爲祈求니 除謗法障하고 起慈善根故니라 聲聞自度하야 但懺己罪로되 菩薩은 愍衆이라 故須勸請이로되 但勸如來普雨法雨면 則自必霑洽이라 此文에 畧云勸佛說法이어니와 智論에 復加請佛住世하고 占察經中에 亦請菩薩速成正覺이라 次句는 因聞法故로 起悟入善이라 言'修習'者는 瑜伽八十三에 云修者는 了相作意요 習者는 勝解作意故며 又修者는 於所知事而發趣故요 習者는 無間殷重修加行故니라【鈔_ 言勸請者는 此牒第三行也라 了相作意等은 卽七

369

【作意니 義如三地釋하다】

(3) '勸請'이라 말한 것은 '간절히 바라는 것[祈求]'을 말한다. 불법을 비방하는 장애를 없애고 자비의 선근을 일으키기 때문이다. 聲聞은 자신만을 헤아려 자기의 죄를 참회할 뿐이지만, 보살은 중생을 가련히 여기기에 반드시 부처님께 권하고 부탁한다. 단 여래에게 권면하여 法雨를 널리 내리게 하면, 자신은 반드시 흡족하게 적실 것이다. 이 경문에서는 간단히 부처님의 설법을 권했으나, 지도론에서는 여기에 다시 부처님께서 세간에 머무시기를 청한 부분을 더하였고, 점찰경에서 또한 보살에게 속히 정각의 성취를 청하였다.

다음 구절은 법문을 들음으로 인하여 깨달음을 일으켜 선근에 들어간 것이다.

精勤修習의 '修習'이란 유가경 83에 이르기를 "修란 相을 아는 作意이며, 習이란 뛰어난 이해의 作意이기 때문이다. 또 修란 아는 바의 일을 분발하여 나아가기 때문이며, 習이란 간단없이 묵직하게 加行을 닦아가기 때문이다."고 하였다. 【초_ 勸請이라 말한 것은 세 번째 회향행을 이어서 말하였다. 了相作意 등은 7가지 作意(了相, 勝解, 遠離, 攝樂, 觀察, 加行究竟, 加行究竟果)이다. 그 의의는 三地(有尋有伺地, 無尋有伺地, 無尋無伺地)의 해석과 같다.】

經
於去來今一切諸佛一切衆生의 所有善根에 皆生隨喜하야

所起善根과

去來今世一切諸佛의 善根無盡을 諸菩薩衆이 精勤修習하야 所得善根과

三世諸佛이 成等正覺하사 轉正法輪하사 調伏衆生을 菩薩이 悉知하야 發隨喜心하야 所生善根과

三世諸佛이 從初發心으로 修菩薩行하사 成最正覺하시며 乃至示現入般涅槃하시고 般涅槃已에 正法住世로 乃至滅盡하 於如是等에 皆生隨喜하야 所有善根과

 과거·미래·현재의 일체 모든 부처님과 일체중생이 지닌 선근을 따라 모두 기뻐하는 마음으로 일으켰던 선근,

 과거·미래·현재 일체 모든 부처님의 그지없는 선근을 모든 보살들이 부지런히 닦아 얻은 선근,

 삼세 모든 부처님이 평등하고 바른 깨달음을 성취하여 바른 법륜을 굴려 중생을 조복하는 것을, 보살이 모두 알고 이를 따라 기쁜 마음으로 냈던 선근,

 삼세 모든 부처님이 처음 발심하여 보살의 행을 닦아 최상의 바른 깨달음을 성취함으로부터 열반에 드심을 보여주신 것까지, 열반에 드신 뒤에 바른 법이 세상에 남아 있음으로부터 법이 사라져 없어지는 것까지, 이러한 모든 것에 대하여 모두 따라 기뻐하는 마음을 내어 지니게 된 선근,

◉ 疏 ◉

四言隨喜者는 爲慶悅彼故로 除嫉妬障하고 起平等善이라 然十住智論에 皆有三位하니 一은 諸佛善이오 二는 二乘善이오 三은 人天善이라 今文은 四句니 初一은 總明이니 具於三善이라 二乘은 正是所訶일새 故不別擧이오 而含在一切衆生之中이라 次三句는 別이니 其第二句는 別明三善이니 結一隨喜오 後一은 隨喜諸佛因果니라【鈔_ 言隨喜者는 此明第四行也라】

(4) '隨喜'라 말한 것은 그들의 마음을 기쁘게 해주기에 질투의 장애를 없애주고 평등한 선을 일으켜주었다. 그러나 十住와 지도론에는 모두 3가지 지위가 있다.

① 제불의 善, ② 이승의 선, ③ 人天의 선이다.

이 경문은 4구이다.

제1구는 총체로 밝혔는데, 제불, 이승, 人天의 선을 두루 갖췄다. 이승은 바로 꾸지람의 대상이기에 별도로 들어 말하지 않고, 일체중생 속에 포함하여 넣었다.

다음 3구는 개별로 말했다. 3구 중 제2구(三世諸佛 成等正覺… 所生善根)는 개별로 제불, 이승, 人天의 선을 밝혔는데, 하나의 隨喜를 끝맺었고, 맨 마지막 구는 제불의 인과를 따라 기뻐한 것이다. 【초_ 隨喜라 말한 것은 5가지 참회 가운데 네 번째 행을 밝힌 것이다.】

大品隨喜品에 明大千海水를 一毛로 破爲百分하야 滴取海水는 可知其數어니와 隨喜之福은 不可知數니라 法華에 展轉第五十人도 尙難

校量이온 況初隨喜아 此據隨喜如來權實功德이 其福 更多니라【鈔_
'大品隨喜'下는 重示隨喜成益이니 卽上平等功德이라 初引大品은 卽
第十七이오 法華展轉은 卽第六經이니 隨喜功德品 第十八이라
爾時에 彌勒菩薩이 白佛言하사되 世尊이시여 若有聞是法華經하고 隨
喜者는 爲得幾所福고

經答文廣일새 今當畧引호리라 謂有人이 於會中에 聞是法華經隨喜
已코 從法會出하야 至於餘處에 轉爲人說이어든 是第二人이 聞已코 復
轉爲第三人說하야 如是展轉至第五十이면 其第五十 善男子善女
人의 所得功德을 今當說之호리라 若四百萬億 阿僧祇世界에 六趣四
生이 充滿其中이어든 有人求福하야 一一衆生에 與滿閻浮提 金銀瑠
璃硨磲瑪瑙珊瑚琥珀과 乃至象馬車乘과 奴婢人民과 七寶樓閣等
이라도 比第五十人聞法華經隨喜功德이넌 百分不及一이오 乃至算數
譬喩로도 所不能知라하고 下結云 何況最初 於會中에 聞而隨喜者아
釋曰 此顯功德多라

此據等者는 疏出德多所以니라 大品에 但通明隨喜之福이어니와 今就
所隨喜中에 分其勝劣이니 勝境遂喜에 其福更多니라

言權實功德者는 卽是法華經이라 故經云 此法華經이 開方便門(權也)
하야 示眞實相(實也)이니 如來智慧 甚深無量(實也)하야 其智慧門 難解難
入(權也)이라 於一佛乘에 分別說三(從實開權也)하야 會三歸一(會權歸實也)하시
니 世尊 法久後에 要當說眞實(實也)일새 佛以方便力으로 示以三乘敎
(權也)라 故二十八品三周之文에 但顯如來權實知見이라 昔人云 此華
不有則已어니와 有則華實雙含하고 此經 不說則已어니와 說則權實雙

辨이라하니 明知하라 法華는 不出權實功德耳라 旣窮終極唱이라 難信難解어늘 今能隨喜하야 功德難量이니 最初聞人은 近獲六根淸淨하고 遠則速成佛果라 故云其福更多니라 】

大品般若經 隨喜品에서 다음과 같이 밝혔다.

"大千世界 바닷물을, 하나의 터럭을 백 갈래로 쪼개어, 그처럼 드넓고 깊은 바닷물을 한 방울 한 방울씩 찍어내어 그 물방울의 수효를 알 수는 있지만, 隨喜의 복덕 수효는 도저히 가늠할 수 없다."

법화경에서는 "전전하여 쉰 번째 사람을 헤아리기도 어려운 일인데, 하물며 첫 수희공덕이야!"라고 하였다. 이는 여래의 방편과 실체 공덕을 수희한 복덕이 더욱 많다는 데 근거를 두고 말한 것이다. 【초_ '대품반야경 수희품' 이하는 수희의 이익 성취를 거듭 보여주었다. 곧 위에서 말한 '평등공덕'이다. 처음 인용한 대품경은 제17품이며, 법화경에서 말한 輾轉은 곧 제6경, 수희공덕품 제18이다.

그때, 미륵보살이 부처님께 말씀드렸다.

"세존이시여, 만일 법화경을 듣고 따라 기뻐하는 자는 얼마만큼의 복을 얻을 수 있습니까?"

이에 대한 대답 부분이 광범위하기에 여기에서는 간단히 인용하고자 한다.

"어떤 사람이 법회에서 법화경을 듣고 기쁜 마음으로 법회에서 나가, 다른 곳에 이르러 전전하여 남을 위해 설법하면, 두 번째 사람이 법화경을 듣고서 다시 전전하여 세 번째 사람을 위해 설법하고, 이와 같이 전전하여 쉰 번째 사람에 이르면 쉰 번째 선남자 선여인이 얻은 공덕을 여기에서 설법할 것이다. 4백만억 아승기 세계에 육취 사생이 그 가운데 충만하다. 어떤 사람이 복을 구하여 하나하나 중생에게 염부제에 가득한 금·은·유리·옥고리·마노·산호·호박 내지 코끼리·말·수레와 노비·인민과 칠보누각 등을 보시할지라도 쉰 번째 사람이 법화경을 듣고 기뻐하는 공덕에 비하면 백분의 일에도 미치지 못하며, 내지 셈과 비유로도 알 수 없다."

아래 경문에서 다음과 같이 끝맺었다.

"하물며 최초의 법회에서 법화경을 듣고 따라 기뻐하는 자야!"

이에 대해 해석하였다.

"이는 공덕의 많음을 밝힌 것이다."

"이는 … 근거를 두고 말한다." 등이란 청량소에서 공덕이 많은 이유를 밝혔다.

대품경에서는 隨喜의 복덕을 전반적으로 밝힌 것이지만, 여기에서는 수희 가운데 우열을 구분하였다. 뛰어난 경계에서의 수희이기에 그 복덕이 보다 더 많은 것이다.

"방편과 실체 공덕[權實功德]"이라 말한 것은 곧 법화경에서 인용한 구절이다.

법화경에서 다음과 같이 말하였다.

"법화경에서 방편 법문[權]을 열어 진실한 모습[實]을 보여주니, 여래의 지혜가 지극히 한량없어[實] 그 지혜 법문을 이해하기 어렵고 들어가기 어렵다[權]. 하나의 佛乘을 3가지로 분별하여 설법하고[從實開權: 진실한 자리에서 방편을 열어보였다.] 3가지를 회통하여 하나의 불승에 귀결[會權歸實: 방편을 회통하여 진실한 자리에 귀의]하였다. 세존께서 설법하신 지 오랜 뒤에는 진실한 자리[實]를 설법할 필요성이 있었다. 이에 부처님께서 방편의 힘으로 삼승의 가르침[權]을 보여주었다."

이 때문에 28품 3周의 경문에서 여래의 權實知見만을 밝혔다. 옛사람이 말하기를 "꽃이 있지 않으면 그만이지만, 있다면 꽃과 열매가 모두 포함되어 있듯이, 이 경을 설법하지 않으면 그만이지만, 설법한다면 방편과 실상을 모두 논변하였다."고 한다. 법화경은 이처럼 방편과 실상의 공덕에서 벗어나지 않음을 분명히 알아야 한다.

이미 마지막의 지극한 가락이라, 믿기 어렵고 이해하기 어려운데, 여기에서 따라 기뻐하기에 그 공덕을 헤아리기 어렵다. 최초로 들은 사람은 가까이 육근의 청정을 얻고, 멀리는 佛果를 속히 성취할 수 있다. 이 때문에 "그 복덕이 더욱 많다."고 말한 것이다.】

然이나 佛是除罪勝緣이라 故與(興)懺悔에 前後無在니라 既淨身器면 次希法雨하고 後攝他同己하고 迴向三處하야 不墮三界와 及與二乘이라 然禮等五果는 通得菩提하고 別則懺得依正具足이며 禮則尊貴 身器具足하고 勸請得慧하고 隨喜는 得大眷屬과 并大財福이며 迴向은 離邪하야 常遇佛世하고 常能修行이라 約敎不同은 可以思準이라【鈔_ 然佛是下는 第三料揀이라 於中에 曲有三門하니 一은 明次第니라 然禮等五果下는 二 辨果報오 約敎下는 三 約敎揀定이라 言可思者는 如前禮佛十重이니 初二는 非儀니 令其知非라 故辨之耳오 三은 通權小오 四

는 是始教니 順空義故오 五는 是終教니 通事理故오 六·七은 頓教니 但禮心佛이라 無禮禮故오 八은 通終教니 同教一乘故니라 後三은 合成圓教니 八은 是能禮니 一具一切故오 九는 融深淺이니 事隨理融이라 事事無礙故니 而言攝前六者는 二非儀故나라 十重重無盡故니 下經에 云一毛孔中에 悉明見不思議數無量佛이니 一切毛孔이 皆如是라 普禮一切世間燈일새 擧身次第恭敬禮 如是無邊諸最勝하고 亦以言辭普稱讚하야 窮盡未來一切劫하니 一如來所 供養具 其數無量等 衆生이라하고 又普賢行에 云於一微塵中에 見一切諸佛과 菩薩衆 圍繞하고 法界塵 亦然이어든 一一如來所에 一切刹塵禮等이라하니 若依此禮면 一禮則無有盡功德이어니 豈可量哉아 餘之七門은 可以思準이니 不入斯觀이면 徒自疲勞니라 】

그러나 부처님은 죄업을 없애주는 이름다운 인연이다. 따라시 참회를 일으키는 데에는 전후의 차이가 없다. 이미 몸의 法器가 청정하면 다음으로 法雨가 내리기를 바라고 마지막에는 남들을 받아들여 나의 몸과 같이 하며, 세 곳으로 회향하여 삼계 및 이승에 떨어지지 않는다. 그러나 禮敬 등 5果는 총체로는 보리를 얻고, 개별로는 참회란 依報와 正報를 두루 갖추고, 예경은 존귀한 몸을 두루 갖추고, 勸請은 지혜를 얻고, 隨喜는 큰 권속과 아울러 큰 財福을 얻고, 회향은 삿됨을 여의어 언제나 부처님 세계를 만나고 언제나 수행을 할 수 있다.

가르침이 똑같지 않음은 이에 준하여 생각하면 알 수 있다. 【초_ '然佛是除罪勝緣' 이하는 제3 料揀이다. 여기에는 간곡한 3부분이 있다.

(1) 차례를 밝혔다.

'然禮等五果' 이하는 (2) 과보를 논변하였다.

'約敎' 이하는 (3) 가르침으로 바른 법을 가려서 정하였다.

"이에 준하여 생각하면 알 수 있다[可以思準]."고 말한 것은 앞서 말한 禮佛 10가지와 같다.

①~② 바르지 못한 위의이다. 그에게 잘못임을 알려주기에 이를 논변하였다.

③ 방편 소승에 통한다.

④ 이는 始敎이다. 空義를 따른 때문이다.

⑤ 이는 終敎이다. 사법계와 이법계에 모두 통한 때문이다.

⑥~⑦ 頓敎이다. 단 마음의 부처에게 예배할 뿐이다. 예배가 없는 예배이기 때문이다.

⑧ 終敎에 통한다. 같은 가르침의 一乘이기 때문이다.

뒤의 3가지는 圓敎를 융합하여 이뤄진 것이다.

⑧ 예배의 주체이다. 하나가 일체를 갖춘 때문이다.

⑨ 깊고 얕음을 융합하였다. 현상의 사법계는 근본진리의 이법계를 따라 원융하기에, 현상의 일과 일은 서로 걸림이 없기 때문이다. 앞의 6가지만을 포괄한다고 말한 것은 ①~② 바르지 못한 위의이기에 제외한 때문이다.

⑩ 거듭거듭 그지없기 때문이다. 아래의 경문에 이르기를 "하나의 모공에 불가사의 수효의 한량없는 부처님을 모두 분명히 볼

수 있듯이, 일체의 모공도 모두 그와 같이 세간의 등불이신 일체 부처님께 널리 예배하는 것이다. 온몸으로 차례차례 이와 같이 끝이 없는 모든 부처님께 공경의 마음으로 예배 올리고, 또한 말로써 널리 칭찬하여 미래 일체 겁을 다하였다. 한 분의 여래가 계신 도량에 공양거리 수효가 한량없어 중생만큼 무수하다."고 하였다.

또 보현행에 이르기를 "하나의 미세한 티끌 속에 일체 모든 부처님과 보살 대중이 빙 둘러 있음을 보고, 법계의 하나하나 모든 티끌 또한 그와 같다. 한 분 한 분 여래 계신 도량에 일체 세계의 티끌 속에 계신 부처님에게 예배 올리는 등이다."고 하였다.

만일 이러한 예배를 따른다면 한 차례의 예배에 곧 그지없는 공덕이 있다. 어떻게 이를 헤아릴 수 있겠는가. 나머지 7부분은 이에 준하여 생각하면 알 수 있다. 이러한 관조의 세계에 들어가지 못하면 부질없이 피로할 뿐이다.】

初明所廻善根 竟하다

1) 회향 대상의 선근을 밝힌 부분을 끝마치다.

第二 明廻向行中二니 先은 結前善根이오 後悉以下는 正明廻向이니 今은 初라

2) 회향행을 밝힌 부분은 2단락으로 나뉜다.
앞은 앞서 말한 선근을 끝맺고,
뒤의 '悉以' 이하는 바로 회향을 밝혔다.

이는 앞 단락이다.

經

菩薩이 如是念不可說諸佛境界와 及自境界와 乃至菩提無障碍境한 如是廣大無量差別인 一切善根의 凡所積集과 凡所信解와 凡所隨喜와 凡所圓滿과 凡所成就와 凡所修行과 凡所獲得과 凡所知覺과 凡所攝持와 凡所增長으로

    보살이 이와 같이 말할 수 없는 모든 부처님의 경계, 자기의 경계 내지 보리의 걸림 없는 경계까지 생각하는, 이처럼 광대하고 한량없이 각기 다른 일체 선근으로 모든 쌓아 모은 것, 모든 믿고 이해하는 것, 모든 삼세제불을 따라 기뻐하는 것, 모든 원만한 것, 모든 성취한 것, 모든 닦아 행한 것, 모든 얻어진 것, 모든 알고 깨달은 것, 모든 거두어 지닌 것, 모든 증장한 것으로

● **疏** ●

前中二니 初는 橫結上來及不可說者오 後凡所下는 竪結前善이니 謂隨前一善하야 皆有積集等故나라 具足은 爲圓滿이오 學成은 爲成就오 證入은 爲獲得이오 了性은 爲覺知니 餘文竝顯이라

    앞 단락은 다시 2부분으로 나뉜다.
    앞에서는 횡으로 윗부분 및 '말할 수 없는 모든 부처님의 경계'를 끝맺었고,
    뒤의 '凡所' 이하는 종으로 앞서 말한 '일체 선근'을 끝맺었다.

이는 앞서 말한 '일체 선근'을 따라 모두 쌓아가고 모으는[凡所積集] 등등이 있기 때문이다. 두루 갖춤이 원만[凡所圓滿]이며, 학문을 이룸이 성취[凡所成就]이며, 증득하여 들어감이 얻음[凡所獲得]이며, 성품을 앎이 깨달음[凡所知覺]이다. 나머지 문장은 모두 분명하다.

二

二 正明廻向이라 於中二니 先은 廻向菩提오 後는 廻向衆生이라
前中二니 先 明隨相이오 後 明離相이라
前中 亦二니 先은 正起行願이오 後는 結行成益이라
前中 又二니 先은 廻向淨土오 後는 總攝廻向이라
前中 亦二니 先은 明衆寶莊嚴이오 後는 明人寶爲嚴이라
汎論嚴淨이면 有其三種하니 一은 處所淨이오 二는 住處衆生淨이니 卽前二段이오 三은 法門流布淨이니 亦名受用淨이니 徧上二段이라 又此二段之中에 具足十八圓滿이라
今初는 有二니 初는 總標所成이라【鈔_ 又此二段等者는 此十八法은 華藏品中에 已具列釋이라 今經文具 疏但隨文配屬하고 難則釋之어니와 今鈔에 重依彼經論하야 牒經配屬호리라 論云 經曰 薄伽梵이 住最勝光曜七寶莊嚴하사 放大光明하야 普照一切無邊世界(此上顯色圓滿)하니 無量方所 妙飾間列(形色圓滿)하고 周圓無際하야 其量難測(分量圓滿)이라 超過三界所行之處(方所圓滿)하고 勝出世間善根所起(因圓滿也)하며 最極自在 淨識爲相(果圓滿也)이니 如來所都(主圓滿也)라 諸大菩薩衆이 所共雲集(輔翼圓滿)이며 無量天龍人非人等이 常所翼從(眷屬圓滿)이니 廣大

381

法味와 喜樂所持(住持圓滿)로 作諸衆生一切義利(事業圓滿)하고 滅諸煩惱災橫纏垢(攝益圓滿)하야 遠離衆魔 (無畏圓滿)하야 過諸莊嚴 如來莊嚴之所依處(住處圓滿)니 大念慧行으로 以爲遊路(卽路圓滿)하고 大止妙觀으로 以爲一乘(乘圓滿也)하고 大空無相無願解脫로 爲所入門(門圓滿也)하고 無量功德이 衆所莊嚴이며 大寶華王이 衆所建立(依持圓滿) 大宮殿中이라하니 論曰 '此顯如來住處圓滿이니 謂佛淨土 由十八圓滿淨事일새 故說名圓滿이라

次列十八圓滿竟하고 下結에 云如是十八圓滿所莊嚴宮殿을 名佛淨土라하니 佛住如是大宮殿中하야 說此契經이라하니 釋曰 '下隨疏釋은 依今經次오 釋義는 卽彼論廣文이라 】

뒤 단락은 바로 회향을 밝혔다.

이는 다시 2단락으로 나뉜다.

(1) 보리 회향이고,

(2) 중생회향이다.

앞의 보리 회향은 다시 2단락으로 나뉜다.

제1단락은 隨相을 밝혔고,

제2단락은 離相을 밝혔다.

앞의 제1단락, 相을 따른 회향은 또다시 2단락이다.

1. 바로 行과 願을 일으켰고,

2. 행의 이익 성취를 끝맺었다.

앞의 行과 願은 또다시 2단락이다.

1) 정토에 회향하였고,

2) 회향을 총체로 포괄하였다.

앞의 정토 회향은 또다시 2단락이다.

⑴ 수많은 보배 장엄을 밝혔고,

⑵ 인물의 보배를 장엄으로 삼음을 밝혔다.

전반적으로 장엄 청정을 논하면, 3가지이다.

① 처소의 청정.

② 머문 곳의 중생 청정이다. 이는 앞의 2단락이다.

③ 법문 유포의 청정, 또는 受用의 청정이라 한다. 위의 2단락에 두루 통한다. 또한 이 2단락에는 18가지의 원만이 두루 갖춰져 있다.

이의 ⑴ 수많은 보배 장엄에는 2가지가 있다.

첫째는 싱취의 대상을 총체로 밝혔다.【초_"또한 이 2단락" 등에서 18가지의 원만한 법은 제5 화장세계품에 이미 빠짐없이 열거하여 해석하였다. 여기의 경문에 두루 갖춰져 있기에 청량소에서는 경문을 따라 배속하고 난해한 부분은 해석했지만, 이 鈔에서는 거듭 경론을 따라 경문에 배속하고자 한다.

논은 다음과 같다.

"경문에서 말하였다.

석가모니불이 가장 뛰어나게 빛나는 칠보장엄에 머물면서 큰 광명을 쏟아내어 일체 끝없는 세계를 두루 비추셨다(이상은 색의 원만을 밝힘). 한량없는 곳들을 미묘하게 장식하고 사이사이 나열하였으며(形色의 원만), 두루 둥글둥글 가장자리가 없어 그 양을 헤아리기 어려웠다(分量의 원만). 삼계에 행할 수 있는 곳을 초월하며(方所의 원만), 세간 선근이 일어난 것보다 뛰어나며(因의 원만), 가장 지극히 자재한 淨識으로 모양을 삼았다(果의 원만). 여래께서 도읍한 곳이라(主의 원만), 모든 대보살 대중이 다 함께 운집한 자리이며(輔翼의 원만), 한량없는 천룡과 사람과 사람이 아닌 등등이 언제나 좌우에서 따르는 바이다(眷屬의 원만). 광대한 法味와 기쁨과 즐거움을 지닌 바로(住持의 원만) 모든 중생의 일체 의리를 지으며(事業의 원만), 모든 번뇌인 횡재와 얽매임의 때를 없애주고(攝益의 원만), 많은 마군을 멀리 여의어(無畏의 원만) 모든 장엄보다 뛰어난 여래 장엄의 의지처이다(住處의 원만). 大念과 慧行으로 노니는 길을 삼으며(路의 원만), 大止와 妙觀으로 一乘을 삼으며(乘의 원만), 大空 無相 無願의 解脫로 들어가는 바의 문을 삼으니(門의 원만), 한량없는 공덕이 많이 장엄한 바이며, 大寶華王이 많이 건립한(依持의 원만) 큰 궁전이다."

논은 다음과 같다.

"이는 여래가 거주하는 곳의 원만을 밝혔다. 부처님의 정토가 18가지 원만 청정으로 연유한 까닭에 원만이라 말한다."

다음으로 18가지 원만의 나열을 끝마치고, 아래에 끝맺기를 "이와 같은 18가지 원만으로 장엄한 궁전을 '부처님의 정토'라고 말한다. 부처님은 이처럼 큰 궁전에 머물면서 이러한 경을 설법하였다."고 하니, 이에 대해 다음과 같이 해석하였다.

"아래에서 청량소를 따라 해석한 것은 이 경문의 차례를 따름이며, 해석의 의의는 그 논에서 말한 자세한 문장이다."】

悉以廻向하야 莊嚴一切諸佛國土호대

모두 회향하여 일체 모든 부처님의 국토를 장엄하였다.

◉ 疏 ◉

可知라

이는 설명하지 않아도 알 수 있다.

二 別顯嚴相이라 於中 亦二니 先은 擧三世土嚴이오 二는 願成彼嚴이라
今初도 亦二니 先 別明이오 二 總結이라
前中 三世는 卽爲三別이니 謂過 木 現在而爲其次니라
今初 分二니 先 總明이오 後 別顯이니 今은 初라

다음은 장엄의 모양을 개별로 밝혔다.

이는 또한 2단락으로 나뉜다.

㈎ 삼세 국토의 장엄을 들어 말하였고,

㈏ 일체 제불 국토의 장엄 성취를 원하였다.

㈎ 삼세 국토의 장엄은 다시 2부분으로 나뉜다.

① 개별로 밝혔고,

② 총체로 끝맺었다.

'① 개별'에서 말한 삼세는 곧 3가지로 구별된다. 과거, 미래, 현재 순으로 그 차례를 삼았다.

개별로 말한 삼세 국토의 장엄은 다시 2부분으로 나뉘어, 앞은 총체로 밝혔고, 뒤는 개별로 밝혔다.

첫째, 과거 국토의 장엄

이는 '앞의 총체'이다.

經

如過去世無邊際劫에 **一切世界**가 **一切如來**의 **所行之處**니 **所謂無量無數佛世界種**의 **佛智所知**와 **菩薩所識**과 **大心所受**인 **莊嚴佛刹**이

과거 세계 끝없는 겁에 일체 세계란 일체 여래께서 수행하셨던 도량이다.

이른바 한량없고 수없는 부처님 세계 종성의 부처님 지혜로 아신 바이며, 보살이 아는 바이며, 큰마음으로 받아들인 장엄한 부처님 세계가

◉ **疏** ◉

先은 擧時辨處오 次所謂下는 總標라 世界種者는 即方處間列이니 如初會說이라 無量者는 無分量故오 無數者는 數多故오 佛智所知者는 淨識所現이니 唯佛窮故니라 菩薩所識者는 登地分見故오 '大心所受' 者는 地前能受故오 莊嚴佛刹者는 即正顯示니 此雖義當形色이나 意是總該니라【鈔_ '今初下는 於總中 數多者는 佛所莊嚴廣大刹이 等於一切微塵數故로 其中에 已有圓滿之相하니 如方處間列은 即方處

圓滿이오 無分量은 卽分量圓滿이오 淨識所現者는 謂賴耶淨識은 現自受用土오 第七淨識은 現他受用土오 餘五淨識은 現變化土오 唯佛窮者는 八識轉智 唯佛窮故니라 登地分見은 見他受用故니 雖含有別이나 意皆是總이라 】

앞은 시간을 들어 공간을 분별하였고,

다음 '所謂' 이하는 총체로 내세웠다.

'世界種'은 곧 사방의 처소를 사이사이 열거한 것이다. 初會의 설법과 같다.

'無量'은 분량이 없기 때문이며, '無數'는 수가 많기 때문이다.

'佛智所知'는 淨識에 의해 나타난 바이니, 오직 부처님만이 다 할 수 있기 때문이다.

'菩薩所識'이란 登地를 구분 지어 보기 때문이다.

'大心所受'란 地前에 받을 수 있기 때문이다.

'莊嚴佛刹'이란 바로 밝혀 보여주었다. 이 의의는 '형색의 원만'에 해당되지만, 그 뜻은 총체로 포괄하였다.【초_ 이 경문의 첫 구 이하는 총체로 밝힌 가운데, 수효가 많은 것은 부처님이 장엄한 광대한 세계가 일체 미진의 수효와 같기에 그 가운데 이미 원만한 모양이 있다. 예컨대 "사방의 처소를 사이사이 열거함[方處間列]"은 方處의 원만이며, 無量은 분량의 원만이다.

"淨識에 의해 나타난 바[淨識所現]"라는 것은, 아뢰야 淨識은 自受用土를 나타내고, 제7 淨識은 他受用土를 나타내고, 나머지 5가지 淨識은 變化土를 나타냄을 말한다.

"오직 부처님만이 다할 수 있다[唯佛窮]."는 것은, 팔식의 轉智는 오직 부처님만이 다할 수 있기 때문이다.

登地分見은 타수용토를 보았기 때문이다. 비록 개별까지 포괄하고 있으나, 그 뜻은 모두 총체이다.]

二 別明이라 有二圓滿하니 初는 辨因圓滿이니 謂出過三界淨土는 亦有出過之因이라 然上世界成就品中에 起具因緣이 總有十種은 生佛兼說有淨穢故어니와 今此唯五니 欲同佛淨일세 故畧衆生이라

뒤는 개별로 밝혔다. 여기에는 2가지의 원만이 있다.

㉠ 因의 원만을 논변하였다.

삼계에 벗어난 정토는 또한 이를 벗어날 수 있는 인연이 있음을 말한다. 그러나 위의 세계성취품 중에서는 구체적으로 일어날 수 있는 인연이 모두 10가지가 있다. 이는 중생과 부처님을 모두 겸하여 설법하여 정토와 穢土가 있기 때문이지만, 여기에서는 오직 5가지이다. 불국의 정토와 같이 하고자, 중생을 생략하였다.

經

淸淨業行의 所流所引이며 應衆生起며 如來神力之所示現이며 諸佛出世한 淨業所成이며 普賢菩薩의 妙行所興이니

청정한 업과 행으로 흘러오고 이끌어 온 바이며,

중생에 응하여 일어난 바이며,

여래의 신통력으로 나타낸 바이며,

모든 부처님의 출세간 청정한 업으로 이룬 바이며,

보현보살의 미묘한 행으로 일으킨 바이다.

◉ 疏 ◉

初句는 亦總亦別이니 總明三土之因이 皆無漏業이라 故云淸淨이라 自受用土는 淨行所流니 萬行生故오 他受用土와 及變化土는 淨業所引이니 隨業現故니라 別은 則唯約受用이 因緣所流와 增上緣所引故니라 下四唯別이니 初二는 變化土因이니 初句는 約爲緣義오 後句는 約爲因義라 次句는 是自受用因이라 故云出世淨業이오 後句는 義兼自他受用土因이니 登地已上은 皆修普賢之妙行故며 又此妙行이 卽圓融因이니 融上諸土하야 無障礙故니라【鈔_ 因緣親生曰流오 增上緣疎爲引이라】

첫 구는 또한 총체이자, 또한 개별로 말하였다.

총체 부분은 三土의 인연이 모두 無漏業임을 밝혔다. 따라서 청정이라 말하였다. 자수용토는 청정행에 의한 유통인데, 萬行으로 생겨난 때문이며, 타수용토와 변화토는 청정업에 의해 인도된 것으로, 업에 따라 나타나기 때문이다.

개별 부분은 오직 受用이 인연에 의한 유통과 增上緣에 의해 인도된 것임을 들어 말했을 뿐이다.

아래 4구는 개별로 말했을 뿐이다. 제1구와 제2구는 변화토의 因이다. 제1구는 반연이 된다는 뜻으로 말하였고, 제2구는 因이 된다는 뜻으로 말하였다. 다음 제3구는 자수용토의 因이기에 출세간 청정업이라고 말하였고, 제4구에서 말한 뜻은 자·타수용토의 因을 겸하고 있는데, 登地 이상에서 모두 보현의 미묘한 행을 닦았기 때문이며, 또한 이와 같은 미묘한 행이 곧 원융의 因이다. 위의 三土를 원융하여 걸림이 없기 때문이다.【초_ 인연이 친히 발생하는 것을 '유통'이라 말하고, 增上緣은 소원하기에 '引'이라 말하였다.】

二는 事業圓滿이라
  ㉡ 사업의 원만

經
一切諸佛이 於中成道하사 示現種種自在神力하시며
  일체 모든 부처님이 청정한 업행 가운데, 성도하여 가지가지 자재한 신통력을 나타내 보였으며,

◉ 疏 ◉
事業圓滿이라 自能現作一切有情一切義利故니 如來 雖卽是主나 意取義利니라【鈔_ 自能現作者는 卽佛地論이니 但畧其要라 具足論에 云如其淨土 住持圓滿인댄 作何事業고(問也) 作諸衆生一切義利이니라(引經文總答也)】
  사업의 원만이다. 스스로 일체 유정의 일체 義利를 나타내어

만들기 때문이다. 여래는 비록 법주이지만, 뜻은 의리를 취하였다.
【초_ '自能現作'이란 불지론에서 인용한 구절로, 그 요점만을 간추려 말하였다. 이를 자세히 말하면, 다음과 같다.

"이와 같이 정토의 住持가 원만하다면 무슨 사업을 해야 하는가?(물음) 모든 중생의 일체 의리를 지어야 한다.(경문을 인용하여 총체로 답하였다.)"】

過去土嚴 竟하다

과거 국토의 장엄을 끝마치다.

第二 擧未來土嚴이라

文中二니 初는 總標오 二盡法界 下는 別顯有九圓滿이라

文分爲五니 一은 分量圓滿이라

둘째, 미래 국토의 장엄을 들어 말하였다.

경문은 2단락으로 나뉜다.

앞은 총체로 내세웠다.

뒤의 '盡法界' 이하는 9가지 원만을 개별로 밝혔다.

이 경문은 5부분으로 나뉜다.

㉠ 분량의 원만

經

盡未來際의 所有如來應正等覺이 徧法界住하사 當成佛道

391

하고 **當得一切淸淨莊嚴功德佛土**하사대 **盡法界虛空界**에 **無邊無際**하며 **無斷無盡**하니

미래의 세월이 다하는 날까지 여래·응공·정등각께서 법계에 두루 머물면서 부처님 도를 이뤘고 일체 청정하게 장엄한 공덕 불토를 얻되, 온 법계 허공계에 끝이 없고 가장자리가 없고 끊임이 없고 다함이 없다.

◉ 疏 ◉

此通二土니 謂約自受用인댄 從初得佛로 盡未來際토록 相續無變하야 橫周法界라 故無邊際오 約他受用인댄 爲於地上에 隨宜而現이라 勝劣大小改變不定이로되 但地前不測일세 言無邊際오 登地常見일세 亦無斷盡이라 此文은 兼明方所圓滿이니 以方所有二니 一은 自受用이 周徧法界니 於三界處에 不卽不離故오 二는 他受用處니 下文當辨이라

이는 자수용토와 타수용토에 모두 통한다.

자수용토로 말하면, 처음 부처님이 미래의 세월이 다하도록 서로 이어오면서 변함없이 횡으로 법계에 두루 가득하기에 "끝이 없고 가장자리가 없다."고 한다.

타수용토로 말하면, 지상에 마음대로 몸을 나타내기에 우열과 대소가 때에 따라 무시로 변하여 일정하지 않다. 단 地前은 헤아릴 수 없기에 "끝이 없고 가장자리가 없고", 登地에서는 항상 몸을 보이기에 또한 "끊임이 없고 다함이 없다."고 한다.

이 경문은 아울러 方所의 원만을 밝혔다. 방소에는 2가지 뜻이

있다.

① 자수용토가 법계에 두루 가득함이다. 三界에 나아가지도 않고 여의지도 않기 때문이다.

② 타수용토이다. 이는 아래 해당 문장에서 논변할 것이다.

二는 卽果圓滿이라
　ⓛ 결과의 원만

經
皆從如來智慧所生이며
　모두 여래의 지혜로 생겨난 바이며,

● 疏 ●

自受用土는 圓鏡智生이오 他受用土는 平等智生이라
　자수용토는 원경지에서 생겨나고, 타수용토는 평등지에서 생겨난다.

三은 依持圓滿이라 故佛地經에 云 無量功德이 衆所莊嚴이며 大寶華王이 是爲依持라하니라
　ⓒ 의지의 원만

따라서 불지경에서 말하였다.

"한량없는 공덕은 대중이 장엄한 바이며, 大寶華王은 의지한 바이다."

經
無量妙寶之所莊嚴이니
所謂一切香莊嚴과 **一切華莊嚴**과 **一切衣莊嚴**과 **一切功德藏莊嚴**과 **一切諸佛力莊嚴**과 **一切佛國土莊嚴**이라

한량없는 미묘한 보배로 장엄한 바이다.

이른바 일체 향의 장엄,

일체 꽃의 장엄,

일체 옷의 장엄,

일체 공덕장의 장엄,

일체 부처님 힘의 장엄,

일체 부처님 국토의 장엄이다.

● 疏 ●

今文中에 先總標妙寶요 所謂下는 別列이라 初三은 事嚴이니 中有蓮華하고 次二德嚴이니 初卽無量功德이오 佛力은 卽是能持요 後一은 卽是所持之國이라 佛地 唯據於事일세 但云蓮華어니와 今通事理라 故云佛力이니 功德莊嚴은 亦通事理니라

이 경문 가운데 첫 구절은 미묘한 보배를 총체로 밝혔고,

'所謂' 이하는 개별로 나열하였다. 이의 첫 부분 3구는 사업의 장엄인데, 제2구는 연꽃이 있다. 다음 2구(제4~5)는 공덕의 장엄으로, 제4구는 한량없는 공덕이며, 제5구의 부처님의 힘은 부지의 주체이다. 뒤의 제6구는 부지 대상의 국토이다.

불지론에서는 오직 사업만을 근거로 말했기에 다만 연꽃을 운운했지만, 여기에서는 사법계와 이법계에 모두 통하기에 佛力을 말하였다. 공덕장엄은 또한 사법계와 이법계에 모두 통한다.

四는 明主圓滿이라
　㉣ 법주의 원만

經
如來所都며
　여래께서 도읍하신 바이며,

【鈔_ 如來所都者는 全同佛地經이니 論釋曰 謂大宮殿에 諸佛世尊 爲主非餘니 以殊勝故로 唯屬世尊하고 或唯屬世尊이 住持攝受하니 非餘所能故니라 】
　【초_ "여래께서 도읍하신 바"란 모두 불지론과 같다. 논의 해석은 다음과 같다.
　"대궁전에 제불세존이 주인이다. 나머지 사람이 할 수 있는 일이 아니다. 수승하기 때문에 오직 세존에게 속하고, 혹은 오직 세존이 주지하고 섭수함에 속한다. 나머지 사람이 할 수 있는 바가 아니기 때문이다.】

五는 輔翼圓滿이라

　㈤ 보익의 원만

經

不可思議同行宿緣諸淸淨衆이 於中止住하야 未來世中에 當成正覺하리니 一切諸佛之所成就라 非世所睹오 菩薩淨眼이라야 乃能照見이니라
此諸菩薩이 具大威德하야 宿植善根일세 知一切法이 如幻如化하며 普行菩薩諸淸淨業하며 入不思議自在三昧하며 善巧方便으로 能作佛事하며 放佛光明하야 普照世間을 無有限極하며

　과거 인연으로 함께 수행했던 불가사의한 청정 대중이 그 가운데 머물면서, 미래 세상에 당연히 정각을 이루리니, 일체 모든 부처님의 성취하신 바이다. 이는 세간 사람으로서는 볼 수 없고 보살의 청정한 눈만이 비춰볼 수 있다.

　이는 모든 보살이 큰 위덕을 갖추어 예전에 일찍 선근을 심었기에,

일체 법이 요술과 같고 변화와 같음을 알며,

보살의 모든 청정한 업을 널리 행하며,

불가사의의 자재한 삼매에 들어가며,

뛰어난 방편으로 불사를 일으키며,

부처님이 광명을 쏟아 세간을 널리 비추어 한량과 끝이 없으며,

◉ 疏 ◉

復兼四種이라 文中分二니 初는 總顯이라 則兼眷屬圓滿이니 眷屬은 謂人天八部라 然皆菩薩化作하야 示淨土不空故로 今但云諸淸淨衆이니 則兼之矣라【鈔_ 輔翼圓滿은 佛地論에 云如是淨土에 主旣圓滿이라 應有輔翼이니 主必攝受輔翼者라 故彼經에 云諸大菩薩衆 所雲集이라하니라

論云謂大宮殿에 有無數大菩薩僧 所共雲集이어든 諸來朝者를 名爲輔翼이니 旣有如是大菩薩僧이 常來輔翼이라 故無怨敵 能爲違害며 諸聲聞等도 無如是事라하니라

'眷屬圓滿은 佛地經에 云'無量天龍人非人等이 常所翼從이라하나 今文 無此라 故以諸衆攝之니라

'然皆菩薩化作 示淨土不空은 卽彼論釋妨이니 妨云云何淨土 超過三界所行之處인댄 而有天等 以爲眷屬가 天等은 皆是三界攝故니라

答云淨識 如是攝受變現하야 爲嚴淨土라 故不相違(第一釋也)며

或爲成熟所化有情하야 示現如是變化種類(第二釋也)라하니 卽阿彌陀經에 云是諸衆鳥는 皆是阿彌陀佛이 欲令法音宣流하야 變化所作이라

論云'或諸菩薩이 化作無量天龍等身하야 住淨土中하야 供養佛故(第三釋也)며

'或自化身爲天龍等하야 翼從如來라 是故無過(第四釋也)라'하니 四義 皆示不空耳라】

다시 4가지를 겸하였다.

이 경문은 2단락으로 나뉜다.

앞은 총체로 밝혔다. 이는 '권속의 원만'을 겸하였다. 권속은 人天八部를 말한다. 그러나 모두 보살이 변화한 몸으로 정토가 비어 있지 않음을 보여주기에, 여기에서는 다만 모든 청정 대중이라 말하였다. 이는 모두 겸하여 말한 것이다. 【초_ '보익의 원만'은 불지론에 이르기를 "이처럼 정토의 주인이 이미 원만하기에 당연히 보필할 자가 있어야 한다. 따라서 주인은 반드시 보필할 자를 받아들여야 한다."고 하였다. 따라서 경문에 이르기를 "모든 대보살 대중이 운집한 바이다."고 하였다.

논에서 말하였다.

"큰 궁전에 수없는 대보살 스님이 모두 운집하였다. 찾아온 모든 사람이 도움을 주는 사람이라고 말한다. 이미 이처럼 대보살 스님이 언제나 찾아와 도와주기에 원수와 적들이 위해를 가하는 일이 없으며, 모든 성문 등도 이와 같은 일이 없다."

'권속의 원만'은 불지경에 이르기를 "한량없는 천룡과 사람과 사람이 아닌 존재 등이 항상 곁에서 따르는 바이다."고 하였다.

이 문장에는 이 부분이 없기에 '모든 대중[諸衆]'으로 그들을 포

괄한 것이다.

"그러나 모두 보살이 변화한 몸으로 정토가 비어 있지 않음을 보여주었다."는 것은 불지론에서 논란을 해석한 부분이다.

제1의 논란 : "정토가 삼계의 행할 수 있는 곳을 벗어났다고 한다면, 어떻게 天 등이 권속이 될 수 있을까? 천 등은 모두 삼계 속에 포괄되어 있기 때문이다."

제1의 해석 : "淨識으로 이처럼 받아들이고 변화의 몸으로 나타내어 정토를 장엄하기에 서로 어기지 않는다."

제2의 해석 : "혹은 교화 대상의 중생을 성숙시키기 위해 이처럼 변화의 종류를 보여준 것이다."

이는 아미타경에서 말한 바와 같다.

"수많은 새들은 모두 아미타불이 법음을 널리 진하고자 변화히여 새가 된 것이다."

제3의 해석 : "논에서 말하였다. '혹은 모든 보살이 한량없는 천룡 등의 몸으로 변화하여 정토 가운데 안주하여 부처님께 공양하기 때문이다.'"

제4의 해석 : "혹은 화신으로 천룡 등이 되어 여래를 도우며 따른 까닭에 허물이 없다."

4가지 해석의 의의는 모두 정토가 비어 있지 않음을 보인 것이다.】

後'未來'下는 別顯勝德이며 兼三圓滿이니 初는 明方所圓滿이니 佛地經에 云'超過三界所行之處'라하고 今云'一切諸佛之所成就'라하니 通

於自他受用이라

'非世所觀'는 卽是超過오 菩薩能見은 是他受用이니 受用方所를 或說淨居하고 或說西方等是라【鈔_ 初明方所圓滿은 此卽標名이니 論云 如是淨土 分量圓滿이 爲同三界아 爲不爾耶아(論假問也) 超過三界所行之處라(引經答也)' 乃至云如是淨土 爲與三界로 同一處所아 爲各別耶아(問也) 有義 別有處를 說在淨居天이라하고 亦有處說在西方等이라하고 有義同處淨土하니 周圓無際하야 徧法界故라하고 如實義者는 實受用土 周徧法界하야 無處不有라 不可說言離三界處오 亦不可說卽三界處어니와 若隨菩薩所宜現者인댄 或在色界淨居天上하고 或西方等이니 處所不定이라

釋曰 今疏는 直用其要오 兼取如實義耳라】

뒤의 '未來' 이하는 개별로 뛰어난 공덕을 밝혔으며, 3가지의 원만을 겸하였다.

첫 부분은 '方所의 원만'을 밝혔다. 불지경에 이르기를 "삼계의 행할 수 있는 곳을 벗어났다."고 하고, 여기에서는 "일체 모든 부처님의 성취한 바이다."고 하니, 자·타수용토에 모두 통한다.

"세간 사람으로서는 볼 수 없다."는 것은 곧 삼계를 벗어난 것이며, "보살의 청정한 눈만이 비춰볼 수 있다."는 것은 타수용토이다. 수용하는 지방을 혹은 淨居라 말하고, 혹은 西方이라 말한 등이 바로 그것이다.【초_ "첫 부분은 '方所의 원만'을 밝혔다."는 것은 명제를 밝힌 것이다. 논에 이르기를 "이와 같은 정토의 '분량 원만'이 삼계와 똑같을까? 그렇지 못할까?(논의 가설 물음) 삼계의 행할

수 있는 곳을 벗어났다.(經을 인용. 답함)"고 하였다.

"내지 이와 같은 정토가 삼계와 똑같은 곳일까? 다른 곳일까?(물음) 어떤 사람은 별도의 공간을 淨居天에 있다 말하고, 또 어떤 사람은 서방에 있다는 등으로 말하고, 또 어떤 사람은 정토에 함께 있는데, 모두 원형으로 가장자리가 없어 법계에 두루 가득한 때문이라 말한다. 如實義로 말하면, 實受用土가 법계에 두루 가득하여 곳곳마다 있지 않은 데가 없기에 삼계의 처소를 여의었다 말하지 못하고, 또한 삼계의 처소에 나아갔다 말하지도 못한다. 그러나 보살이 당연히 몸을 나타낼 바를 따른다면 혹은 색계 정거천 위에 있거나 혹은 서방 등에 있기에 그 처소가 일정치 않다."

이에 대한 해석은 다음과 같다.

"이 청량소에서는 그 요점만을 인용하였고, 如實의 의의를 검하여 취하였다."】

二,此諸菩薩具大威下는 皆門圓滿이니 以三三昧로 爲所入門이라 此中初句는 顯門之因이오 '知一切下는 是空門相이오 '行菩薩業은 是無相門相이오 '善巧方便下는 是無作門相이오 '入不思議三昧'는 通該前後니라

다음의 '此諸菩薩具大威' 이하는 '모든 법문의 원만'이다. '해탈에 도달하는 3가지[三三昧]'로 들어가는 법문을 삼기 때문이다.

이 부분의 제1구(具大威德 宿植善根)는 법문의 因을 밝혔고, '知一切法' 이하는 空門의 모양이며, '普行菩薩諸淸淨業'은 無相門의 모양이며, '善巧方便' 이하는 無作門의 모양이며, '入不思議自在三昧'

는 전후 법문을 모두 갖추었다.

三又此淨業이 卽攝益圓滿이니 以離煩惱纏垢等으로 爲攝益故로 名爲淸淨이라【鈔_ '三又此淨業下는 辨攝益相이니 彼經에 云滅諸煩惱災橫纏垢라 故論에 云謂於此中遠離一切煩惱纏垢와 及諸災橫이니 卽諸煩惱를 名爲纏垢오 如是卽名諸災橫因이니 煩惱纏垢 此中無故로 所作災橫도 此中亦無라하니 釋曰 離此煩惱等을 卽名攝益이오 又現證得解脫煩惱災橫纏垢 殊勝福智故로 名攝益이라 故疏指上淨業하야 名爲攝益이라】

다음의 또한 이러한 淨業이 곧 '攝益의 원만'이다. 번뇌와 얽매임을 여읜 등으로 攝益을 삼기에 '청정'이라 말한다.【초_ "다음의 또한 이러한 淨業" 이하는 '섭익 원만'의 모양을 논변하였다. 그 경에 이르기를 "모든 번뇌와 횡재와 얽매임의 때를 없앤다."고 하였다. 따라서 논에 다음과 같이 말하였다.

"이 가운데 모든 번뇌인 얽매임의 때와 모든 橫災를 멀리 여읨을 말한다. 모든 번뇌를 얽매임의 때라 말하고, 이와 같은 것을 곧 모든 횡재의 因이라 말한다. 번뇌인 얽매임의 때가 여기에 없는 까닭에 지어내는 횡재도 여기에 또한 없다."

이에 대한 해석은 다음과 같다.

"이러한 번뇌 등을 여의는 것을 攝益이라 말하며, 또한 번뇌인 횡재와 얽매임의 때를 해탈한 뛰어난 복덕과 지혜를 증득한 까닭에 그 이름을 攝益이라 한다. 따라서 청량소에서는 위의 정업을 가리켜 攝益이라 명명하였다."】

未來土嚴 竟하다

미래 국토의 장엄을 끝마치다.

―

第三은 擧現在嚴이라

셋째, 현재 국토의 장엄을 들어 말하다

經

現在一切諸佛世尊도 悉亦如是莊嚴世界하사대 無量形相과 無量光色이 悉是功德之所成就며
無量香과 無量寶와 無量樹와 無數莊嚴과 無數宮殿과 無數音聲이며 隨順宿緣諸善知識하아 示現一切功德莊嚴호대 無有窮盡하니
所謂一切香莊嚴과 一切鬘莊嚴과 一切末香莊嚴과 一切寶莊嚴과 一切旛莊嚴과 一切寶繒綵莊嚴과 一切寶欄楯莊嚴과 阿僧祇金網莊嚴과 阿僧祇河莊嚴과 阿僧祇雲雨莊嚴과 阿僧祇音樂이 奏微妙音하는

현재 일체 모든 부처님 세존도 모두 또한 이와 같이 세계를 장엄하셨는데, 한량없는 형상, 한량없는 광명이 모두 부처님의 공덕으로 이뤄진 것이며,

한량없는 향, 한량없는 보배, 한량없는 나무, 수없는 장엄, 수없는 궁전, 수없는 음성이며, 지난 세상에 인연 있던 선지식을 따

403

라 일체 공덕의 장엄을 보여줌이 그지없었다.

　　이른바 일체 향 장엄, 일체 화만 장엄, 일체 가루향 장엄, 일체 보배 장엄, 일체 깃발 장엄, 일체 보배 비단 장엄, 일체 보배 난간 장엄, 아승기 황금 그물 장엄, 아승기 강하 장엄, 아승기 구름과 비 장엄, 아승기 음악으로 미묘한 소리를 연주하는,

◉ 疏 ◉

現在嚴中 亦二라 初는 總標니 類同過未일세 云亦如是오 二 '無量'下는 別顯이니 有三圓滿이라 一者는 形相이니 卽形色圓滿이오 二 無量光色은 卽顯色圓滿이오 '悉是'以下는 總以因結이오 三 '無量香'下는 住處圓滿이라

於中 有三이니 初는 總明住處오 次隨順下는 別顯處因이니 卽他受用因이라 故云示現이오 後 所謂下는 廣顯處嚴이니 以超過一切菩薩과 及餘住處를 名處圓滿이라

現在土嚴 竟하다

　　현재 국토의 장엄은 2단락으로 나뉜다.

　　앞은 총체로 밝혔다. 과거·미래의 국토와 같기에 '모두 또한 이와 같이[悉亦如是]'라고 말하였다.

　　뒤의 '無量' 이하는 개별로 밝힌 것으로, 3가지 원만이 있다.

　　① 形相, 이는 形色의 원만이다.

　　② 한량없는 광명은 곧 나타난 빛깔의 원만이다. '悉是功德' 이하는 모두 因으로 끝맺었다.

③ '無量香' 이하는 머문 곳의 원만이다. 여기에는 다시 3부분이 있다.

㉠ 머문 곳을 총체로 밝혔다.

㉡ '隨順' 이하는 머문 곳의 因을 개별로 밝혔다. 이는 타수용토의 因이다. 따라서 이를 '示現'이라 말하였다.

㉢ '所謂' 이하는 머문 곳의 장엄을 자세히 밝혔다. 일체 보살과 나머지 사람들이 머문 곳보다 뛰어난 것을 머문 곳의 원만이라고 한다.

현재 국토의 장엄을 끝마치다.

第二는 總結三世嚴具及土라

② 삼세 장엄거리와 국토를 총괄하여 끝맺다

經

如是等無量無數莊嚴之具로 莊嚴一切盡法界虛空界에 十方無量種種業起한 佛所了知와 佛所宣說인 一切世界하니 其中所有一切佛土가 所謂莊嚴佛土와 淸淨佛土와 平等佛土와 妙好佛土와 威德佛土와 廣大佛土와 安樂佛土와 不可壞佛土와 無盡佛土와 無量佛土와 無動佛土와 無畏佛土와 光明佛土와 無違逆佛土와 可愛樂佛土와 普照明佛土와 嚴好佛土와 精麗佛土와 妙巧佛土와 第一佛土와

勝佛土와 殊勝佛土와 最勝佛土와 極勝佛土와 上佛土와 無上佛土와 無等佛土와 無比佛土와 無譬喩佛土라

이처럼 한량없고 수없는 장엄거리로, 일체 온 법계 허공계에 시방의 한량없는 가지가지 업으로 일어난, 부처님이 알고 계시는 세계와 부처님께서 말씀하신 일체 세계를 장엄하였다.

그러한 일체 세계에 있는 일체 부처님 국토는 이른바 장엄한 부처님 국토, 청정한 부처님 국토, 평등한 부처님 국토, 아름다운 부처님 국토, 위덕 있는 부처님 국토, 광대한 부처님 국토, 안락한 부처님 국토, 깨뜨릴 수 없는 부처님 국토, 다함이 없는 부처님 국토, 한량이 없는 부처님 국토, 흔들리지 않는 부처님 국토, 두려움이 없는 부처님 국토, 빛나는 부처님 국토, 어김이 없는 부처님 국토, 사랑스러운 부처님 국토, 널리 비치는 부처님 국토, 장엄으로 아름다운 부처님 국토, 정밀하고 화려한 부처님 국토, 미묘한 부처님 국토, 제일가는 부처님 국토, 좋은 부처님 국토, 썩 좋은 부처님 국토, 가장 좋은 부처님 국토, 극치로 좋은 부처님 국토, 최상의 부처님 국토, 위없는 부처님 국토, 짝할 이 없는 부처님 국토, 비길 데 없는 부처님 국토, 비유할 수 없는 부처님 국토이다.

● 疏 ●

於中二니 初는 總結能所嚴이오 後所謂下는 別顯所嚴이라 有二十九種하니 隨體德用하야 立名不同이오 亦可并前總標하야 通結上來十八圓滿이라 隨勝立士니 如理應思니라【鈔_ 亦可并前等者는 上來에 過

去有二하고 未來有九하고 現在有三이니 但有十四며 下人寶中에 有五事業하니 分佛菩薩이면 遂卽重出이라 除重이면 十八이라 云何攝耶아 今總標文이 爲主圓滿이니 以言佛土故니라

別中 二十九句에 有十七圓滿이니 一은 莊嚴이오 二 淸淨은 爲因圓滿이니 佛地經에 云超出世界善根所生이라하니 今以淸淨일새 故爲出世오 以其莊嚴으로 爲所起嚴이니 萬善嚴故니라 三·四는 事業이 平等妙好故오 五는 卽是路니 大念慧行으로 爲威德故오 六·七은 住處廣大安樂이오 八은 卽輔翼叵壞오 九는 眷屬無盡이오 十은 分量無量이오 十一은 依持不動이오 十二는 無畏名同이오 十三은 顯色光明이오 十四 無違와 十五 可愛는 皆攝益圓滿이니 無煩惱災橫之違일새 故可愛也오 十六 照明과 十七 嚴好는 皆果니 最極淸淨으로 爲其相故오 十八 精麗와 十九 妙巧와 二十 第一은 皆依持無量功德衆 所莊嚴이며 大寶華王衆 所建立故오 二十一·二·三·四는 皆門圓滿이니 三解脫門으로 爲最勝等故오 二十五·六은 皆乘이니 大止妙觀으로 爲無上等故오 二十七 無等과 二十八 無比와 二十九 無譬喩는 皆方所니 以徧法界이며 性不並眞이며 無比對故니라 經旨多含일새 署爲此配어니와 未必要爾라 故疏署示하야 令如理思니라】

이는 2부분으로 나뉜다.

앞은 주체와 대상의 장엄을 총괄하여 끝맺었고,

뒤의 '所謂' 이하는 장엄 대상을 개별로 밝혔다. 29가지이다. 본체·공덕·작용[體德用]에 따라 명제를 세움이 똑같지 않으며, 또한 앞의 총체로 밝힌 부분과 아울러 위의 18가지 원만을 통틀어 끝

맺었다.

뛰어난 점[勝]을 따라 국토를 세운 것이니, 이치와 같이 생각해야 한다. 【초_ "아울러 위의 18가지 원만을 통틀어 끝맺었다."는 것은 윗부분에서 과거 국토에는 2가지 원만이 있고, 미래 국토에는 9가지 원만이 있고, 현재 국토에는 3가지 원만이 있다. 단 14가지 원만이 있고, 아래의 人寶 가운데 5가지 사업 원만이 있다. 이처럼 19가지 원만이 있으나, 부처님과 보살을 나눌 경우, 이는 겹치는 부분이다. 따라서 겹치는 부분을 빼면 총 18가지 원만이 된다. 어떻게 이를 포괄해야 하는가? 여기에서 말한 총체로 밝힌 부분은 '法主의 원만'이다. 이는 부처님의 국토로 말한 때문이다.

개별로 밝힌 부분은 29구에 17가지 원만이 있다.

제1구의 장엄불토, 제2구의 청정불토는 '因의 원만'이다. 불지경에 이르기를 "세계를 벗어난 선근으로 생겨난 바이다."고 하였다. 여기에서 말한 청정세계는 출세간이며, 그의 장엄으로 일으킨 장엄세계이다. 일체 선으로 장엄한 때문이다.

제3~4구는 사업이 평등하고 미묘한 때문이다.

제5구는 '길의 원만'이다. 큰 생각과 지혜의 행으로 위덕을 삼기 때문이다.

제6~7구는 머문 곳이 광대하고 안락하며,

제8구는 돕는 이들이 무너지지 않고,

제9구는 권속이 끝이 없으며,

제10구는 분량이 한량없고,

제11구는 의지가 흔들리지 않으며,

제12구는 無畏의 명제가 똑같고,

제13구는 나타난 빛깔이 광명이며,

제14구의 無違, 제15구의 可愛는 모두 攝益의 원만이다. 번뇌 횡재의 위해가 없기에 '사랑스러운 불토'라 말한다.

제16구의 照明, 제17구의 嚴好는 모두 결과이다. 가장 지극히 청정한 불토로 그 모양을 이뤘기 때문이다.

제18구의 精麗, 제19구의 妙巧, 제20구의 第一은 모두 '依持의 원만'이다. 한량없는 공덕 대중이 장엄한 바이며, 大寶華王의 대중이 세운 바이기 때문이다.

제21~24구는 모두 '門의 원만'이다. 3가지 解脫門으로 가장 뛰어난 불토 등이 되기 때문이다.

제25~26구는 모두 '一乘의 원만'이다. 大止와 妙觀으로 無上의 불토 등이 되기 때문이다.

제27구의 無等, 제28구의 無比, 제29구의 無譬喻는 모두 '方所의 원만'이다. 법계에 두루 가득하며, 성품을 함께할 수 없는 진실이며, 비길 데가 없기 때문이다.

경문에 많은 뜻을 함축하고 있기에 간단히 이처럼 짝하였지만, 꼭 그처럼 할 필요는 없다. 따라서 청량소에서 간단히 보여주어 이 치대로 생각하게 한 것이다.】

先擧三世土嚴 竟하다

먼저 열거한 삼세 국토의 장엄을 끝마치다.

一

第二는 願成彼嚴이라

(나) 일체 제불 국토의 장엄 성취를 원하다

經

如是過去未來現在一切佛土의 所有莊嚴을 菩薩摩訶薩이 以己善根으로 發心廻向호대 願以如是去來現在一切諸佛의 所有國土淸淨莊嚴으로 悉以莊嚴於一世界호대 如彼一切諸佛國土의 所有莊嚴하야 皆悉成就하며 皆悉淸淨하며 皆悉聚集하며 皆悉顯現하며 皆悉嚴好하며 皆悉住持니 如一世界하야 如是盡法界虛空界의 一切世界도 悉亦如是하야 三世一切諸佛國土의 種種莊嚴을 皆悉具足하니라

이처럼 과거·미래·현재의 일체 부처님 국토에 있는 장엄을, 보살마하살이 자기의 선근으로 마음을 일으켜 회향 발원을 한다.

'이와 같이 과거·미래·현재의 일체 모든 부처님이 지니신 국토의 청정한 장엄으로 모두 하나의 세계를 장엄하되, 일체 모든 부처님 국토에 있는 장엄처럼 모두 성취하고 모두 청정하고 모두 모으고 모두 나타내고 모두 아름답게 장엄하고 모두 머물러 지니게 할 것이다. 하나의 세계 장엄처럼 이와 같이 온 법계 허공계의 일체 세계 역시 모두 이와 같이 장엄하여, 삼세의 일체 모든 부처님 국토의 가지가지 장엄을 모두 빠짐없이 두루 갖추게 하소서.'

● 疏 ●

於中二니 先은 嚴一界요 後如一世界下는 例嚴普周하야 顯嚴分齊라 令法界土로 皆具三世一切莊嚴은 旣一佛土 卽具無盡莊嚴이면 則一嚴一切嚴이오 亦顯一圓滿에 卽一切圓滿이니 重重無盡이 方是華嚴淨土圓滿이라

二願成彼嚴 竟하다

이 경문은 2부분으로 나뉜다.

앞은 하나의 세계 장엄이며,

뒤의 '如一世界' 이하는 장엄의 예를 두루 말하여 장엄의 구분과 한계를 밝혔다.

법계 국토에 모두 삼세의 일체 장엄을 갖추도록 함은, 이미 하나의 불토에 그지없는 장엄을 갖추면 하나의 장엄이 일체의 장엄이며, 또한 하나가 원만하면 곧 일체가 원만함을 밝힌 것이다. 이처럼 거듭거듭 그지없어야 비로소 화엄의 정토 원만이다.

(나) 일체 제불 국토의 장엄 성취 서원을 끝마치다.

第二 人寶爲嚴이니 同十大願中에 第七願也며 亦卽是前輔翼圓滿이라 文中三이니 初는 總願所成이오 二는 別顯嚴相이오 三願令如是下는 結以嚴刹이니 今은 初라

(2) 인물의 보배로 장엄함이다. 10가지 큰 서원 가운데 제7 서원과 같으며, 또한 이는 앞서 말한 '보익의 원만'이다.

이 경문은 3부분으로 나뉜다.

㈎ 성취 대상을 총체로 원하였고,

㈏ 장엄의 모양을 개별로 밝혔으며,

㈐ '願令如是' 이하는 불국토의 장엄을 끝맺었다.

이는 ㈎ 성취 대상의 총체이다.

經

佛子여 菩薩摩訶薩이 復以善根으로 如是廻向호대 願我所修一切佛刹에 諸大菩薩이 皆悉充滿하며

불자여, 보살마하살이 다시 선근으로 이렇게 회향하면서 발원한다.

'내가 닦았던 일체 부처님 국토에 큰 보살들이 모두 충만하며,

二中文二니 先은 願德齊오 後는 願業廣이라

前中亦二니 先은 正顯德이오 後는 結德嚴土라

㈏ 장엄 모양의 경문은 2단락이다.

첫째, 공덕이 똑같기를 원하였고,

둘째, 사업이 광대하기를 원하였다.

첫째, 공덕은 또다시 2단락으로 나뉜다.

① 바로 공덕을 밝혔고,

② 공덕으로 장엄한 국토를 끝맺었다.

其諸菩薩이 體性眞實하며 智慧通達하며 善能分別一切世界와 及衆生界하며 深入法界와 及虛空界하며 捨離愚癡하며 成就念佛하며 念法眞實하야 不可思議하며 念僧無量하야 普皆周徧하며 亦念於捨하며 法日圓滿하며 智光普照하야 見無所碍하며 從無得生하야 生諸佛法하며 爲衆勝上善根之主하며 發生無上菩提之心하며 住如來力하며 趣薩婆若하며 破諸魔業하며 淨衆生界하며 深入法性하야 永離顚倒하고 善根大願이 皆悉不空이니

그 모든 보살의 체성이 진실하고,

지혜가 통달하며,

일체 세계와 중생계를 잘 분별하고,

법계와 허공계에 깊이 들어가며,

어리석음을 버리고,

염불을 성취하며,

법이 진실하여 불가사의함을 생각하고,

스님이 한량없어 두루 가득함을 생각하며,

또한 버리는 것을 생각하고,

법의 태양이 원만하며,

지혜광명이 널리 비쳐 보는 데 장애가 없고,

생겨남이 없는 데에서 모든 부처님 법을 내며,

중생의 가장 높은 선근의 주인이 되고,

위없는 보리심을 내며,

여래의 힘에 머물고,

일체 지혜에 나아가며,

마군의 업을 깨뜨리고,

중생의 세계를 청정케 하며,

법성에 깊이 들어가 영원히 전도망상을 여의고,

선근과 큰 서원이 모두 공허하지 않다.

● 疏 ●

前中에 有二十句니 初二는 總明體實智圓이오 後'善能'下 十八句는 別顯이니 於中에 先明智慧오 後卽路圓滿이니 大念慧行으로 爲所遊路니 路는 卽道之異名이라

文中에 初明大慧니 分別是權이오 深入是實이니 此是慧體오 離癡는 慧業이라 '成就念'下는 卽大念也니 七念之中에 畧擧前四니 七念은 如離世間品이라

後'法曰'下는 卽是大行이니 行은 卽修慧故니라【鈔】大念慧行爲所遊路'는 卽佛地經文이오 言'路卽道之異名'者는 是彼論釋이니 彼論具云호되 謂此中大念·大慧와 及以大行으로 爲所遊履일세 故名遊路라하니 是道異名이라 聞所成慧를 名爲大念이오 聞已記持하야 無離義故[5]로 思所成慧를 名爲大慧오 依理審思하야 得決定故로 修所成慧를 名爲大

---

[5] 無離義故 : 불지경의 원문에는 '無倒義故'로 쓰여 있다. 원본을 따라 전도의 의의로 번역한다.

行이오 由修習力하야 緣眞理故니라 大者는 念等이 緣大乘法而生起故오 彼所攝故로 履三妙慧하야 淨土往還일세 故名遊路오 此說菩薩 因三妙慧하야 得入淨土라 故名遊路니라 七念等者는 等常六念에 加念衆生이라】

첫째, 공덕 부분은 20구이다.

앞의 2구(體性眞實, 智慧通達)는 체성의 진실과 지혜의 원만을 총체로 밝혔고,

뒤의 '善能' 이하 18구는 개별로 밝혔다. 그 가운데 앞에서는 지혜를 밝혔고, 뒤는 곧 '길의 원만'이다. 큰 생각[大念], 큰 지혜[大慧], 큰 행[大行]으로 거니는 길을 삼았다. 길[路]은 '道'의 異名이다.

이 경문의 첫 부분은 大慧를 밝혔다. '일체 세계와 중생계를 분별'하는 것은 방편이요, '법계와 허공계에 깊이 들어감'은 실체이니, 이는 지혜의 본체이며, '어리석음을 버림'은 지혜의 사업이다.

'成就念佛' 이하는 大念이다. 7가지 생각[七念] 가운데, 앞의 4가지 생각을 간추려 말하였다. 七念은 제38 이세간품에서 말한 바와 같다.

뒤의 '法日圓滿' 이하는 大行이다. 行은 곧 지혜의 수행이기 때문이다. 【초_ "큰 생각, 큰 지혜, 큰 행으로 거니는 길을 삼음"은 불지경에서 인용한 문장이며, "길은 '道'의 異名"이라는 것은 불지경의 해석이다. 불지경에서 구체적으로 다음과 같이 말하였다.

"이 가운데 大念, 大慧, 大行으로 노니는 바를 삼기에 이를 '노니는 길'이라고 말한다. 이는 道의 異名이다.

'聞'으로 성취한 지혜를 大念이라 하고, 듣고서 이를 기억하고 지니어 전도된 이치가 없기에 '思'로 성취한 지혜를 大慧라 하고, 이치에 따라 살펴보고 생각하여 결정을 얻기에 '修'로 성취한 지혜를 大行이라고 말한다. 닦고 익힌 힘을 따라 眞理를 반연한 까닭이다.

大란 念·慧·行 등이 대승법을 반연하여 생겨난 때문이며, 대승법으로 받아들인 바이기 때문에 3가지 미묘한 지혜를 밟아 정토를 오가기에 '노니는 길[遊路]'이라고 말한다."

'七念' 등이란 보통 6가지 생각에 '중생을 생각하는 마음[念衆生]'을 더한 것이다.]

後深入下는 釋體實이니 亦是行攝이라

뒤의 '深入' 이하는 체성의 실상을 해석하였으며, 또한 이는 行攝이다.

二는 結德嚴土라

② 공덕으로 장엄한 국토를 끝맺다

經

如是菩薩이 **充滿其土**하야 **生如是處**하며 **有如是德**하야

이러한 보살들이 그 국토에 가득하여 이러한 곳에 태어나고 이러한 덕을 가지고서,

◉ 疏 ◉

初句는 總이오 次生如是處는 指前淨土오 有如是德은 卽指向文이라

첫 구절은 총괄이며, 다음 '生如是處'는 앞의 정토를 가리키고, '有如是德'은 곧 앞의 문장을 가리킨다.

第二願業廣中 分四니 卽四圓滿이라 初는 明事業圓滿이라

둘째, 사업이 광대하기를 원하는 부분은 4단락으로 나뉜다. 곧 4가지의 원만이다.

① 사업의 원만을 밝혔다.

經

常作佛事하야 得佛菩提하며 淸淨光明으로 具法界智하며 現神通力하야 一身이 充滿一切法界하며

항상 불사를 일으켜 부처님의 보리를 얻으며,
청정한 광명으로 법계의 지혜를 갖추고,
신통한 힘을 나타내어 하나의 몸이 모든 법계에 충만하며,

◉ 疏 ◉

上辨佛業이오 今菩薩業이라

위에서는 제불의 일을, 여기에서는 보살의 일을 말하였다.

二는 卽乘圓滿이라

② 대승의 원만

經

得大智慧하야 入一切智所行之境하며
善能分別無量無邊法界句義하며
於一切刹에 皆無所着호대 而能普現一切佛土하며
心如虛空하야 無有所依호대 而能分別一切法界하며
善能入出不可思議甚深三昧하며

  큰 지혜를 얻어 일체 지혜로 행하는 경계에 들어가고,

  한량없고 그지없는 법계의 구절과 뜻을 잘 분별하며,

  일체 세계에 모두 집착한 바 없으면서도 일체 부처님 국토에 널리 나타내고,

  마음은 허공과 같아 의지한 바 없지만 일체 법계를 잘 분별하며,

  불가사의의 매우 깊은 삼매에 잘 들어가고 잘 나오며,

◉ **疏** ◉

大止妙觀으로 以爲乘故니라【鈔_ 大止妙觀者는 卽佛地經文이라 論釋에 云止는 謂奢摩他오 觀은 謂般若니 大義如前大念中에 緣大乘故니 此二等運일세 故名所乘이니 乘止與觀하고 隨其所應하야 行前道路니라】

418

大止와 妙觀으로 乘을 삼기 때문이다.【초_ '大止妙觀'은 불지경에서 인용한 문장이다. 불지경의 논의 해석은 다음과 같다.

"止는 사마타를, 觀은 반야를 말한다. 이의 대의는 앞서 말한 '大念은 대승을 반연한 때문'이라는 말과 같다. 이처럼 止觀 2가지를 똑같이 운전하기에 '타야 할 대상[所乘]'이라고 말한다. 止와 觀을 타고 그 응해야 할 바를 따라 앞 도로를 달린다."】

三은 無畏圓滿이라
③ 두려움 없는 원만

經

趣薩婆若하야 住諸佛刹하고 得諸佛力하야 開示演說阿僧祇法호대 而無所畏하며

일체 지혜에 나아가 여러 부처님 국토에 머물고,

부처님의 힘을 얻어 아승기 법문을 열어 보여주고 연설하되 두려운 바가 없으며,

● 疏 ●

內無災患하고 外無畏故니라【鈔_ 無畏圓滿은 彼經에 云遠離衆魔라하니 論云謂以此中遠離一切煩惱·蘊·死와 及以天魔하고 或令他人으로 遠離四魔라하니 如是四種이 是怖畏因이라 由是로 能生諸怖畏故

419

니 此中無彼故로 名無畏니라】

안으로는 재앙과 환란이 없고, 밖으로는 두려움이 없기 때문이다. 【초_ 두려움 없는 원만은 불지경에 이르기를 "많은 마군을 멀리 여읜다."고 하였다. 논은 다음과 같다.

"이 가운데 모든 번뇌, 오온, 죽음, 天魔를 스스로 멀리 여의거나, 혹은 남들에게도 번뇌, 오온, 죽음, 천마 4가지를 멀리 여의도록 함을 말한다. 이와 같은 4가지는 두려움의 원인이다. 이처럼 4가지 마군에 의해 모든 두려움을 내기 때문이다. 여기에서는 그와 같은 것이 없기 때문에 두려움이 없다[無畏]고 말한다."】

四는 卽任持圓滿이다

④ 지닌 바의 원만

經

隨順三世諸佛善根하고 普照一切如來法界하야 悉能受持一切佛法하며
知阿僧祇諸語言法하야 善能演出不可思議差別音聲하며
入於無上佛自在地하야 普遊十方一切世界호대 而無障礙하며
行於無諍無所依法하야 無所分別하야 修習增廣菩提之心하며

得善巧智하야 **善知句義**하고 **能隨次第**하야 **開示演說**이니

　삼세 여러 부처님의 선근을 따르고,

　일체 여래의 법계를 두루 비춰, 일체 부처님의 법을 모두 받아지니며,

　아승기 모든 말씀의 법을 알아 불가사의의 각기 다른 음성을 내고,

　부처님의 위없이 자재한 지위에 들어가 시방의 일체 세계에 두루 다니되 장애가 없으며,

　다툼이 없고 의지한 바 없는 법을 행하여 분별한 바 없이 보리심을 닦아 더욱 키워나가며,

　뛰어난 지혜를 얻어 구절과 뜻을 잘 알고 차례에 따라 연설하는 것이다.

● 疏 ●

論云 諸佛菩薩이 後得無漏하야 能說能受大乘法味하야 生喜樂故니라
文中二니 前은 明能受오 後知阿僧祇下는 能說이라

　논에 이르기를 "제불 보살이 뒤에 무루지혜를 얻어, 대승의 法味를 잘 말하여 잘 받아들여서 기쁜 마음을 내기 때문이다."고 하였다.

　이 경문은 2단락으로 나뉜다.

　앞에서는 잘 받아들임을 밝혔고,

　뒤의 '知阿僧祇' 이하는 잘 말함을 밝혔다.

第三는 結以嚴刹이라

㈐ 불국토의 장엄을 끝맺다

經

願令如是 諸大菩薩로 **莊嚴其國**하야 **充滿分布**하고 **隨順安住**하야 **熏修極熏修**하며 **純淨極純淨**하야 **恬然宴寂**하야
於一佛刹에 **隨一方所**하야 **皆有如是無數無量無邊無等不可數不可稱不可思不可量不可說 不可說不可說諸大菩薩**이 **周徧充滿**하며
如一方所하야 **一切方所**도 **亦復如是**하며
如一佛刹하야 **盡虛空徧法界一切佛刹**도 **悉亦如是**니라

바라건대 이와 같은 큰 보살이 그 국토를 장엄하여 국토 가득 분포하여 그곳 중생을 따라 안주하면서, 닦아 익히고 지극히 닦아 익히며, 순수 청정하고 지극히 순수 청정하여 편안한 마음으로 고요하여, 한 부처님 세계 가운데, 어느 한 지방마다 모두 이처럼 수 없고, 한량없고, 그지없고, 짝이 없고, 셀 수 없고, 일컬을 수 없고, 생각할 수 없고, 헤아릴 수 없고, 말할 수 없고, 말할 수 없이 말할 수 없는 큰 보살들이 두루 충만하며,

어느 한 지방처럼 모든 지방 또한 모두 이와 같고,

한 부처님의 세계처럼 온 허공과 법계의 일체 부처님 세계 또한 모두 이와 같게 하소서.'

● 疏 ●

結以嚴刹中에 三이니 初는 總彰人徧이오 次熏修下는 結行德深이니 謂以止以觀하고 唯智唯悲로 熏修身心하야 無有間斷을 名極熏修오 現惑不生일새 故云純淨이오 種習不起를 名極純淨이라 恬은 和也오 宴은 安也니 恬和安寂이 卽照寂之相也오 亦一乘이니라【鈔_ 亦一乘者는 以大止妙觀으로 爲熏修故니라】

불국토의 장엄을 끝맺은 부분의 경문은 3단락으로 나뉜다.

첫째, 대보살이 두루 가득함을 총괄하여 밝혔고,

둘째, '熏修' 이하는 行의 공덕이 심오함을 끝맺었다. 이는 止와 觀, 그리고 大智와 大悲로 몸과 마음을 닦아 끊임없음을 '極熏修'라 말하고, 現惑이 생겨나지 않기에 이를 '純淨'이라 말하고, 종자의 업습[種習]이 일어나지 않음을 '極純淨'이라 말한다. 恬은 유화이며, 宴은 안락이다. 恬和와 安寂이 바로 照·寂의 모양이자, 또한 一乘이다.【초_ '또한 一乘'이란 大止와 妙觀으로 닦아온 때문이다.】

後於一佛刹下는 別示徧相하고 兼顯數多라 於中三節이니 一은 刹中一方에 有多數量이오 次는 以方例刹이오 後는 以刹例法界니라
一方所言은 義兼大小니 準下僧祇品이면 於一微細毛端處에 則有不可說諸普賢也라 言如是者는 如前具德也라

廻向淨土 竟하다

셋째, '於一佛刹' 이하는 두루 가득한 모양을 개별로 보여주고, 겸하여 수효가 많음을 밝혔다.

이는 다시 3소절로 나뉜다.

① 세계 속의 한 지방에 많은 수효의 양이 있고,
② 하나의 지방으로 세계를 예시하였으며,
③ 세계로 법계를 예시하였다.

'하나의 지방[一方所]'이라 말한 뜻은 크고 작은 단위를 모두 겸하고 있다. 아래 제30 아승지품에 의하면, "하나의 미세한 터럭 끝에 말할 수 없는 많은 보현이 있다."고 한다. '如是'라 말한 것은 앞서 말한 구체적인 공덕과 같다.

정토 회향을 끝마치다.

第二 總攝廻向이니 非唯但向佛淨土故니라

2) 회향을 총체로 포괄하였다. 이는 부처님의 청정세계만을 향하는 데 그치지 않기 때문이다.

經

佛子여 菩薩摩訶薩이 以諸善根으로
方便廻向一切佛刹하며
方便廻向一切菩薩하며
方便廻向一切如來하며
方便廻向一切佛菩提하며
方便廻向一切廣大願하며
方便廻向一切出要道하며

方便廻向淨一切衆生界하며
方便廻向於一切世界에 常見諸佛出興於世하며
方便廻向常見如來壽命無量하며
方便廻向常見諸佛이 徧周法界하사 轉無障碍不退法輪이니라

　불자여, 보살마하살이 모든 선근으로 일체 부처님 세계에 방편으로 회향하고,
　일체 보살에게 방편으로 회향하며,
　일체 여래에게 방편으로 회향하고,
　일체 부처님 보리에 방편으로 회향하며,
　일체 넓고 큰 서원에 방편으로 회향하고,
　일체 출세간의 요긴한 도에 방편으로 회향하며,
　일체중생계를 방편으로 회향하여 청정케 하고,
　일체 세계에 방편으로 회향하여 모든 부처님이 세상에 출현하심을 항상 보며,
　방편으로 회향하여 여래의 수명이 한량없음을 항상 보고,
　방편으로 회향하여 모든 부처님이 법계에 두루 가득하여 걸림없고 물러가지 않는 법륜을 굴림을 항상 보는 것이다.

● 疏 ●

文有十句라 初三은 結前已說이오 後七은 辨所未明이라
言出要者는 小乘出要 唯有四種이니 謂進·念·定·慧니 三十七品이

不離此故니 今亦兼有라 大乘出要는 唯有三科니 謂四攝·四等과 及與十度라 三乘切要는 唯止與觀이오 一乘切要는 唯智與悲라 故十地에 皆云大悲爲首오 智慧增上이라하니라 餘竝可知니라

경문은 10구이다. 앞의 3구는 앞서 이미 말한 바를 끝맺었고, 뒤의 7구는 밝히지 않은 것을 논변하였다.

'出要'라 말한 것은 소승의 出要는 오직 4가지가 있을 뿐이다. 進·念·定·慧를 말한다. 37품이 여기에서 벗어날 수 없기 때문이다. 여기에서도 또한 아울러 모두 가지고 있다. 대승의 出要는 오직 3가지가 있을 뿐이다. 四攝·四等·十度를 말한다. 三乘의 切要는 오직 止와 觀이며, 一乘의 절요는 오직 智와 悲일 뿐이다. 따라서 十地에 모두 "大悲로 으뜸을 삼고, 지혜가 增上이다."고 말하였다. 나머지는 설명하지 않아도 알 수 있다.

第二는 結行成益이니 總收三種世間이라

2. 회향행의 이익 성취를 끝맺었다. 3가지의 세간을 총괄하여 수습하였다.

經

佛子여 菩薩摩訶薩이 以諸善根으로 如是廻向時에 普入一切佛國土故로 一切佛刹이 皆悉淸淨하며
普至一切衆生界故로 一切菩薩이 皆悉淸淨하며

普願一切諸佛國土에 **佛出興故**로 **一切法界一切佛土**에
諸如來身이 **超然出現**이니라

　불자여, 보살마하살이 모든 선근으로 이처럼 회향할 때에, 모든 부처님의 국토에 널리 들어가는 까닭에 일체 부처님의 세계가 모두 다 청정하고,

　일체중생계에 널리 이른 까닭에 일체 보살이 모두 다 청정하며,

　일체 부처님의 국토에 부처님이 나오시기를 원한 까닭에 일체 법계의 일체 부처님 국토에 모든 여래의 몸이 초연하게 나타나는 것이다.

已上은 **大科隨相廻向**을 **竟**하다

　위는 큰 과목 제1단락, 상을 따른 회향 부분을 끝마치다.

▪

第二. 離相廻向이니 **卽向實際**라 **文中二**니 **先明見實**이니 **智冥實際**오 **後彰離妄**이니 **德合實際**라 **此之二段**은 **反覆相成**이라 **今**은 **初**라【**鈔**_ '**此之二段反覆相成**'**者**는 **由見實故離妄**이니 **如見杌**이면 **則不見鬼**오 **由離妄故**로 **見實**이니 **若無鬼見**이면 **是見木故**일세니라】

　제2단락, 상을 여읜 회향

　이는 실제에 회향함이다.

　경문은 2단락으로 나뉜다.

　㈎ 실제 근본자리를 본 것을 밝혔다. 지혜가 실제 근본자리에

하나가 되었다.

㈏ 망상을 여읨을 밝혔다. 공덕이 실제 근본자리에 부합한 것이다.

이처럼 2단락은 반복하여 서로 이루고 있다.

이는 ㈎ 실제 근본자리이다. 【초_ "이처럼 2단락은 반복하여 서로 이루고 있다."는 것은 실제 근본자리를 본 까닭에 망상을 여읜 것이다. 나무 그루터기를 바르게 보면 귀신으로 착각하지 않는 것과 같다. 망상을 여읜 까닭에 실제 근본자리를 볼 수 있다. 이는 마치 귀신에 대한 잘못된 견해가 없으면 제대로 나무 그루터기를 볼 수 있기 때문이다.】

經

佛子 菩薩摩訶薩이 以如是等無比回向으로 趣薩婆若에 其心廣大가 猶如虛空하야 無有限量하야 入不思議하며 知一切業과 及以果報가 皆悉寂滅하야 心常平等하야 無有邊際일세 普能徧入一切法界하나니라

불자여, 보살마하살이 이처럼 비할 데 없는 회향으로 일체 지혜에 나아가면 마음이 허공과 같아 한량이 없어 불가사의한 자리에 들어가며,

일체 업과 과보가 모두 적멸한 줄을 알아 마음이 항상 평등하여 끝없기에 일체 법계에 널리 두루 들어가는 것이다.

● 疏 ●

初句는 牒前廻向菩提요 '其心'已下는 正顯離相이라 寂然無涯 爲入不思議하야 卽事契眞이라 故常平等이오 由此故로 能徧入若事若理하야 無礙法界를 名爲一切니라

첫 구절은 앞의 보리 회향을 이어 말하였고, '其心' 이하는 바로 '상을 여읨'을 밝혔다.

고요함이 그지없어 불가사의의 자리에 들어가 현상의 사법계와 하나가 되어 眞際에 계합하기에 언제나 평등하고, 이 때문에 사법계와 이법계에 두루 들어가 법계에 걸림이 없기에 그 이름을 '일체 법계'라 말하였다.

二는 彰其離妄이라

(나) 망상을 여읨을 밝히다

經

佛子여 菩薩摩訶薩이 如是廻向時에
不分別我와 及以我所하며
不分別佛과 及以佛法하며
不分別刹과 及以嚴淨하며
不分別衆生과 及以調伏하며
不分別業과 及業果報하며

不着於思와 及思所起하며
不壞因하고 不壞果하며
不取事하고 不取法하며
不謂生死有分別하고 不謂涅槃恒寂靜하며
不謂如來가 證佛境界하야 無有少法與法同止니라

불자여, 보살마하살이 이처럼 회향할 때에
나와 내 것을 분별하지 않고,
부처님과 부처님 법을 분별하지 않으며,
세계와 세계의 장엄을 분별하지 않고,
중생과 중생 조복을 분별하지 않으며,
업과 업의 과보를 분별하지 않고,
생각과 생각으로 일으키는 바를 집착하지 않으며,
원인을 깨뜨리지 않고 결과도 깨뜨리지 않으며,
일을 취하지 않고 법도 취하지 않으며,
생사에 분별이 있다 말하지 않고 열반이 항상 고요하다 말하지 않으며,
여래가 부처님 경계를 증득하였다 말하지 않는다. 조그만 법도 법과 함께 머물지 않기 때문이다.

◉ 疏 ◉

文有十對니 初六은 遮妄執有니 以緣成無性故니 皆前廻向之法이라 思所起者는 謂身語業이라 餘文可知니라

次一對는 遮妄執空이니 以卽眞故며 不礙存故며 不壞假名說實相故로 不壞因果니라【鈔_ '以卽眞故下는 此有三義하야 釋不壞因果라 初는 同淨名에 色卽是空이라 非色滅空故니 此約空觀이오 二 不礙存故는 卽假觀이오 三 不壞假名 說實相故는 二義雙照니 爲中道觀이라】

경문은 10對句이다. 앞의 6대구는 妄執의 有를 금지함이다. 인연이 이뤄져 자성이 없기 때문이니, 모두 앞의 회향법이다.

'생각으로 일으키는 바[思所起]'란 身·語業을 말한다. 나머지는 말하지 않아도 알 수 있다.

다음 하나의 대구는 妄執의 空을 금지함이다. 眞際에 나아갔기 때문이며, 현상의 존재에 걸리지 않기 때문이며, 假名을 무너뜨리지 않고 실상을 설법하기에 인과를 무너뜨리지 않는다.【초_ "眞際에 나아갔기 때문" 이하는 3가지 뜻으로, 인과를 무너뜨리지 않음을 해석하였다.

① 유마경에서 말한 "색이 곧 空이지, 색이 공을 없애는 것이 아니다."는 것과 같기 때문이다. 이는 空觀으로 말하였다.

② 현상의 존재에 걸리지 않기 때문이란 假觀이며,

③ 假名을 무너뜨리지 않고 실상을 설법하기 때문이란 위의 2가지 뜻을 아울러 밝힌 것으로 中道觀이다.】

後三對는 雙遮空有라 初는 遮事理니 法卽理法이라 互相卽故로 不可定取오 次는 遮生死涅槃이니 離向背相이라 通有二義니 一은 約離相이니 謂生死涅槃相待而有니 俱空叵得이오 二는 約體融이니 以緣就實에 生死卽涅槃이라 故無妄分別이오 以實從緣에 涅槃卽生死라 故非眞

寂靜이라 故中論에 云涅槃之實際와 及與世間際여 如是二際者 無
毫釐差別이라하고 而晉經에 云生死非雜亂이오 涅槃非寂靜이라하니 言
異義同이라【鈔_ 俱空叵得은 卽上云 有諍說生死오 無諍說涅槃이라
生死及涅槃 二俱不可得이라하니 此約性空이오 下約顯實이라 】

뒤의 3대구는 空과 有를 모두 금지함이다. 첫 대구는 사법계와 이법계를 금지한 것이다. 법은 곧 理法이다. 서로가 하나이기에 어느 것이라 결정할 수 없다. 다음 대구는 생사와 열반을 금지한 것이다. 지향하고 저버리는 모양을 여읨이다. 모두 2가지 뜻이 있다.

① 상을 여읜 것으로 말한다. 생사와 열반은 상대로 존재하니 모두 空이어서 얻을 수 없다.

② 본체의 원융으로 말한다. 반연으로 실제 근본자리에 나아가면 생사가 곧 열반이기에 허망한 분별이 없고, 실제 근본자리로 반연을 따르면 열반이 곧 생사이기에 진실한 寂靜이 아니다.

이 때문에 중론에 이르기를 "열반의 실제와 세간의 실제여! 이처럼 2가지의 실제는 털끝만큼의 차별이 없다."고 하였고, 晉經에 이르기를 "생사는 雜亂이 아니요, 열반은 寂靜이 아니다."고 하였다. 말은 다르지만 뜻은 똑같다.【초_ "모두 空이어서 얻을 수 없다."는 것은 위에서 말하기를 "다툼이 있는 것을 생사라 말하고, 다툼이 없는 것을 열반이라 말한다. 생사 및 열반 2가지 모두 얻을 수 없다."고 하니, 이는 性空으로 말하였고, 아래는 실상을 밝힌 것으로 말하였다.】

後對는 卽遮能所證이니 旣二際無差를 唯佛能證일세 故復拂之니 上

句는 標오 下句는 釋이라 亦通二意니 一은 約離相이니 能證相離라 不
能證於佛境이오 所證體空이라 故無少法 與能證智로 同止相契라 故
楞伽云 遠離覺所覺이라 二는 約體融이니 佛卽法界라 不應以法界更
證法界라 故文殊問經에 云若以法界證法界인댄 則是諍競이니 如智
一體니라 如外에 無少智爲能證이오 智外에 無少如爲所證일새 故無可
同止니라
次下文에 云 無有少法爲智所入이며 亦無少智而入於法이라하고 影
公云 法性은 不並眞이오 聖賢은 無異道라하니 卽斯意也라
上來三節은 皆約遮邊이오 前來契實은 已辨雙照니 則四門備矣니라
廻向菩提 竟하다

뒤의 대구는 주체와 대상의 증득을 금지함이다. 이미 2가지의
실제가 차별이 없음을 오직 부처님만이 증득하였기에 다시 이를 말
끔히 떨쳐버린 것이다. 위 구절은 표상이고, 아래 구절은 해석이다.

또한 2가지 뜻에 통한다.

① 상을 여읜 것으로 말한다. 증득 주체의 모양을 여읜 터라,
부처님 경계를 증득하지 못하고, 증득 대상의 체성이 공한 터라,
어느 적은 법이라도 증득 주체의 지혜와 함께 멈추거나 서로 계합
함이 없다. 따라서 능가경에 이르기를 "깨달음과 깨달음의 대상을
멀리 여읜다."고 하였다.

② 본체의 원융으로 말한다. 부처님 자체가 바로 법계라, 법계
로 다시 법계를 증득할 수 없다. 따라서 文殊問經에 이르기를 "만
일 법계로 법계를 증득한다면 이는 다툼이다. 진여와 지혜가 하나

이다."고 하였다. 진여 밖에 그 어떤 적은 지혜도 증득의 주체가 될 수 없고, 지혜 밖에 그 어떤 적은 진여도 증득의 대상이 될 수 없기에 함께 머물 수 없다.

다음, 아래 문장에 이르기를 "그 어떤 적은 법도 지혜에 들어갈 수 없으며, 또한 그 어떤 적은 지혜도 법에 들어갈 수 없다."고 하였고, 影公이 말하기를 "법성은 진여를 아우르지 못하며, 성현은 다른 도가 없다."고 하니, 바로 이런 뜻이다.

위 3절은 모두 금지의 측면에서 말하였고, 앞서 말한 실상에 계합함은 이미 모두 밝혀 논변하여, 4부분이 갖춰져 있다.

보리 회향을 끝마치다.

第二는 廻向衆生이라

(2) 중생회향

經

佛子여 菩薩摩訶薩이 如是廻向時에 以諸善根으로 普施衆生호대 決定成熟하고 平等敎化하야 無相無緣하며 無稱量無虛妄하야 遠離一切分別取着이니라

불자여, 보살마하살이 이처럼 회향할 때에 모든 선근으로 널리 중생에게 보시하되, 반드시 성숙시키고 평등하게 교화하여 모양이 없고 반연이 없으며, 헤아릴 수 없고 허망하지 아니하여, 일체 분

별과 집착을 여의었다.

● 疏 ●

初는 總明이니 謂卽前廻向菩提時에 便以善根廻向衆生이라 故云如是廻向時也라
次決定下는 別顯行相이라 有七句하니 二句는 隨相이니 一은 無放捨心이오 二는 無冤親相이오 五句는 離相이니 一은 不見衆生相이오 二는 不取化緣이오 三은 不稱量根性이오 四는 無能度我人이오 末句는 總結이라 二明廻向之行 竟하다

첫 구절은 총체로 밝혔다. 곧 앞서 말한 보리에 회향할 때에 곧 선근으로 중생에게 회향함을 말한다. 이 때문에 "이처럼 회향할 때에"라고 말하였다.

다음 '決定成熟' 이하는 회향행의 양상을 개별로 밝혔다.

7구가 있는데, 앞의 2구는 隨相이다.

① 놓아버리는 마음이 없고,

② 원수와 친근한 모양이 없다.

나머지 5구는 離相이다.

① 중생이라 생각하는 모습을 볼 수 없고,

② 교화의 반연에 집착하지 않으며,

③ 근성을 헤아리지 않고,

④ 제도의 주체는 나와 남의 차별이 없으며,

⑤ 총괄하여 끝맺었다.

2) 회향행을 끝마치다.

■

第三는 結行成德이라 有四佛子하니 兼此爲五라 一은 成無盡善根德이오 二는 成二空智慧德이오 三은 成境界淸淨德이오 四는 成福智無盡德이오 五는 成福智廣大德이라 就此五中에 初一은 雙明이오 次二는 離相이오 後二는 隨相이라
今은 初라 由隨一一行하야 發無盡心이라 故成無盡德이니라

3) 회향행의 성취 공덕을 끝맺었다. 4차례의 '佛子'가 있는데다가 이를 겸하여 5가지가 된다.

(1) 그지없는 선근 공덕을 성취하고,
(2) 二空의 지혜 공덕을 성취하며,
(3) 경계 청정 공덕을 성취하고,
(4) 복덕과 지혜가 그지없는 공덕을 성취하며,
(5) 복덕과 지혜가 광대한 공덕을 성취하였다.

위의 5가지 가운데, (1)은 離相과 隨相 2가지 모두 밝혔고, 다음 (2)와 (3)은 離相을, 뒤의 (4)와 (5)는 隨相을 밝혔다.

이는 (1) 그지없는 선근 공덕이다. 하나하나 행을 따라 그지없는 마음을 일으켰기에 그지없는 공덕을 성취한 것이다.

經

菩薩摩訶薩이 如是廻向已에 得無盡善根하나니

所謂念三世一切諸佛故로 得無盡善根하며

念一切菩薩故로 得無盡善根하며

淨諸佛刹故로 得無盡善根하며

淨一切衆生界故로 得無盡善根하며

深入法界故로 得無盡善根하며

修無量心等虛空界故로 得無盡善根하며

深解一切佛境界故로 得無盡善根하며

於菩薩業에 勤修習故로 得無盡善根하며

了達三世故로 得無盡善根이니라

 보살마하살이 이처럼 회향하고 그지없는 선근을 얻는다.

 이른바 삼세의 일체 부처님을 생각하였기에 그지없는 선근을 얻고,

 일체 보살을 생각하였기에 그지없는 선근을 얻고,

 부처님 세계를 청정히 하였기에 그지없는 선근을 얻고,

 일체중생계를 청정히 하였기에 그지없는 선근을 얻고,

 법계에 깊이 들어갔기에 그지없는 선근을 얻고,

 한량없는 마음을 닦아 허공계와 평등하기에 그지없는 선근을 얻고,

 일체 부처님의 경계를 깊이 이해하였기에 그지없는 선근을 얻고,

 보살의 업을 부지런히 닦았기에 그지없는 선근을 얻고,

 삼세를 분명하게 통달하였기에 그지없는 선근을 얻었다.

● 疏 ●

文有十句라 初는 總이오 '所謂'下는 別이라 於中에 前四는 隨相所成이니 初二는 因果오 後二는 依正이라 次二는 離相所成이니 顯其深廣이오 次二는 解行이니 通於隨相과 及與離相이오 後一은 通顯上來廻向同三世故니라

경문은 10구이다. 제1구는 총체로, '所謂' 이하는 개별로 밝혔다.

10구 가운데, 앞의 4구(제2~5)는 隨相으로 성취한 것이다. 앞의 2구는 인과이며, 뒤의 2구는 依報·正報이다.

다음 2구(제6~7)는 離相으로 성취한 것이다. 그 깊고 넓음을 밝혔다.

다음 2구(제8~9)는 解行이다. 隨相과 離相에 모두 통한다.

뒤의 제10구는 위의 회향이 삼세와 같음을 전반적으로 밝혔기 때문이다.

―

第二는 成二空智慧德이라

(2) 我空, 法空의 지혜 공덕을 성취하다

經

佛子여 菩薩摩訶薩이 以一切善根으로 如是廻向時에
了一切衆生界가 無有衆生하며
解一切法이 無有壽命하며

知一切法이 無有作者하며
悟一切法이 無補特伽羅하며
了一切法이 無有忿諍하며
觀一切法이 皆從緣起하야 無有住處하며
知一切物이 皆無所依하며
了一切刹이 悉無所住하며
觀一切菩薩行이 亦無處所하며
見一切境界가 悉無所有니라

  불자여, 보살마하살이 일체 선근으로 이처럼 회향할 때에

  일체중생계에 중생이 없음을 알며,

  일체 법이 수명이 없음을 알며,

  일체 법이 조작한 자가 없음을 알며,

  일체 법이 윤회하는 주체[補特伽羅]가 없음을 알며,

  일체 법이 다툼이 없음을 알며,

  일체 법이 모두 인연으로 생겨 일정하게 머문 곳이 없음을 살펴보며,

  일체 사물이 모두 의지한 바 없음을 알며,

  일체 세계가 모두 실제 일정한 자리가 없음을 알며,

  일체 보살의 행 또한 일정한 자리가 없음을 보며,

  일체 경계가 모두 있는 게 아님을 보는 것이다.

● 疏 ●

十句니 初四는 我空이니 一은 無衆生이니 離衆生垢故오 二는 無壽命이니 離生死故오 三 無作者며 亦名無我니 離我垢故오 四는 無數取趣니 前後際斷故오 餘如十行說이라 後六은 法空이니 文亦可知니라【鈔_ 一無衆生垢故者는 多同淨名이니 即目連章中에 淨名云 夫說法者는 當如法說이니 法無衆生이니 離衆生垢故오 法無有我니 離我垢故오 法無壽命이니 離生死故오 法無有人이니 前後際斷故라하니 釋曰 上四句는 我空이라 故疏取之니 此四는 即金剛無我·無人·無衆生·無壽者라 今經辨次 不同二經이로되 皆明無定前後也오 名亦小異하니 以作者當我하고 以補特伽羅當人이라】

10구이다. 앞의 4구는 我空이다.

제1구, 중생이 없다. 중생의 때를 여의었기 때문이다.

제2구, 수명이 없다. 생사를 여의었기 때문이다.

제3구, 조작한 자가 없다. 또한 그 이름을 無我라 하니, '나'라는 아집의 때를 여의었기 때문이다.

제4구, 여러 길을 자주 오가는 생사윤회[數取趣]가 없다. 전후의 사이가 끊어졌기 때문이다. 나머지는 십행의 설과 같다.

뒤의 6구는 法空이다. 이는 설명하지 않아도 알 수 있다.【초_ "제1구, 중생의 때를 여의었기 때문"이란 유마경에서 말한 바와 많은 부분이 똑같다. 이는 目連章에서 유마 거사가 다음과 같이 말하였다.

"대체로 설법이란 당연히 여법하게 말해야 한다. 법에는 중생이 없다. 중생의 때를 여의었기 때문이다. 법에는 '내'가 없다. '나'라는 때를 여의었기 때문이다. 법에는 수명이 없다. 생사를 여의었기 때문이다. 법에는 사람이 없다. 전후의 사이가 끊어졌기 때문이다."

이에 대한 해석은 다음과 같다.

"위의 4구는 我空이다. 따라서 청량소에서 이를 취하였다. 이 4가지는 금강경에서 말한 無我·無人·無衆生·無壽者相이다. 화엄경에서 말한 논변의 차례가 유마경·금강경과 똑같지는 않다. 그러나 모두 전후가 확정되어 있지 않음을 밝혔으며, 명칭 또한 다소의 차이가 있다. 조작한 자를 '我'에 해당시키고, 補特伽羅를 '人'에 해당시켜 말하기도 했다."】

第三은 佛子成境界淸淨德이라
  (3) 불자가 성취한 경계 청정의 공덕

經
佛子여 菩薩摩訶薩이 如是廻向時에
眼終不見不淨佛刹하며 亦復不見異相衆生하며
無有少法이 爲智所入하고 亦無少智가 而入於法하며
解如來身이 非如虛空이니 一切功德과 無量妙法의 所圓滿
故며 於一切處에 令諸衆生으로 積集善根하야 悉充足故니라
  불자여, 보살마하살이 이처럼 회향할 때에

눈으로 부정한 세계를 보지 않고, 또한 다른 형상의 중생도 보지 않으며,

조그만 법이 지혜에 들어간 게 없고, 또한 조그만 지혜가 법에 들어감도 없으며,

여래의 몸이 허공과 같지 않음을 아나니 일체 공덕과 한량없는 묘한 법으로 원만한 때문이며,

일체 모든 곳에서 모든 중생으로 하여금 선근을 모아 모두 충족케 한 때문이다.

● 疏 ●

一刹淨者는 畧有三義하니 一은 了穢卽空故오 二는 如螺髻等이 穢處見淨故며 三은 雖覩淨穢이나 無見相故오

二는 衆生淨이니 同一空故며 同如來藏故며 無見相故오

三은 法淨이니 對法辨智 義便故來니 此亦二義니 一은 空無能所故오 二는 同一如故니 擧一全收니 智外에 無如爲智所入이오 如外에 無智而入於如니 法性寂然일새 故名爲如오 寂而常照일새 故名爲智니 何有異耶아 亦同上來無法同住라

後一은 佛淨이니 爲破執有하야 說佛如空이어니와 若同空無면 此見非淨이니 今明二利德圓이라 非如虛空一向無也니라

① (眼終不見不淨佛刹), 청정세계란 간단히 3가지 뜻이 있다.

㉠ 더러움이 곧 空한 줄을 알기 때문이며,

㉡ 螺髻 등이 더러운 곳에서 청정을 보는 것과 같기 때문이며,

ⓒ 비록 청정과 더러움을 볼 수 있으나 볼 수 있는 모양이 없기 때문이다.

② (亦復不見異相衆生), 중생의 청정이다. 똑같이 공이기 때문이며, 여래장과 같기 때문이며, 볼 수 있는 모양이 없기 때문이다.

③ (無有少法 爲智所入, 亦無少智 而入於法), 법의 청정이다. 법을 상대로 지혜를 논변한 뜻이 편리한 까닭에 이를 가져온 것이다. 이 또한 2가지 뜻이 있다.

㉠ 공하여 주체와 대상이 없기 때문이며,

㉡ 동일한 진여이기 때문이다. 하나를 들어 모든 것을 거둬들일 수 있다. 지혜 밖에서는 진여가 지혜를 들어갈 수 있는 대상으로 삼을 수 없고, 진여 밖에서는 지혜가 진여에 들어갈 수 없다. 법성이 고요하기에 그 이름을 '진여'라 하고, 고요하면서도 항상 비춰주기에 그 이름을 '지혜'라 한다. 이로 보면, 어찌 다름이 있겠는가. 또한 위에서 말한 '법과 함께 머물 수 없는 것'과 같다.

④ (解如來身 非如虛空), 부처님의 청정이다. 有의 집착을 타파하기 위해, '부처님이 공과 같다.'고 말하지만, 만일 空의 無와 같다고 하면 이런 견해는 청정함이 아니다. 여기에서는 자리이타의 공덕이 원만하기에, 허공이 하나같이 없는 것과 똑같지 않음을 밝혔다.

第四는 佛子福智無盡德이라

(4) 불자의 복덕과 지혜가 그지없는 공덕

佛子여 此菩薩摩訶薩이 於念念中에 得不可說不可說十力地하야 具足一切福德하며 成就淸淨善根하야 爲一切衆生福田하나니

此菩薩摩訶薩이 成就如意摩尼功德藏하야 隨有所須하야 一切樂具를 悉皆得故며 隨所遊方하야 悉能嚴淨一切國土하고 隨所行處하야 令不可說不可說衆生으로 皆悉淸淨하야 攝取福德하야 修治諸行故니라

　　불자여, 보살마하살이 한 생각 한 생각의 찰나에 말할 수 없이 말할 수 없는 십력(十力)의 지위를 얻어, 일체 복덕을 빠짐없이 두루 갖추고, 청정한 선근을 성취하여 일체중생의 복전이 되었다.

　　이 보살마하살이 뜻대로 되는 마니공덕장을 성취하여, 필요한 바에 따라 일체 즐거운 도구를 모두 얻은 때문이며,

　　다니는 곳을 따라 모두 일체 국토를 장엄 청정하고,

　　가는 곳마다 말할 수 없이 말할 수 없는 중생으로 하여금 모두 청정하게 하여, 복덕을 거두어 모든 행을 닦은 때문이다.

第五는 佛子福智超勝德이라

　　(5) 불자의 복덕과 지혜가 뛰어난 공덕

佛子여 菩薩摩訶薩이 如是廻向時에 修一切菩薩行하야
福德殊勝하고 色相無比하며 威力光明이 超諸世間하야 魔
及魔民이 莫能瞻對하며 善根具足하고 大願成就하며
其心彌廣하야 等一切智하야 於一念中에 悉能周徧無量佛
刹하며
智力無量하야 了達一切諸佛境界하며
於一切佛에 得深信解하야 住無邊智하며
菩提心力이 廣大如法界하고 究竟如虛空이니
佛子여 是名菩薩摩訶薩의 第五無盡功德藏廻向이니라

　　불자여, 보살마하살이 이처럼 회향할 때에 일체 보살의 행을 닦아, 복덕이 뛰어나고 몸매가 비길 데 없으며,

　　위력과 광명이 세간에 뛰어나 마군과 마군의 졸개가 마주 볼 수조차 없고,

　　선근이 구족하고 대원이 성취되며,

　　그 마음이 더욱 넓어 일체 지혜와 평등하여, 한 생각 찰나에 한량없는 부처님 세계에 두루 가득하고,

　　지혜의 힘이 한량없어 일체 부처님의 경계를 통달하며,

　　일체 부처님께 깊은 신심과 이해를 얻어 그지없는 지혜에 머물고,

　　보리지혜의 마음과 힘은 법계처럼 광대하고 허공처럼 다하여 이르지 않은 곳이 없다.

불자여, 이를 보살마하살의 제5 '그지없는 공덕장 회향'이라 말한다.

● 疏 ●

初句는 總顯福智之因이오 次福德下는 正顯勝相이니 初는 明福勝이오 '其心'已下는 顯智超勝이라

첫 구절은 복덕과 지혜의 원인을 총괄하여 밝혔고,

다음 '福德殊勝' 이하는 훌륭한 모습을 바로 밝혔는데, 앞에서는 복덕의 훌륭함을, '其心彌廣' 이하는 지혜가 뛰어남을 밝혔다.

第二는 辨位果라

[2] 해당 지위의 결과를 말하다

經

菩薩摩訶薩이 住此廻向에 得十種無盡藏하나니
何等이 爲十고
所謂得見佛無盡藏이니 於一毛孔에 見阿僧祇諸佛이 出興世故며
得入法無盡藏이니 以佛智力으로 觀一切法이 悉入一法故며
得憶持無盡藏이니 受持一切佛所說法하야 無忘失故며
得決定慧無盡藏이니 善知一切佛所說法秘密方便故며

得解義趣無盡藏이니 善知諸法理趣分齊故며
得無邊悟解無盡藏이니 以如虛空智로 通達三世一切法故며
得福德無盡藏이니 充滿一切諸衆生意하야 不可盡故며
得勇猛智覺無盡藏이니 悉能除滅一切衆生의 愚癡翳故며
得決定辯才無盡藏이니 演說一切佛平等法하야 令諸衆生으로 悉解了故며
得十力無畏無盡藏이니 具足一切菩薩所行하야 以離垢繒으로 而繫其頂하야 至無障碍一切智故라
是爲十이니
佛子여 菩薩摩訶薩이 以一切善根廻向時에 得此十種無盡藏이니라

보살마하살이 이러한 회향에 머물 때에 '열 가지 무진장'을 얻는다.

무엇이 '열 가지 무진장'인가?

이른바 부처님을 뵙는 무진장을 얻는다. 하나의 모공에서 아승기 모든 부처님이 세상에 나오심을 보기 때문이다.

법에 들어가는 무진장을 얻는다. 부처님 지혜의 힘으로 일체 법이 하나의 법에 들어 있음을 관조하기 때문이다.

기억하는 무진장을 얻는다. 일체 부처님이 말씀하는 법을 받아 지녀 잊지 않기 때문이다.

결정한 지혜의 무진장을 얻는다. 일체 부처님이 말씀한 법과 비밀한 방편을 잘 알기 때문이다.

이치와 취지를 아는 무진장을 얻는다. 모든 법의 이치와 취지의 구분과 한계를 잘 알기 때문이다.

끝없는 깨달음의 무진장을 얻는다. 허공 같은 지혜로 삼세 일체 법을 통달하기 때문이다.

복덕의 무진장을 얻는다. 일체중생이 원하는 뜻을 채워주되 다함이 없기 때문이다.

용맹스러운 지혜로 깨달음의 무진장을 얻는다. 일체중생의 어리석음을 모두 없애기 때문이다.

결정한 변재의 무진장을 얻는다. 일체 부처님의 평등한 법문을 연설하여 중생으로 하여금 모두 알고 이해하도록 하기 때문이다.

십력과 두려움 없는 무진장을 얻는다. 일체 보살이 행한바를 빠짐없이 두루 갖춰, 때 묻지 않은 비단으로 정수리에 동여매고 걸림 없는 일체 지혜에 이르기 때문이다.

이를 '열 가지 무진장'이라 말한다.

불자여, 보살마하살이 일체 선근으로 회향할 때에 이러한 '열 가지 무진장'을 얻는 것이다."

● 疏 ●

文은 四니 謂標·徵·釋·結이라
三中에 有十句니 皆先標名이오 後釋義라
於中에 初六은 自利니 初一은 見佛이니 約微細門이니 一毛之義는 前文
頻釋이어니와 今重發揮니 謂心性 本無大小라 悟之成智에 身土 皆爲

智影이라하니 智淨影明일세 故大小無礙하고 一多卽入이라

次五는 見法이니 卽相入門이니 一은 證理法이오 二는 持教法이오 三은 慧知密意니 謂以實覆權等이오 四는 義窮意趣니 謂四意趣等이며 亦是窮於性相이오 五는 聞藏이니 義兼修證이라

次三은 利他니 一은 福滿他意오 二는 智滅他惑이오 三은 辯教平等이라

後一은 攝行成果라 此上은 多有同十藏品이니 可以意得이라

四結은 可知라

경문은 4단락이다.

(1) 명제를 내세우고, (2) 묻고, (3) 해석하고, (4) 끝맺음이다.

'(3)의 해석' 부분은 10구이다. 구절마다 모두 앞부분은 명제를 내세웠고, 뒤에서는 그 의의를 해석하였다.

10구 가운데, 앞의 6구는 自利이다. 제1구의 "부처님을 뵙는 무진장을 얻는다."는 것은 미세법문으로 말하였다. '하나의 모공'에 관한 뜻은 앞의 경문에서 자주 해석해 왔지만, 여기에서 거듭 밝히고자 한다.

마음의 성품은 본래 크고 작은 차이가 없다. 깨달아 지혜를 성취함에, 몸과 국토가 모두 지혜의 그림자임을 말한다. 지혜가 청정하면 그림자가 분명하기에 크고 작은 데 걸림이 없고, 하나와 많은 데 서로 하나가 되어 들어가는 것이다.

다음 5구의 見法은 곧 相入門이다.

① 理法을 증득하고,

② 敎法을 견지하고.

③ 지혜로 은밀한 뜻을 아는 것이다. 실상으로 방편을 덮는 등을 말한다.

④ 이치가 意趣를 다한 것으로, 四意趣 등을 말하며, 또한 性相을 다하였다.

⑤ 聞藏이니 그 뜻은 修·證을 겸하였다.

다음 3구는 利他이다.

① 복덕이 남들의 마음을 만족하게 해주었고,

② 지혜가 남들의 미혹을 없애주었으며,

③ 가르침의 평등을 논변하였다.

뒤의 1구는 회향행의 성취 결과를 포괄하였다.

위는 대부분 제22 십무진장품에서 말한 바와 같으니, 그 뜻을 알 수 있다.

'(4)의 끝맺음'은 말하지 않아도 알 수 있다.

第二는 應頌이라

제2. 게송

經

爾時에 **金剛幢菩薩**이 **承佛神力**하사 **普觀十方**하고 **而說頌言**하사대

그때 금강당보살이 부처님이 지닌 헤아릴 수 없는 영묘하고도

불가사의한 힘을 받들어 시방을 두루 관찰하고 게송으로 말하였다.

菩薩成就深心力하야　　普於諸法得自在하고
以其勸請隨喜福으로　　無碍方便善廻向이로다

  보살이 깊은 마음과 힘을 성취하여
  모든 법에 두루 자재함을 얻고
  설법을 청하고 기쁜 마음의 복덕 따라
  걸림 없는 방편으로 잘 회향하였다

◉ 疏 ◉

二十五偈는 分二니 初一은 頌所廻善根이니 文竝具含이라

  25수 게송은 2단락으로 나뉜다.
  앞의 첫 게송은 회향 대상의 선근을 읊은 것으로, 게송에 그 뜻이 모두 갖춰져 있다.

經

三世所有諸如來가　　嚴淨佛刹徧世間하사
所有功德靡不具하시니　　廻向淨刹亦如是로다

  삼세에 계시는 모든 부처님이
  불국토 장엄하여 세간에 두루 하시어
  모든 공덕 다 갖추니
  정토 회향 또한 그와 같다

三世所有諸佛法을　　　菩薩皆悉諦思惟하고
以心攝取無有餘하야　　如是莊嚴諸佛刹이로다

　　삼세 부처님의 모든 불법을
　　보살이 모두 자세히 생각하여 알고
　　마음으로 남김없이 거두어
　　이처럼 모든 세계 장엄하였다

盡於三世所有劫토록　　讚一佛刹諸功德이라도
三世諸劫猶可盡이어니와　佛刹功德無窮盡이로다

　　삼세에 끝없는 겁 다하도록
　　하나의 세계 모든 공덕 찬탄할지라도
　　삼세 모든 세월 다할지언정
　　불국토의 공덕은 못다 말하리

如是一切諸佛刹을　　　菩薩悉見無有餘하야
總以莊嚴一佛土하고　　一切佛土悉如是로다

　　이처럼 일체 모든 부처님 세계를
　　보살이 남김없이 모두 보고서
　　모두 하나의 국토를 장엄하듯이
　　일체 모든 불국토 이처럼 장엄하였다

◉ 疏 ◉

餘二十四偈는 雙頌前廻向善根과 及結行成益이라
於中二니 先有十一偈는 頌二段隨相이오 後十三偈는 頌二段離相이라
今初 分三이니 初八은 頌向菩提라
於中亦三이니 初四는 頌上嚴刹이라

　나머지 24수 게송은, 앞서 말한 회향 선근과 회향행 성취 공덕의 끝맺음을 한꺼번에 읊었다.

　24수 게송은 다시 2단락으로 나뉜다.

　⑴ 11수 게송은 2단락의 隨相을 읊었고,

　⑵ 13수 게송은 2단락의 離相을 읊었다.

　앞의 11수 게송은 다시 3부분으로 나뉜다.

　① 8수 게송은 보리 회향을 읊었다.

　8수 게송은 또다시 3부분으로 나뉜다.

　처음 4수 게송은 위의 장엄 국토를 읊었다.

經

有諸佛子心淸淨하야　　　悉從如來法化生이라
一切功德莊嚴心이　　　　一切佛刹皆充滿이로다

　　모든 불자의 마음 청정하여
　　모두 여래의 법에서 나온 터
　　일체 공덕으로 마음 장엄한 것이
　　일체 불국토에 모두 가득하다

453

彼諸菩薩悉具足　　　無量相好莊嚴身하며
辯才演說徧世間하니　譬如大海無窮盡이로다

　　저 모든 보살이 하나 빠짐없이
　　한량없는 상호로 몸을 장엄하였고
　　세간에 두루 연설한 말재주
　　마치 바닷물 끝없는 듯하다

菩薩安住諸三昧하야　一切所行皆具足하고
其心淸淨無與等하야　光明普照十方界하니

　　보살이 모든 삼매 안주하여
　　일체 닦아야 할 행 모두 갖추고
　　그 마음 청정하여 짝할 이 없어
　　광명으로 시방세계 두루 비추니

如是無餘諸佛刹에　　此諸菩薩皆充滿이라

　　이처럼 빠뜨림 없이 모든 세계에
　　모든 보살 어느 곳이든 가득하다

● 疏 ●

次三偈半은 頌人寶莊嚴이라

　　다음 3수 반의 게송은 삼보 중 人寶 장엄을 읊었다.

454

經

未曾憶念聲聞乘하며 **亦復不求緣覺道**로다

한 번도 성문법 생각지 않고

또한 연각의 도를 구한 적이 없다

● 疏 ●

後半偈는 頌總攝廻向이라

뒤의 반 수 게송은 총체로 포괄한 회향을 읊었다.

經

菩薩如是心淸淨하야 **善根廻向諸群生**하고
普欲令其成正道하야 **具足了知諸佛法**이로다

보살이 이처럼 마음이 청정하여

선근으로 모든 중생에게 회향하고

그들이 바른 도 널리 성취하여

모든 불법 남김없이 알도록 하였다

● 疏 ●

二菩薩如是下 一偈는 頌廻向衆生이라

② '菩薩如是' 이하 1수 게송은 중생회향을 읊었다.

455

經

十方所有衆魔怨을　　　菩薩威力悉摧破하니
勇猛智慧無能勝하야　　決定修行究竟法이로다

　　시방에 널려 있는 수많은 마군과 원수
　　보살의 위력으로 모두 타파하니
　　용맹한 지혜 이길 이 없어
　　결정코 구경법 수행하리라

菩薩以此大願力으로　　所有廻向無留碍하야
入於無盡功德藏하니　　去來現在常無盡이로다

　　보살이 이런 큰 원력으로
　　회향하는 바 걸림 없어
　　공덕의 무진장에 들어가니
　　과거, 현재, 미래 언제나 다함이 없다

● 疏 ●

三'十方'下 二偈는 頌結行成德이오 五段은 通頌이라

　③ '十方' 이하 2수 게송은 '회향행으로 성취한 공덕'을 읊었고,
　5단락은 전반적으로 읊었다.

經

菩薩善觀諸行法하야　　了達其性不自在하니

旣知諸法性如是일세　　　不妄取業及果報로다
　　보살이 모든 행의 법을 잘 관찰하여
　　그 성품 자재하지 못함을 아니
　　이미 모든 법성이 이런 줄 알기에
　　허망하게 업과 과보를 취하지 않는다

無有色法無色法하며　　　亦無有想無無想이라
有法無法皆悉無하니　　　了知一切無所得이로다
　　유색법도 무색법도 없으며
　　생각이 있는 것이나 없는 것이나 모두 없다
　　있는 법, 없는 법 모두 없으니
　　일체 아무것도 얻을 바 없는 줄 안다

一切諸法因緣生이라　　　體性非有亦非無니
而於因緣及所起에　　　畢竟於中無取着이로다
　　일체 모든 법, 인연 따라 생겨나기에
　　자체 성품 있지도 않고 없지도 않다
　　인연과 인연으로 생겨난 것들
　　끝까지 그런 속에 집착이 없다

一切衆生語言處가　　　於中畢竟無所得이라
了知名相皆分別하야　　　明解諸法悉無我로다

일체중생 말하는 곳
거기에는 끝까지 실제 자리를 얻을 바 없다
이름이나 모양이 모두 분별의식임을 알면
모든 법이 모두 무아(無我)임을 밝게 알리라

如眾生性本寂滅하야 　　**如是了知一切法**하니
三世所攝無有餘라 　　　**刹及諸業皆平等**이로다
　중생의 성품 본래 적멸이듯
　이와 같이 일체 법을 모두 알아야 한다
　삼세 모두 남김없이 포괄하여
　세계와 모든 업이 다 평등하다

以如是智而廻向에 　　**隨其悟解福業生**이나
此諸福相亦如解하니 　**豈復於中有可得**가
　이러한 지혜로 회향할 때에
　이해에 따라 복이 생겨나지만
　모든 복덕 또한 지혜와 같나니
　이런 지혜 속에서 그 무얼 얻을까

如是廻向心無垢하야 　**永不稱量諸法性**하며
了達其性皆非性하야 　**不住世間亦不出**이로다
　이처럼 회향하는 마음, 때가 없어

영원히 모든 법성 헤아릴 수 없고

그 성품이 모두 성품이 아닌 줄 알아

세간에 머물지도, 태어나지도 않는다

● 疏 ●

第二. 頌二段離相 中三이니 初七은 頌前菩提離相이라 與前見實及 離妄으로 相參而頌이니 顯此二相成故니라

⑵ 2단락의 離相을 읊은 13수 게송은 다시 3부분으로 나뉜다.

① 7수 게송은 앞서 말한 보리의 離相을 읊었다. 앞의 실제 근본자리를 보는 것과 망상을 여읜 부분을 서로 참고하여 읊었다. 이처럼 2가지가 서로 이뤄짐을 밝힌 때문이다.

經

一切所行衆善業을　　　悉以廻向諸群生호대
莫不了達其眞性하야　　所有分別皆除遣이로다

　일체 행한 바, 많은 선업을
　모두 중생에게 회향하되
　그 진실한 법성 통달하여
　지니고 있는 분별의식 모두 떨쳐버렸다

所有一切虛妄見을　　　悉皆棄捨無有餘하며
離諸熱惱恒淸凉하야　　住於解脫無碍地로다

지녀온 일체 허망한 소견

　　모두 남김없이 버리고

　　모든 번뇌 여의어 항상 시원하여

　　걸림 없는 해탈 자리에 안주하였다

◉ 疏 ◉

次二는 頌衆生離相이라

　② 2수 게송은 중생의 離相을 읊었다.

經

菩薩不壞一切法하며　　　　亦不滅壞諸法性하고
解了諸法猶如響하야　　　　悉於一切無所着이로다

　　보살은 일체 법 무너뜨리지 않고

　　또한 모든 법성 파괴하지 않으며

　　모든 법 메아리와 같은 줄 알고서

　　일체 법에 모두 집착한 바 없다

了知三世諸衆生이　　　　　悉從因緣和合起하며
亦知心樂及習氣하야　　　　未曾滅壞一切法이로다

　　삼세 모든 중생이

　　인연의 화합으로 생겨난 줄 알고

　　마음에 좋아함과 습기마저도

일체 법을 잠깐도 파괴하지 않음을 안다

● 疏 ●

後四는 頌結行成德離相中에 初二는 頌境界淸淨德이라
　③ 4수 게송은 회향행의 성취 공덕을 끝맺은 離相을 읊은 부분인데, 앞의 2수 게송은 경계 청정의 공덕을 읊었다.

經

了達業性非是業호대　　而亦不違諸法相하며
又亦不壞業果報하야　　說諸法性從緣起로다

　업의 성품이 업이 아님을 잘 알지만
　또한 모든 법의 모양 어기지 않고
　업과 과보 파괴하지 않고서
　모든 법이 인연으로 생겼다고 말한다

了知衆生無有生하며　　亦無衆生可流轉하니
無實衆生而可說이로대　　但依世俗假宣示로다

　중생이 생겨남이 없는 줄 알기에
　또한 중생은 생사윤회도 없다
　실로 중생이라 말할 수 없지만
　세속을 의지하여 방편으로 일러준 터이다

◉ 疏 ◉

後二는 頌二空智慧德이라

뒤의 2수 게송은 아공 법공의 지혜 공덕을 읊었다.

◉ 論 ◉

已上에 有五十行頌은 兩行一頌이 如文自具니 但如說修行이어다 第二隨文釋義者는 云何名無盡功德藏廻向고 此位는 明禪與智冥하고 智與悲會하야 以無盡虛空으로 爲一道場하고 以無盡衆生의 無明行相으로 而爲佛事하야 身恆承事無盡諸佛하야 而徧周法界하며 化無盡衆生하야 總成佛身하야 表裏相亡하고 始終都盡하야 徧知諸法호대 不壞無心일세 故名無盡功德藏이니라

第五廻向 竟하다

이상 50항 게송은 2줄이 하나의 게송으로 이뤄져 게송에서 말한 바와 같이 그 뜻을 나름 갖추고 있다. 단 말한 바와 같이 수행해야 한다.

제2. 경문을 따라 의의를 해석함에 있어, 어찌하여 '그지없는 공덕장 회향'이라는 이름을 붙였을까? 이 지위에서는 禪定이 지혜와 보이지 않게 하나가 되고, 지혜가 자비와 만나 그지없는 허공계로 하나의 도량을 삼고, 그지없는 중생의 無明行相으로 佛事를 삼아, 몸은 항상 그지없는 모든 부처님을 받들면서 법계에 두루 나아가, 그지없는 중생을 교화하여 모두 부처님 몸을 이뤄 안팎을 모두 없애고 시종을 모두 없애어 두루 모든 법을 알되 무심을 무너뜨리

지 않기에 그 이름이 '그지없는 공덕장 회향'임을 밝힌 것이다.

제5. 그지없는 공덕장 회향을 끝마치다.

십회향품 제25-3 十廻向品 第二十五之三
화엄경소론찬요 제49권 華嚴經疏論纂要 卷第四十九

화엄경소론찬요 ⑩
華嚴經疏論纂要

2022년 11월 11일 초판 1쇄 발행

편저자 혜거
발행인 박상근(至弘) • 편집인 류지호 • 상무이사 김상기 • 편집이사 양동민
편집 김재호, 양민호, 김소영, 권순범 • 디자인 쿠담디자인
제작 김명환 • 마케팅 김대현, 정승채, 이선호 • 관리 윤정안
펴낸 곳 불광출판사 03150 서울시 종로구 우정국로45-13, 3층
　　　대표전화 02) 420-3200 편집부 02) 420-3300 팩시밀리 02) 420-3400
　　　출판등록 제300-2009-130호(1979. 10. 10)

ISBN 978-11-92476-55-1　04220
ISBN 978-89-7479-318-0　04220 (세트)

값 30,000원

잘못된 책은 구입하신 서점에서 바꾸어 드립니다.
독자의 의견을 기다립니다. www.bulkwang.co.kr
불광출판사는 (주)불광미디어의 단행본 브랜드입니다.